BAEDEKERSMART

Krakau

Verlag Karl Baedeker – 🌐 www.baedeker.com

Wie funktioniert der Reiseführer?

Wir präsentieren Ihnen Krakaus Sehenswürdigkeiten in vier Kapiteln. Jedem Kapitel ist eine spezielle Farbe zugeordnet.
Um Ihnen die Reiseplanung zu erleichtern, haben wir alle wichtigen Sehenswürdigkeiten jedes Kapitels in drei Rubriken gegliedert: Einzigartige Sehenswürdigkeiten sind in der Liste der »TOP 10« zusammengefasst und zusätzlich mit zwei Baedeker-Sternen gekennzeichnet. Ebenfalls bedeutend, wenngleich nicht einzigartig, sind die Sehenswürdigkeiten der Rubrik »Nicht verpassen!«. Eine Auswahl weiterer interessanter Ziele birgt die Rubrik »Nach Lust und Laune!«.

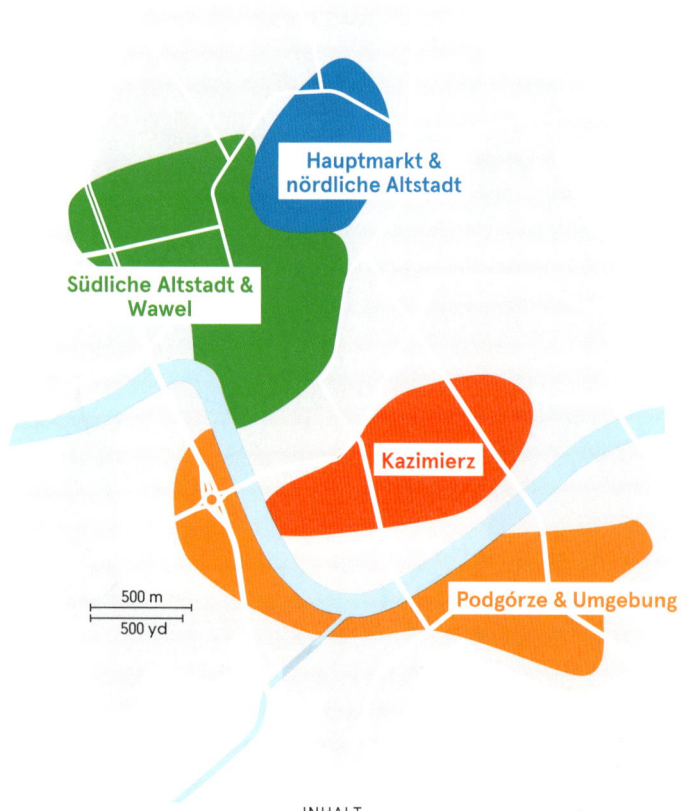

INHALT

★★ Baedeker Topziele................. 6
Ein Gefühl für Krakau
bekommen 8

Das Magazin

Das Herz Polens............................14
Krakau und seine Studenten 18
Stadt der Künstler...................... 20
Offen für Neues 23
Der Trompeter
von der Marienkirche 26
Krakauer mit Pelle 28
Durch Krakaus Unterwelt............30
Das Erbe der Habsburger............ 32
Neues Leben im
jüdischen Viertel........................ 34

**Hauptmarkt &
nördliche Altstadt**

Erste Orientierung 40
Mein Tag im Zeitraffer................ 42
★★ Hauptmarkt 46
★★ Marienkirche 51
★★ Unterirdisches Museum 54
Florianstor & Barbakane............. 56
Marktplatz von Kleparz.............. 58
Nach Lust und Laune!................. 60
Wohin zum ... Essen und
Trinken? ... Einkaufen?
... Ausgehen?................................ 64

Südliche Altstadt & Wawel

Erste Orientierung 72
Mein Tag auf
päpstlichen Wegen 74
★★ Wawelhügel 80

★★ Ulica Kanonicza 87
★★ Collegium Maius 90
St.-Annen-Kirche....................... 93
Franziskanerkirche 95
Archäologisches Museum 97
Nach Lust und Laune!.................. 99
Wohin zum ... Essen und
Trinken? ... Einkaufen?
... Ausgehen?...............................105

Kazimierz

Erste Orientierung 112
Mein Tag im jüdischen Krakau....114
★★ Remuh-Synagoge..................118
★★ Plac Nowy 121
★★ Museum der
städtischen Ingenieurstechnik ... 124
★★ Ulica Szeroka 127
Nach Lust und Laune!................. 129
Wohin zum ... Essen und
Trinken? ... Einkaufen?
... Ausgehen?...............................133

Podgórze & Umgebung

Erste Orientierung 140
Mein Tag mit Kunst
und Architektur............................ 142
★★ Schindler-Fabrik 146
Cricoteka 150
Krakauer Getto 152
Nach Lust und Laune!................. 155
Wohin zum ... Essen und
Trinken? ... Einkaufen?
... Ausgehen?................................160

Ausflüge

Salzbergwerke von
Wieliczka und Bochnia 167
Ehemaliges Konzentrations-
lager Auschwitz-Birkenau 170
Kalwaria Zebrzydowska &
Wadowice 173
Tyniec 175
Krakau-Tschenstochauer
Jura 177

Spaziergänge & Touren

Durch den grünen Westen 182
Retro-Tour durch
Nowa Huta 186

Praktische Informationen

Vor der Reise 192
Anreise 194
Unterwegs in Krakau 195
Übernachten 196
Essen und Trinken 198
Einkaufen 200
Ausgehen 200
Sprache 202

Anhang

Cityatlas 205
Straßenregister 211
Register 213
Bildnachweis 216
Impressum 217

Magische Momente

Kommen Sie zur rechten Zeit an den richtigen Ort und erleben Sie Unvergessliches.

Wie aus der
Zeit gefallen 49
Polens Mona Lisa 101

Auszeit mit
Verwöhn-Garantie 121
Ein Tag am See 159

Abendstimmung am Wawel: Der Hügel an der Weichsel war jahrhundertelang Königsresidenz.

Diese Folkloregruppen in farbenfrohen Trachten posiert vor dem Hauptmarkt, Krakaus größten Platz im Herz der Altstadt.

★★ Baedeker Topziele

Unsere TOP 10 helfen Ihnen, von der absoluten Nummer eins bis zur Nummer zehn, die wichtigsten Reiseziele einzuplanen.

❶ ★★ Hauptmarkt
Der Rynek Główny, mit 200 × 200 m Fläche einer der größten mittelalterlichen Marktplätze Europas, ist das pulsierende Zentrum Krakaus (S. 46).

❷ ★★ Wawelhügel
Hier schlägt das Herz des Landes: Im Schloss regierten Polens Könige Jahrhunderte über ihr Land; in der Kathedrale fanden viele bedeutende Polen ihre letzte Ruhestätte (S. 80).

❸ ★★ Marienkirche
Vom Turm der Marienkirche klingt stündlich der Weckruf »Hejnał«, im Inneren zieht der gotische Flügelaltar von Veit Stoß die Blicke auf sich (S. 51).

❹ ★★ Unterirdisches Museum
In dem Museum unter dem Hauptmarkt gelangt man buchstäblich zu den Wurzeln der Stadt (S. 54).

❺ ★★ Schindler-Fabrik
In der ehemaligen Emaillefabrik von Oskar Schindler führt eine multimediale Ausstellung ins Krakau der Jahre 1939 bis 1945. Daneben zeigt das Museum MOCAK zeitgenössische Kunst (S. 146).

❻ ★★ Remuh-Synagoge
Die nach Moses Isserles (Remuh) benannte Synagoge dient heute noch der jüdischen Gemeinde als Gotteshaus; auf dem Friedhof dahinter befindet sich das Grab des berühmten Rabbi (S. 118).

❼ ★★ Ulica Kanonicza
Die Straße, die vom Wawel Richtung Hauptmarkt führt, gilt mit ihren mittelalterlichen Palästen als schönste der Stadt (S. 87).

❽ ★★ Collegium Maius
Das älteste Gebäude der zweitältesten Universität Mitteleuropas besitzt einen romantischen, viel besuchten Arkadenhof (S. 90).

❾ ★★ Plac Nowy
Der Marktplatz des jüdischen Viertels von Kazimierz ist einer der Hotsports des Nachtlebens. Pluspunkt: Nachtschwärmer können sich dort an den Imbissständen der alten Markthalle stärken (S. 122).

❿ ★★ Museum der städtischen Ingenieurstechnik
Das in einem Straßenbahndepot untergebrachte Technikmuseum zeigt eine beeindruckende Sammlung historischer Fahrzeuge (S. 124).

Ein Gefühl für Krakau bekommen …

Erleben, was die Stadt ausmacht, ihr einzigartiges Flair spüren. So, wie die Krakauer selbst.

Bummeln am Weichselufer

Im Sommer zieht es die Krakauer ans Ufer der Weichsel. Familien bevölkern die Promenade zu Füßen des Wawelhügels (S. 80), wo ein eiserner Drache unter dem Johlen der Kinder Feuer spuckt. Auf der Ufermauer genießen junge Leute den Sonnenuntergang. Richtig voll wird es zur Sommersonnenwende. Dann lassen junge Frauen beim »Wianki«-Fest (S. 104) Blumenkränze auf der Weichsel treiben.

Relaxen auf der Stadtwiese Błonia

Im 48 ha großen Stadtpark Błonia weideten im 19. Jh. noch Kühe. Hunderttausende Gläubige versammelten sich während der Pilgerreisen von Papst Johannes Paul II. auf der riesigen Wiese. Auf der Błonia finden große Konzerte statt, vor allem ist sie aber ein Sport- und Freizeitzentrum für die Krakauer, die dort joggen, mit dem Rad oder Rollerblades ihre Runden drehen oder einfach eine kleine Pause vom Großstadtleben einlegen.

Krakauer Bethlehem

Schon seit 1937 findet der Wettbewerb um die schönste Weihnachtskrippe statt. Jedes Jahr am ersten Donnerstag im Dezember präsentieren junge Künstler und »alte Hasen« weit über 100 Arbeiten auf dem Hauptmarkt. Markante Gebäude im Kleinformat bilden die Kulisse des »Krakauer Bethlehem«. In monatelanger Kleinarbeit werden sie aus Holz und Pappe gefertigt, mit Staniolpapier und bunten Perlen farbenfroh dekoriert. Neben der Heiligen Familie bevölkern legendäre Figuren wie der Lajkonik oder der Drache die Szenerie. Dazu gesellen sich oft bekannte Personen wie Lech Wałęsa oder Papst Johannes Paul II. Die schönsten Krippen werden bis Mitte Februar in einer Filiale des Historischen Museums ausgestellt. Die Tradition des Krippenbaus reicht in Krakau bis weit ins 19. Jh. zurück.

Spaziergang durch die Planty

Anfang des 19. Jh.s wurden die größten Teile der mittelalterlichen

»People-Watching« in den Cafés rund um den Hauptmarkt, dem »Salon« der Stadt

Hipper Gegenpol zum Hauptmarkt ist der Plac Nowy, wo man auch noch zu später Stunde überbackene Baguettehälften (Zapiekanki) bekommt.

So seh'n Sieger aus – bei der Dackelparade!

KRAKAU ERLEBEN

Wehranlagen abgetragen. Die Altstadt bekam Luft zum Atmen und bald darauf einen grünen Saum. Die 4 km langen Planty schirmen die Altstadt vom Autoverkehr ab. Beleuchtete Spazierwege durchziehen die breite Grünanlage. Wer den Touristenscharen für eine Weile entfliehen möchte, schlendert entspannt durch die Parkanlage und lässt den Gedanken freien Lauf.

Ein Kaffee auf dem Hauptmarkt
Alte Kaffeehäuser im Stil der Habsburger Zeit, trendige Lounges und Restaurants säumen den Rynek Główny (S. 46). Beim ersten Sonnenstrahl füllen sich die Außenterrassen. Nicht nur Touristen genießen es, von dort das bunte Treiben auf dem Platz zu beobachten. Auch die Krakauer treffen sich gerne auf einen Kaffee und ein Stück Kuchen im »Salon« der Stadt.

Zur Dackelparade
Jedes Jahr im September ziehen Tausende von Hundebesitzern mit ihren bunt kostümierten Dackeln und begleitet von einer Blaskapelle durch die von vielen amüsierten Zuschauern gesäumte Floriańska-Straße. Ihren Ursprung hatte die Dackelparade (»Marsz Jamników«) zu sozialistischen Zeiten – als Parodie auf die staatlich verordnete Parade zum 1. Mai. 1990 griff der polnische Dramatiker Sławomir Mrożek die Idee wieder auf. Die originellsten Kostüme werden am Ende prämiert.

Obwarzanki genießen
Ein Stadtbummel macht hungrig – aber »für den kleinen Hunger zwischendurch« gibt es ja »Obwarzanki«, ein wahlweise mit Mohn, Sesam oder Salz bestreutes Hefegebäck, das überall an Straßenständen angeboten wird. Die aus mehreren Hefeteigsträngen verflochtenen und zu einem Ring verbundenen »Krakauer Kringel« wurden bereits im Mittelalter genossen: eine knusprig-frische Tradition.

Markttag in Kleparz
Schon seit dem 14. Jh. gibt es diesen Markt. Dort finden sich exotische Früchte und Gewürze, Gemüse aus der Region, Käse, Fleisch, Brot oder Blumen, dazwischen Weidenkörbe, Töpfe oder Kleidung. An sieben Tagen die Woche drängen sich die Menschen durch die Marktgassen, vergleichen die Preise und haben Zeit für einen kleinen Plausch.

Zapiekanki am Plac Nowy
Wer die langen Nächte in Kazimierz durchstehen will, muss sich stärken. Am besten mit einer »Zapiekanka«, einer überbackenen Baguettehälfte. Die gehört zu Krakau wie Guinness-Bier zu Dublin. Vor der alten Markthalle am Plac Nowy (S. 122) bilden sich nachts lange Schlangen. Der Klassiker mit Champignons, Käse und Ketchup kostet 5 Zł. Die meisten schwören auf die »Zapiekanki« von Endzior, die es in 15 Varianten gibt.

Das Magazin

Polnische Gastfreundschaft gepaart mit Habsburger Charme und mediterraner Lebensfreude – das macht Krakau aus.

Seite 12–37

Ein Überbleibsel der Stadtmauer Krakaus wird heute als größte Freiluftgalerie der Stadt genutzt.

Das Herz Polens

Polens Könige regierten mehr als 500 Jahre lang von Krakau aus ihr Land. Als es keine Könige mehr gab und Polen von der politischen Landkarte Europas verschwand, da wandelte sich die Stadt zu einem nationalen Symbol und einem Ort der Hoffnung für viele Polen.

Nach der zweiten polnischen Teilung 1793 war der größte Teil des Landes von Preußen, Russland und Österreich besetzt. General Tadeusz Kościuszko, einst hoch dekorierter Teilnehmer am amerikanischen Unabhängigkeitskampf, machte sich auf, Polen zu befreien. Am 24. März 1794 legte er auf dem Krakauer Hauptmarkt einen Eid gegenüber der Nation ab und begann seinen Aufstand. Mit einer kleinen regulären Truppe und einem Heer aus schlecht bewaffneten Bauern besiegte er zwar kurz darauf bei Racławice die Einheiten der russischen Zarin Katharina der Großen, musste sich aber schon wenig später der preußisch-russischen Übermacht geschlagen geben. Es

Tadeusz Kościuszko in der »Schlacht von Racławice« (Jan Matejko, 1888)

Gründungsmitglied des Welterbes

Als die UNESCO 1978 ihre erste Liste des Weltkulturerbes der Menschheit veröffentlichte, gehörte Krakau mit der Altstadt, dem Wawelberg und dem jüdischen Viertel Kazimierz dazu. Die Stadtanlage sei ein »herausragendes Beispiel mittelalterlicher Architektur«, hieß es zur Begründung.

Die Tuchhallen dominieren den Hauptmarkt, das Herz der Krakauer Altstadt.

folgte 1795 die dritte Teilung, nach der Krakau an Österreich fiel.

Hoffnung für die Nation

Von Zwischenphasen abgesehen, blieb die Stadt bis 1918 Teil der Habsburgermonarchie und wurde in dieser Zeit zum geistigen Zentrum der Polen, die ihren Staat verloren hatten. Während Polen in den russischen und preußischen Teilungsgebieten einem starken Druck ausgesetzt war, gewährten die Habsburger ab 1867 Galizien eine weitgehende Autonomie. Polnisch wurde dort wieder Amtssprache, der Landtag war polnisch dominiert. Krakau erlebte eine neue Blüte und wurde zu einem kulturellen Zentrum. Das private Czartoryski-Museum, das Nationalmuseum und das Słowacki-Theater wurden gegründet, bedeutende Künstler wirkten in der Stadt und für die nationale Sache.

Die relative Freiheit ermöglichte es zu Beginn des 20. Jh.s auch Józef Piłsudski, seine Truppen in Krakau zu organisieren, mit denen er später für ein unabhängiges Polen kämpfte. Zwar wurde nach dem Ersten Weltkrieg Warschau wieder die Hauptstadt des neuen polnischen Staates, aber Krakau entwi-

Von 1926 bis 1935 regierte General Józef Piłsudski de facto als Diktator (oben links); Solidarność-Denkmal im Stadtteil Nowa Huta (oben rechts); im Juni 1987 besuchte Johannes Paul II. seine ehemalige Erzdiözese (unten).

ckelte sich mit der Jagiellonen-Universität, der 1919 gegründeten Bergbau-Akademie und anderen Einrichtungen zu einem bedeutenden wissenschaftlichen Zentrum.

Kampf gegen die geistige Elite

Den Nationalsozialisten galt Krakau als intellektuelles Zentrum Polens – und sie setzten alles daran, dieses auszulöschen. Ins Wawel-Schloss zog Ende 1939 Hans Frank als Chef des »Generalgouvernements für die besetzten polnischen Gebiete« ein. Als »Schlächter von Polen« wurde er später im Nürnberger Kriegsverbrecherprozess zum Tode verurteilt.

Die Verhaftung von 183 Professoren und Mitarbeitern Krakauer Hochschulen am 6. November 1939 bildete den Auftakt zur systematischen Ausrottung der polnischen Oberschicht. Neben der Jagiellonen-Universität wurden auch höhere Schulen sowie viele andere Bildungs- und Kultureinrichtungen geschlossen. Den Polen sollte es genügen, ihren Namen schreiben und einfache Rechenaufgaben lösen zu können. Doch im Krakauer Untergrund nahmen Professoren und Studenten den Lehrbetrieb wieder auf. Auch Karol Wojtyła, der spätere Papst Johannes Paul II., besuchte ein illegales Priesterseminar und beteiligte sich an heimlichen Aufführungen einer Theatergruppe.

Nach einem raschen Vorstoß sowjetischer Truppen wurde Krakau Anfang 1945 ohne größere Zerstörungen von den Nationalsozialisten befreit, aber der Stadt wurde gleich das nächste Joch übergestülpt.

Stieß die neue sozialistische Regierung in anderen Städten Polens anfangs noch auf Sympathien, so wurde sie in Krakau früh rigoros abgelehnt. Schon 1946 versammelten sich trotz Verbots Tausende Menschen vor der Marienkirche, um der 200 Jahre zuvor verabschiedeten ersten modernen Verfassung zu gedenken. Im Gegenzug setzte die politische Führung dem bürgerlich-katholischen Krakau mit Nowa Huta eine sozialistische Mustersiedlung vor die Tür. Ironie der Geschichte: Gerade Nowa Huta (S. 186) entwickelte sich in den 1980er-Jahren zu einem Zentrum der Oppositionsbewegung.

Über einem Portal der Jagiellonen-Universität prangt das Wappen der Stadt Krakau.

Neuer Mut in schweren Zeiten

Einige Künstler wie Sławomir Mrożek entzogen sich der staatlichen Gängelung und emigrierten, andere wie die Lyrikerin Wisława Szymborska oder der Komponist Krzysztof Penderecki suchten sich ihre Freiräume und schufen Werke, die im In- und Ausland den Ruf Krakaus als Kulturmetropole festigten. In den schwierigen politischen und wirtschaftlichen Zeiten blickten viele Polen erneut nach Krakau. Als 1978 der dortige Erzbischof Karol Wojtyła zum Papst berufen wurde, gab das den Menschen neuen Mut. Bei seinem ersten Besuch als Papst Johannes Paul II. in Krakau versammelten sich 1979 Hunderttausende Menschen auf der Błonia-Wiese. Seine Polenreise wurde zum Katalysator für den Kampf der Gewerkschaft »Solidarność« (»Solidarität«), der bald darauf das ganze Land erfasste und schließlich 1989 zum Sturz des Regimes führte.

Mag sein, dass der ewige Konkurrent, die Hauptstadt Warschau, heute hinsichtlich des Kulturangebots an Krakau vorbeigezogen ist, doch im Herzen der meisten Polen ist Krakau nach wie vor die Kulturmetropole und für die meisten Polen-Besucher die schönste Stadt des Landes.

Krakau und seine Studenten

Obwohl über 1000 Jahre alt, ist Krakau eine junge Stadt. Studenten prägen das Stadtbild, denn rund ein Viertel der 750 000 Einwohner besuchen eine der zahlreichen Universitäten, Hochschulen oder Akademien.

Das Collegium Novum ist das Hauptgebäude der Jagiellonen-Universität.

Das hiesige Studentenleben kann keinen anziehen, der etwas vom deutschen Studententhum gelesen oder gehört hat, und ein munterer Musensohn würde in den ersten acht Tagen, die er unter seinen hiesigen Mitbrüdern verweilen müsste, gemüthskrank werden.« So beschrieb ein deutscher Chronist 1844 das offenbar etwas triste Leben an der Jagiellonen-Universität. Das hat sich sichtlich geändert, denn heute zieht es auch viele ausländische Studenten nach Krakau, die neben der Qualität der Ausbildung besonders das Dolce Vita jenseits der Vorlesungen begeistert.

Studieren wie Kopernikus

Die 1364 gegründete Jagiellonen-Universität ist die älteste in Polen und mit fast 50 000 Studenten eine

> **Krakau auf Stöckelschuhen**
>
> Steffen Möller begann seine Karriere mit einem Sprachkurs in Krakau und wurde als Kabarettist und Schauspieler zu einem der bekanntesten Deutschen in Polen. Das zeigt, dass die polnische Sprache erlernbar ist. Wenn Sie den Versuch machen möchten, können Sie einen Sommer-Sprachkurs an der Jagiellonen-Universität oder eine der zahlreichen Sprachschulen besuchen. Ein originelles Programm für Frauen bietet die Sprachschule Varia: »Krakau auf Stöckelschuhen« – mit viel Kultur, Shopping, Wellness und einem Mini-Sprachkurs (www.polnischkurs.com).

der größten des Landes. Nikolaus Kopernikus und der spätere Papst Karol Wojtyła waren dort eingeschrieben.

Die 1919 gegründete Akademia Górniczo-Hutnicza (Akademie für Bergbau und Hüttenwesen) ist eine der bedeutendsten technischen Universitäten des Landes mit rund 35 000 Studenten. Ihr Spektrum umfasst heute auch Biotechnologie, Informationstechnologie oder Umweltwissenschaften.

Aus der 1925 gegründeten Handelsakademie ging die Uniwersytet Ekonomiczny (Wirtschaftsuniversität) hervor, heute mit rund 23 000 Studenten die größte Einrichtung ihrer Art in Polen. Hinzu kommen eine weitere Technische und eine Landwirtschaftliche Universität sowie die Päpstliche Universität Johannes Paul II. Der künstlerische Nachwuchs wird an der Akademie der Bildenden Künste und an der Musikakademie ausgebildet.

Bunter Umzug zur Juwenalia

Einer der schönsten Momente im Krakauer Studentenleben ist die jedes Jahr im Mai veranstaltete Juwenalia. Mehrere Tage lang treffen sich die Studenten aller Krakauer Hochschulen zu Konzerten und Partys. Höhepunkt des traditionellen Festes ist ein bunter Umzug zum Hauptmarkt; dabei wetteifern die Studenten der diversen Hochschulen um die originellsten Kostüme (www.juwenalia.krakow.pl).

Während der Juwenalia im Mai machen Krakaus Studenten vor allem eines: feiern!

Stadt der Künstler

Den Titel der polnischen Hauptstadt hat Krakau 1609 an Warschau verloren, doch bis heute sieht sie sich selbstbewusst als Polens Kulturmetropole. Zahlreiche bedeutende Künstler waren und sind mit der Stadt verbunden.

Als Polen im 19. Jh. von der politischen Landkarte Europas verschwunden war, kam der Kunst die Aufgabe zu, den nationalen Zusammenhalt zu sichern. Damals entwickelte sich Krakau zum Zentrum des polnischen Kulturlebens. Jan Matejko (1838–1893) sah die Kunst als Waffe. Seine großformatigen Bilder thematisierten große Ereignisse der polnischen Geschichte und sollten die nationale Identität seiner Landsleute fördern, damit sie das Joch der Unterdrückung abschütteln. Sein Ölgemälde »Preußische Huldigung« – ausgestellt in der Gemäldegalerie in den Tuchhallen (S. 47) – zeigt den Triumph Polens über den geschwächten deutschen Ordensstaat.

Stanisław Wyspiański schuf vom Jugendstil inspirierte Buntglasfenster, so etwa für den nach ihm benannten Pavillon (S. 102).

Zentrum der Glaskunst

Zu den bekanntesten Schülern Matejkos gehörten Stanisław Wyspiański (1869–1907) und Józef Mehoffer (1869–1946). Sie wurden später Teil der Künstlerbewegung »Młoda Polska« (»Junges Polen«), die neue künstlerische Ausdrucksformen wie Impressionismus, Expressionismus oder Art nouveau aufgriff. Ihre vom Jugendstil inspirierten Glasmalereien trugen dazu bei, dass Krakau zu einem der bedeutendsten Zentren der Glaskunst in Europa wurde. Glasarbeiten von Mehoffer findet man in der Jagiellonen-Kapelle der Wawel-Kathedrale. Wyspiański schuf Buntglasfenster u. a. für die Franziskanerkirche (S. 95). Viele Fenster wurden in der 1902 gegründeten Manufaktur von Stanisław Gabriel Żeleński (1873–1914) gefertigt, in der heute das Krakauer Buntglas-Museum untergebracht ist (S. 100).

Gemälde mit politischer Aussage: Jan Matejkos Meisterwerk »Preußische Huldigung« (1882)

Zeitgenössische Kunst

Die nach Jan Matejko benannte Krakauer Akademie der bildenden Künste (S. 60) brachte im Laufe der Jahrhunderte bedeutende Maler und Bildhauer hervor. Zu ihren jüngeren Absolventen gehört Wilhelm Sasnal, der 1972 in Tarnów, unweit von Krakau, geboren wurde. Sasnal zählt zu den bekanntesten Vertretern der zeitgenössischen Kunst in Polen; seine Arbeiten werden weltweit hoch gehandelt. Einige seiner Arbeiten sind im MOCAK (S. 148) zu sehen, das sich zu einer der wichtigsten Adressen für zeitgenössische Kunst in Polen entwickelt hat.

Filmstadt Krakau

Krakau bildete die Kulisse für zahlreiche Filme, doch keiner hat die Stadt so nachhaltig beeinflusst

Stadt der Nobelpreisträger

Mit Czesław Miłosz (1911–2004) und Wisława Szymborska (1923–2012) sind gleich zwei Literaturnobelpreisträger eng mit Krakau verbunden. Die Lyrikerin Szymborska lebte seit ihrer Jugend in Krakau und wandelte sich dort vom Mitglied der polnischen Arbeiterpartei zu einer Kritikerin des Systems. Miłosz, der im Zweiten Weltkrieg im Untergrund tätig war, verbrachte nach dem Krieg die meiste Zeit im Exil und hielt sich seit 1989 zeitweilig, ab dem Jahr 2000 dauerhaft in Krakau auf.

In den Planty nahe der Barbakane nimmt Jan Matejko in einem Bilderrahmen Platz.

wie »Schindlers Liste« (1993). Der US-amerikanische Regisseur Steven Spielberg setzte nicht nur dem Industriellen Oskar Schindler (S. 146) ein Denkmal, sondern machte auch das ehemalige jüdische Viertel Kazimierz im In- und Ausland bekannt.

Eng verbunden mit Krakau ist auch der Regisseur Andrzej Wajda (1926–2016), der im Jahr 2000 mit einem Ehrenoscar für sein Lebenswerk ausgezeichnet wurde. Er studierte dort nach dem Krieg Malerei, bevor er zum Film fand und später auch als Theaterregisseur in Krakau wirkte. Wajda förderte auch das Manggha-Museum für fernöstliche Kunst (S. 155).

Seit seinem Studium war er befreundet mit Roman Polański (geb. 1933), der mit seinen jüdischen Eltern zeitweilig im Getto von Podgórze (S. 154) lebte, aber von dort fliehen konnte. Polański geriet Anfang der 1960er-Jahre unter den Druck der polnischen Kulturbehörde und emigrierte nach Großbritannien, später in die USA. Erst 2001 kehrte er für seinen Film »Der Pianist« nach Polen zurück, seit 2015 lebt er wieder zeitweilig in Krakau.

Von Klassik bis Klezmer

Zu den bedeutendsten zeitgenössischen Musikern des Landes gehört der Dirigent und Komponist Krzysztof Penderecki (geb. 1933), der an der Krakauer Musikakademie studierte und seitdem eng mit der Stadt verbunden ist. Er schuf Sinfonien, Opern und Filmmusiken und wurde mit einem Grammy ausgezeichnet. In Krakau wird seine Musik häufig gespielt, von Zeit zu Zeit steht er dort auch am Dirigentenpult.

Daneben zieht die Stadt besonders Jazzfans an. Jeden Tag erklingt Livemusik aus mehreren Kellern in der Altstadt. Schon seit mehr als 60 Jahren treten Anfang November prominente Jazzmusiker aus dem In- und Ausland beim Festival Zaduski Jazzowe auf.

Den jüdischen Namen Krakaus, Kroke, trägt die so benannte Band in alle Welt. Das Trio, das traditionelle Klezmermusik mit Elementen von Klassik, Jazz und elektronischer Musik verbindet, begann seine Karriere in den Restaurants von Kazimierz und ging später u. a. mit Nigel Kennedy (geb. 1956) auf Tournee. Der britische Stargeiger lebt gemeinsam mit seiner polnischen Frau Agnieszka einen Teil des Jahres in Krakau.

Offen für Neues

Bis zur politischen Wende 1989 blieb das Kunstzentrum Bunkier Sztuki das einzige moderne Gebäude in Krakaus Altstadt. Inzwischen beweisen die Stadtväter mehr Mut für Neues.

Das 1994 errichtete Manggha-Museum für japanische Kunst (S. 155) war das erste bedeutende Bauwerk, das nach der Wende entstand. Entworfen wurde es von dem bekannten japanischen Architekten Arata Isozaki gemeinsam mit seinen polnischen Partnern Krzysztof Ingarden und Jacek Ewy. Das flache Gebäude ist dezent genug, um nicht in Konkurrenz zum nahe gelegenen Wawel zu treten, passt sich mit seinen organischen Formen harmonisch in die Umgebung ein und nimmt mit seinem wellenförmigen Dach Bezug zur Weichsel.

»Einmalige« Moderne in Krakaus Altstadt: der schmale Wyspiański-Pavillon

MAGAZIN

Museen als Architektur-Ikonen

In den folgenden Jahren entstanden außerhalb des Stadtzentrums weitere Museen, mit denen Krakau auch architektonisch Zeichen setzte. Das deutsche Büro »Pysall.Ruge« zeichnete verantwortlich für den ungewöhnlichen Bau des neuen Luftfahrtmuseums, das 2009 auf dem Gelände des ehemaligen Flughafens Rakowice-Czyzyny entstand. Die Architekten orientierten sich an der Größe und Höhe der früheren Hanger. Die Gebäudeform entwickelten sie aus einer 60 × 60 m großen Grundplatte, die sie ähnlich wie ein Papierflugzeug falteten und einschnitten. So entstand die Form eines Flügeldreiecks – gegossen aus Beton, aber dennoch sehr verspielt und leicht wirkend. Hinter den großen Glasfassaden parken Flugzeuge aus den Pionierzeiten der Luftfahrt (al. Jana Pawła II 39; www.muzeumlot nictwa.pl).

Der italienische Architekt Claudio Nardi wandelte die ehemaligen Hallen der Schindler-Fabrik im Stadtteil Podgórze mit ihrem charakteristischen Sägezahndach in den Sitz des 2011 eröffneten Kunstmuseums MOCAK (S. 148) um und ergänzte sie um einen modernen Eingangsbereich. Die alte Industriearchitektur verbindet sich harmonisch mit dem mediterran leicht wirkenden Neubau. Hell, klar und luftig geben sich die Innenräume und überstrahlen so die dunkle Geschichte des ehemaligen Zwangsarbeiterlagers.

Die geschwungene, verglaste Fassade des ICE Kraków setzte 2014 eine neue Landmarke am südlichen Ufer der Weichsel.

Vorerst letzter bedeutender Neubau für die Kunst war die Ende 2014 ebenfalls im Stadtteil Podgórze eröffnete Cricoteka (S. 150). Für das Dokumentationszentrum zur Theaterkunst von Tadeusz Kantor stellten die Architekten der Krakauer Büros »nsMoon« und »Wizja« einen Neubau aus korrodierten und perforierten Stahlwänden wie einen Tisch über das Gebäude eines kleinen denkmalgeschützten Kraftwerks direkt an der Weichsel.

Geschichte und Zukunft verbinden
Zu einem neuen Wahrzeichen der Stadt wurde das 2014 eröffnete Internationale Kongresszentrum ICE Kraków (S. 155) am südlichen Ufer der Weichsel. Das Büro von Krzysztof Ingarden und Jacek Ewy arbeitete, wie bereits beim Manggha-Museum, mit dem japanischen Architekten Araza Isozaki zusammen. Die geschwungene Fassade des multifunktional nutzbaren Gebäudes strahlt Modernität und Dynamik aus und soll so ein Symbol des neuen Krakau sein. Gleichzeitig ist man sich seiner Geschichte bewusst – und so fällt der Blick durch die großen Glasflächen des Foyers auf das historische Krakau mit dem Wawelberg.

Im Vorgriff auf das neue Kongresszentrum entstand bereits 2009 in direkter Nachbarschaft das futuristisch wirkende Gebäude des Hotels Park Inn. Der Entwurf des deutschen Architekten und Künstlers Jürgen Mayer H. mit seiner dynamischen, durch helle und dunkle Aluminiumstreifen betonten Fassade wurde vom britischen »Wallpaper« als trendweisende Architektur-Ikone bezeichnet (ul. Monte Cassino 2, www.parkinn.com).

Die »heilige Kuh« Altstadt
Während außerhalb fast alles möglich scheint, ist die Krakauer Altstadt den meisten Bürgern nach wie vor heilig. So gab es vor einigen Jahren heftige Diskussionen über eine handtuchgroße Brache am Pl. Wszystkich Świętych, direkt am Königsweg. Anstelle eines bereits 1939 abgerissenen Stadthauses entstand dort der moderne Wyspiański-Pavillon (S. 102) als städtisches Informationszentrum. Das Genehmigungsverfahren zog sich über mehrere Jahre hin. Mit seiner Klinkerfassade nimmt der Bau des Architekturbüros »Ingarden & Ewy« Bezug auf die gotischen Kirchen der Umgebung, die in die Fassade eingebauten Glasfenster von Stanisław Wyspiański bilden die Brücke zur benachbarten Franziskanerkirche mit den berühmten Jugendstilarbeiten des Künstlers. Zugleich aber setzt das schmale Gebäude mit seiner abgerundeten Ecke und den Jalousien aus senkrecht angeordneten Ziegeln einen modernen städtebaulichen Akzent, den heute auch die meisten der früheren Kritiker wohl nicht mehr missen möchten.

Der Trompeter von der Marienkirche

Neben der Nationalhymne ist der Krakauer »Hejnał« für Polen die bedeutendste Melodie. Zu jeder vollen Stunde erklingt sie viermal live vom höheren der beiden Türme der Kościół Mariacki.

Zygmunt Rozem hat einen der höchsten Posten, den die Stadt Krakau zu vergeben hat. 273 Stufen sind es vom 40 000 m² großen Hauptmarkt (Rynek Główny) hinauf in die kleine, quadratische Turmstube der Marienkirche, in der er arbeitet. Rozem ist einer von sieben Feuerwehrleuten, die sich auf dem höheren Turm der Marienkirche abwechseln. Vor jeder vollen Stunde nimmt er seine Trompete, öffnet die Fenster und bläst nach dem letzten Glockenschlag den berühmten Weckruf, den Krakauer »Hejnał«. Viermal sendet er die Melodie in alle Himmelsrichtungen. Selbst in den Nachtstunden bleiben Passanten auf dem Hauptmarkt stehen, um dem Spiel zu lauschen.

Legende vom tapferen Stadtwächter

Jedes Mal bricht die Melodie auf dem Höhepunkt ab. Das erinnert an eine Legende, nach der 1241 ein tapferer Stadtwächter von einem feindlichen Pfeil getroffen wurde, als er die Bürger vor dem Einfall der Tataren warnen wollte. Tatsächlich wurde das Trompetensignal erstmals 1392 urkundlich erwähnt. Im Mittelalter wurde der »Hejnał« in der Regel nur einmal am Morgen und Abend gespielt, um die Öffnung und Schließung der Stadttore anzukündigen – oder dann, wenn eine Gefahr drohte. Seit 1810 ertönt

---

Hinauf auf den Turm

Sie können die Turmbläser-Stube der Marienkirche zu jeder halben Stunde besuchen. Der Aufstieg ist zwar etwas anstrengend, für die Mühe entschädigt Sie aber ein traumhafter Ausblick (April–Okt. tägl. – außer an religiösen Feiertagen – 9.10 bis 11.40 und 13.10–17.40 Uhr, Eintritt 15 Zł).

Aussichtsreicher Arbeitsplatz ...

er viermal zu jeder vollen Stunde. Seit 1927 wird der Weckruf mittags um 12 Uhr auch im Nationalen Rundfunk übertragen. Neben der Nationalhymne ist der Krakauer »Hejnał« die wichtigste Melodie für Polen. Und es dürfte das Stück sein, das weltweit am meisten live gespielt wurde – pro Jahr erklingt es mehr als 35 000-mal vom Turm der Marienkirche!

24 Stunden im Einsatz

Würde Zygmunt Rozem heute einen Brand entdecken, könnte er per Telefon einen Alarm auslösen. Ansonsten beschränkt sich seine Aufgabe darauf, jede Stunde den Weckruf zu blasen. In der Turmstube auf 54 m Höhe hat er eine kleine Küche, Dusche und Toilette. 24 Stunden dauert seine Schicht, dann hat er zwei Tage frei. Zwischen seinen Einsätzen ist allenfalls ein kurzes Nickerchen möglich, bevor er erneut zur Trompete greift. Hat er auch schon mal einen Einsatz verpasst? In mehr als 20 Jahren sei das wohl zweimal vorgekommen, meint er zögerlich.

Zygmunt Rozem liebt seine Arbeit, bläst engagiert in seine Trompete und genießt den traumhaften Blick auf die Stadt. Trotz der anstrengenden Schichten ist der Beruf begehrt, manchmal geht er innerhalb der Familien vom Vater auf den Sohn über. Bisher waren die Bläser alle männlich, aber auch Frauen dürfen sich bewerben, sofern sie ausgebildete Feuerwehrleute sind. Auch in 100 Jahren werde der »Hejnał« wohl noch live gespielt, meint Zygmunt Rozem: »Das ist einfach eine Tradition in Krakau.«

Krakauer mit Pelle

Bei vielen Polen geht's um die Wurst. Die darf auf keinem Frühstückstisch fehlen – und abends wird sie auch gerne gegessen. Die »Kiełbasa krakowska« gehört zu den bekanntesten Sorten.

Die Herstellung von Wurst ist in Polen seit dem Mittelalter bekannt. Auf den Adelstischen des 17. und 18. Jh.s durfte sie nicht fehlen. Selbst in sozialistischen Zeiten galten strenge Regeln für ihre Herstellung. Mit der politischen Wende kamen ausländische Produkte auf den Markt und mit dem EU-Beitritt wuchs die Zahl der erlaubten Zusatzstoffe, doch die meisten Polen halten weiter am vertrauten Geschmack fest. Traditionelle Wurstsorten sind noch immer sehr beliebt – gekauft werden sie am liebsten bei kleineren regionalen Produzenten. Und trotz einer steigenden Zahl von Vegetariern isst Paweł Normalverbraucher in Polen immer noch mehr als 2 kg Wurst – im Monat!

Aus hochwertigem Schweinefleisch

Traditionelle Krakauer wurde seit dem 19. Jh. im damaligen Galizien produziert. Heute wird unter diesem Namen in ganz Polen Wurst hergestellt. Ihr gemeinsames Merkmal: Sie wird überwiegend aus hochwertigem Schweinefleisch und mit ganzen Fleischstückchen produziert.

Seit 2015 ist die »Kiełbasa krakowska sucha staropolska« (»trockene Krakauer altpolnischer Art«)

Lang und dünn

Neben den Krakauern gehören die dünnen, langen »Kabanosy« zu den beliebtesten Wurstsorten in Polen. Sie sind von der EU als traditionelle Spezialität geschützt. Das Fleisch stammt von Schweinen, die hauptsächlich mit Kartoffeln gemästet wurden. Die heiß geräucherten Würste sind knackig und haben einen hohen Fettgehalt.

Ob für eine Krakauer vom Grill oder eine Kabanosy – eine kleine Pause beim Stadtbummel lohnt sich auf jeden Fall.

als traditionelle Spezialität vom polnischen Landwirtschaftsministerium registriert. Sie muss mindestens 70 % Schweinefleisch der besten Klasse mit einem Fettanteil von maximal 15 % enthalten, das in kleine Stückchen zerteilt und gepökelt wird. Dazu kommen fein gemahlenes Schweinefleisch mit einem höheren Fettgehalt und natürliche Gewürze wie Pfeffer und Muskat. Die dicken, fast geraden Würste werden meist über Buchenholz geräuchert, wodurch die Haut ihre typisch knittrige Form erhält.

Traditionsprodukte aus Liski
Vergleichbar der traditionellen Krakauer ist die »Kiełbasa lisiecka«. Sie trägt das Siegel der Europäischen Union für Produkte mit geschützter geografischer Angabe und darf nur in den Gemeinden Liski und Czernichów westlich von Krakau hergestellt werden. Die beiden Orte sind für ihre Wurstwaren bekannt. Schon Mitte des 19. Jh.s gab es dort mehr als 30 Metzgereien. Seit etwa 1930 wird dort die Krakauer unter dem Namen »Kiełbasa lisiecka« verkauft. Bis 1989 wurde die bekannte Wurst von einer Genossenschaft produziert, seitdem setzen private Betriebe die Tradition fort.

Durch Krakaus Unterwelt

Reiche Händler siedelten sich einst rund um den Krakauer Hauptmarkt an. Oben hatten sie ihre Läden und repräsentativen Räume, unter der Erde lagerten ihre Waren. Heute tobt in den riesigen Backsteingewölben das Nachtleben.

Spät am Abend, wenn es auf den Gassen der Krakauer Altstadt ruhiger wird, zieht es die Nachtschwärmer in den Untergrund. Viele mittelalterliche Kellergewölbe wurden in gemütliche Kneipen und Clubs verwandelt. Aus dem einen klingt Disco-Musik aus dem nächsten Rock, im dritten steht eine Jazzband auf der Bühne.

Legendäres Keller-Kabarett

Piwnica Pod Baranami (deutsch: Keller zu den Widdern; S. 69) heißt die legendäre Kleinkunstbühne an der Westseite des Rynek Główny. Seit sechs Jahrzehnten werden dort abends Kabarettprogramme organisiert, es gibt Jazzkonzerte und Tango-Abende. Der Kulturkeller gehörte zu den Trendsettern. Richtig entdeckt wurde das unterirdische Krakau aber erst nach der politischen Wende, als die noch aus dem Mittelalter stammenden Keller freigeräumt wurden. Ständig öffnete irgendwo ein neues unterirdisches Lokal. In Harris Piano Jazz Bar (S. 69) etwa, gleich neben dem Keller zu den Widdern, wird bereits seit fast zwei Jahrzehnten täglich Live-Jazz gespielt. Auch in anderen Kellern spielen Jazzmusiker vor dicht gedrängtem Publikum, z. B. im Piec'Art (S. 109) oder im Piano Rouge (S. 69).

Generationen von Studenten zieht es in urige Kellerkneipen wie den Klub Kulturalny in der ul.

Nicht nur für Jazzer: Harris Piano Jazz Bar ist eine Institution in Krakaus Musikszene.

Von oben links nach rechts unten: Chillen im Hotel Stary, Feierabendbier im legendären Widder-Keller und Klezmer live im Gewölbekeller unter dem Hauptmarkt.

Szewska, wo das Bier preiswert und die Stimmung gut ist. Bei Rockmusik oder Karaoke-Abenden kann man leicht vergessen, dass die nächste Vorlesung schon am Morgen um neun Uhr beginnt.

Weil auch die mittelalterlichen Bauten in Kazimierz oder Podgórze unterkellert waren, entstanden dort ebenfalls Räume zum Feiern und Tanzen. So finden in den geräumigen Kellern des Alchemia (S. 134) oder der Drukarnia (S. 163) regelmäßig Livekonzerte statt.

Elegant genießen

In eleganten Restaurants wie dem Pod Aniołami (S. 106), dem Concept 13 (Rynek Główny 39) oder dem Cyrano de Bergerac (S. 64) finden Sie in stimmungsvoll beleuchteten mittelalterlichen Kellergewölben eine Atmosphäre zum Wohlfühlen. Gäste der beiden Luxushotels Copernicus (S. 105) und Stary (ul. Szczepańska 5) können unter dem historischen Tonnengewölbe abschalten und Tiefenentspannung finden. Dort entstanden schicke Wellnessbereiche mit Pool, Saunen und Fitnessgeräten.

Ganz tief in die Geschichte der Stadt eintauchen können Sie in den unterirdischen Räumen des Wawelschlosses (S. 74) sowie im Unterirdischen Museum (S. 54) unter dem Hauptmarkt, wo sich die ältesten Fundamente von Krakau befinden.

Das Erbe der Habsburger

Fiaker, Kaffeehäuser und die berühmte »Szarlotka«, der gedeckte Apfelkuchen: Der Einfluss der Habsburger, die für Jahrzehnte die Geschicke Krakaus bestimmten, ist – ein wenig zumindest – noch heute zu spüren.

In Habsburger Zeiten undenkbar: Der Beruf der Fiaker-Kutscher ist in Krakau längst nicht mehr eine Domäne der Männer.

Ende des 18. Jh.s begann für Polen eine schwierige Zeit. Das Land wurde unter den drei Nachbarn Preußen, Russland und Österreich aufgeteilt. Für Krakau verlief diese Zeit wechselhaft. Nach einer Phase der Repression wurde in den 1860er-Jahren das Klima im Einflussbereich der Habsburger liberaler. Polnisch wurde wieder Amtssprache, Polen wurden in die Verwaltung eingebunden und konnten ihre Tradition pflegen.

Es lebten viele österreichische Soldaten und Beamte in Krakau und umgekehrt fuhren viele Krakauer Adelige zum Einkaufen oder in die Oper nach Wien. Junge Krakauer studierten in Wien Architektur und übertrugen den dortigen Baustil auf die Weichselstadt. So verbreitete sich ein wenig Wiener Flair in Krakau.

A bisserl Wien

Besonders war das bei der Entwicklung der Kaffeehauskultur zu spüren. Zwar entstanden die ersten »Kafehauzy« in Polen schon im 17. Jh., doch das waren meist sehr kleine, einfache Räume. Erst Mitte des 19. Jh.s wurden in Krakau Kaffeehäuser nach Wiener Vorbild eröffnet, in denen es Zeitungen, Spiel- oder Billardtische gab und Kuchen verkauft wurde. Österreichische Beamte, polnische Handwerker, Studenten oder Künstler hatten ihre bevorzugten Adressen. So gehörten Künstler und Journalisten zu den Stammgästen der 1895 in der ul. Floriańska 45 gegründeten Kawiarnia Jama Michalika (S. 66), wo manche mittellose Kunststudenten ihre Rechnung mit Bildern beglichen.

Obwohl sich mittlerweile auch internationale Ketten wie Starbucks ausbreiten, ist die Wiener Kaffeehaustradition bis heute erhalten geblieben. Bestes Beispiel dafür ist das Café Noworolski (S. 66) in den Tuchhallen, dessen Gründer sich 1910 von der Einrichtung des Wiener Kaffeehauses »Sacher« inspirieren ließ. Nicht nur dort, sondern auch in anderen traditionsreichen Cafés rund um den Hauptmarkt

Roter Teppich, dunkles Holz, samtbezogene Stühle – das Café Noworolski gäbe auch in Wien eine gute Figur ab.

werden heute wie zur Habsburger Zeit zum Frühstück »kajzerki« (Kaiserbrötchen) serviert, später gibt es dann »sernik« (Käsekuchen) oder »szarlotka« (Apfelkuchen).

Bis in die Zeit der Habsburger zurück reicht auch die Geschichte der »dorożki«, der Pferdedroschken. Früher das wichtigste städtische Transportmittel, sind die Fiaker heute wie in Wien nur noch eine Touristenattraktion.

Neues Leben im jüdischen Viertel

Einst lebten mehr als 60 000 Juden in Kazimierz. Heute zählt die jüdische Gemeinde Krakaus kaum 150 Mitglieder. Doch die Erinnerung an die jüdische Geschichte ist spätestens mit Steven Spielberg dorthin zurückgekehrt.

Schon im 11. Jh. lebten Juden in Krakau. Später warb König Kazimierz der Große mit Privilegien um jüdische Händler und Geldverleiher und viele siedelten sich in Krakau an. Die Krakauer Juden hatten ihr Zentrum im Gebiet der heutigen ul. św. Anny westlich vom Hauptmarkt, die in der frühen Geschichte auch als »Judengasse« bekannt war. Weil sich dort ab dem Jahr 1400 die Universität ausbreitete, mussten die Ju-

Konzert beim Jüdischen Kulturfestival in der ul. Szeroka

> **Schtetl der Vorkriegszeit**
> Eine Brücke zwischen Kazimierz in Kraków und dem Künstlerstädtchen Kazimierz Dolny bei Warschau bildet das 2016 eröffnete private Museum unter dem Titel »I remember«. Shalom Goldberg erinnert damit an seinen Vater, den Maler Chaim Goldberg (1917–2004), der im jüdisch geprägten Kazimierz Dolny geboren wurde und in seinen Bildern das Leben der jüdischen Schtetl der Vorkriegszeit dokumentierte (ul. Miodowa 19, tägl. 10–17, Do bis 20 Uhr, www.museum iremember.org, Eintritt 18 Zł.).

den das Gebiet verlassen und siedelten sich etwas weiter nördlich um den heutigen Plac Szczepański an.

Nach Pogromen ein eigenes Judenviertel in Kazimierz

Im 15. Jh. kam es immer wieder zu Pogromen an jüdischen Bürgern; nach dem großen Stadtbrand von 1494 gaben viele den Juden die Schuld an der Katastrophe. König Jan Olbracht beugte sich dem Druck der Straße und verwies kurz darauf die Juden aus Krakau. Sie mussten in die damals noch selbstständige Stadt Kazimierz umsiedeln und lebten dort durch eine Mauer getrennt von der christlichen Bevölkerung. Das jüdische Viertel von Kazimierz (S. 111) entwickelte sich zu einem der wichtigsten jüdischen Zentren Osteuropas. Es gab dort etliche Synagogen, Bet- und Badehäuser sowie Talmudschulen.

Als im 19. Jh. die Juden ihre vollen Bürgerrechte erhielten und sich überall in Krakau ansiedeln durften, blieben die meisten von ihnen in ihrem Viertel in Kazimierz. Dort lebten insbesondere die ärmeren Schichten und die orthodoxen Juden. Zu Beginn des Zweiten Weltkriegs zählte man rund 60 000 jüdische Bürger. Nur wenige überlebten den Holocaust. Von ihnen zog ein Teil schon kurz nach Kriegsende in den neu gegründeten Staat Israel, andere folgten ihnen nach antisemitischen Kampagnen in Polen im Jahr 1968 nach. In Krakau verblassten mit der Zeit die Erinnerungen an die jüdische Geschichte der Stadt.

Mit Steven Spielberg erwachte das Interesse

Zwar gab es in Kazimierz noch sieben Synagogen und die beiden jüdischen Friedhöfe, die in der Nachkriegszeit erneuert wurden, auch trugen einige Häuser noch jüdische Inschriften und Zeichen, doch lange Zeit interessierte sich kaum jemand für die jüdische Vergangenheit. Immerhin wurde bereits 1986 ein Institut für Geschichte und Kultur der Juden an der Jagiellonen-Universität gegründet und 1988 fand das erste jüdische Kulturfestival statt. Doch so richtig erwachte das Interesse an der jüdischen Geschichte der Stadt erst, als der berühmte US-amerikanische Regisseur Steven Spielberg 1993 an Originalschauplätzen seinen – mit sieben Oscars prämierten – Film »Schindlers Liste« drehte. Die Verfilmung des 1982 veröffentlichten, gleichnamigen Romans (»Schindler's Ark«) des australischen Schriftstellers Thomas Keneally erzählt, wie der deutsche Fabrikant Oskar Schindler (S. 147) während des Zweiten Weltkriegs rund 1200 Juden vor der Ermordung durch die Nationalsozialisten rettete. Seitdem gibt es Führungen zu den Schauplätzen der Handlung, seitdem entstanden immer mehr Cafés und Restaurants, die mit jüdischen Gerichten und Klezmerkonzerten um Gäste werben. Stiftungen fördern die Arbeit der Jüdischen Gemeinde und die Erinnerung an die jüdische Kultur, 1993 wurde zudem das Zentrum für Jüdische Kultur (S. 130) in Kazimierz gegründet.

Heute ergibt sich die paradoxe Situation, dass kaum noch Juden in Kazimierz leben, doch jüdische Kultur überall in dem Viertel präsent ist. Nichtjuden wie Janusz Makuch und Krzysztof Gierat haben das Jüdische Kulturfestival ins Leben gerufen, das inzwischen zu den

Viele Juden im Stadtbild von Kazimierz sind Touristen.

Beim Jüdischen Kulturfestival wird ausgiebig gefeiert und getanzt.

größten in Europa zählt. Es gibt Workshops, Musik, Diskussionsrunden und Ausstellungen und allein zum großen Abschlusskonzert in der ul. Szeroka (S. 127) strömen jedes Jahr Zehntausende Besucher. Viele junge Krakauer haben begonnen, sich für die jüdischen Traditionen ihrer Stadt zu interessieren.

Die Besitzer der jüdischen Cafés und Restaurants, die Kellner und auch viele der Klezmermusiker sind Nichtjuden, genauso wie die meisten Verkäufer von Judaika oder Stadtführer, die das ehemalige jüdische Viertel zeigen. Gruppen junger Leute mit Kippas sind in der Regel Schulklassen aus Israel, die Auschwitz und Krakau besuchen. Ehemalige Bewohner von Kazimierz oder deren Nachfahren begeben sich auf Spurensuche, für Krakau-Besucher gehört eine Tour durch Kazimierz heute zum Standardprogramm. Ganze Busgruppen treffen sich zu den Klezmerabenden bei »gefiltem Fisch« in den Lokalen der Szeroka-Straße (S. 127).

Nur noch wenige Juden in Kazimierz

Die orthodoxe jüdische Gemeinde von Krakau zählt nur rund 130 Mitglieder, kaum mehr als ein Dutzend von ihnen sind jünger als 40. Die Gemeinde kommt regelmäßig am Sabbat zum Gottesdienst zusammen, sie betreibt eine koschere Kantine, einen Seniorenclub und ein traditionelles Badehaus, die Mikwe. Auch wenn die Gemeinde viel auf die Beine stellt und gelegentlich auch neue Mitglieder aufnimmt, bleibt Vorstandsmitglied Piotr Nawicki realistisch: »Es gibt keine Aussicht auf eine jüdisches Leben wie vor dem Krieg.«

Die streng religiöse chassidische Gemeinschaft Chabad Lubawicz ist seit einigen Jahren ebenfalls in Kazimierz vertreten. In der Isaak-Synagoge (S. 129) unterhält sie einen kleinen Laden mit koscheren Speisen. Der 2009 gegründeten Reformbewegung Beit Kraków gehören vor allem jüngere Leute an. Ihre Mitglieder treffen sich zum Sabbat im Jüdisch-Galizischen Museum (S. 129), organisieren Theateraufführungen, Konzerte und Ausstellungen. Zusammengeführt hat die Gruppe Tanya Segal, in Russland geboren und heute der erste weibliche Rabbi in Polen. Begonnen hat sie mit einigen Studenten, heute zählt ihre Gruppe rund 40 Aktive.

Von k. u. k. Zeiten künden die Fiaker, die rund um dem Hauptmarkt im Einsatz sind.

Hauptmarkt & nördliche Altstadt

Viel historische Bausubstanz rund um einen der schönsten Plätze Europas prägen das Herz Krakaus.

Seite 38–69

Erste Orientierung

Vom frühen Morgen bis spät in die Nacht bummeln Einwohner und Touristen über den von Stadtpalästen gesäumten Hauptmarkt Krakaus, genießen in den Freiluftcafés das bunte Treiben und lauschen andächtig dem Hejnał, dem berühmten Trompetensignal, das seit Jahrhunderten zu jeder vollen Stunde vom höheren Turm der Marienkirche erklingt.

Keine Frage, der 200 × 200 m große Rynek Główny bildet seit 1257 das urbane Herzstück der zum UNESCO-Weltkulturerbe gehörenden Krakauer Altstadt. Auf dem Platz sind zudem einige der wichtigsten Sehenswürdigkeiten der Stadt versammelt. Die Tuchhallen beherbergen neben den mittelalterlichen Krämerläden eine bedeutende Sammlung polnischer Malerei, das Unterirdische Museum führt zu den Anfängen der Stadt, in der Marienkirche zieht vor allem der weltberühmte Flügelaltar von Veit Stoß die Blicke auf sich. Das Denkmal für den polnischen Schriftsteller Adam Mickiewicz ist ein beliebter Treffpunkt für junge Krakauer, die sich zur abendlichen Tour durch die Kneipen und Clubs der Umgebung verabreden.

Richtung Norden führt die belebte ul. Floriańska zum Florianstor und der Barbakane, den letzten Resten der mittelalterlichen Stadtbefestigung. Anstelle der früheren Stadtmauern umgibt heute ein 4 km langer Grüngürtel, die Planty, den Altstadtkern. Nördlich davon erstreckt sich das Viertel Kleparz, in dem das Leben in ruhigeren Bahnen verläuft und schon seit mehr als 800 Jahren auf dem Rynek Kleparski mit Lebensmitteln gehandelt wird.

TOP 10

- **1** ★★ Hauptmarkt (Rynek Główny)
- **3** ★★ Marienkirche (Kościół Mariacki)
- **4** ★★ Unterirdisches Museum (Podziemia Rynku)

Nicht verpassen!

- **11** Florianstor & Barbakane (Brama Floriańska & Barbakan)
- **12** Marktplatz von Kleparz (Rynek Kleparski)

Nach Lust und Laune!

- **13** Akademie der bildenden Künste (Akademia Sztuk Pięknych w Krakowie)
- **14** Szołayski-Haus (Kamienica Szołayskich)
- **15** Czartoryski-Museum (Muzeum Książąt Czartoryskich)
- **16** Słowacki-Theater (Teatr im. Juliusza Słowackiego)
- **17** Jan-Matejko-Museum (Muzeum Biograficzne Jana Matejki)
- **18** Pharmazeutisches Museum (Muzeum Farmacji)
- **19** Kleiner Markt (Mały Rynek)
- **20** Historisches Museum (Muzeum Historyczne)
- **21** Internationales Kulturzentrum (Międzynarodowy Centrum Kultury)

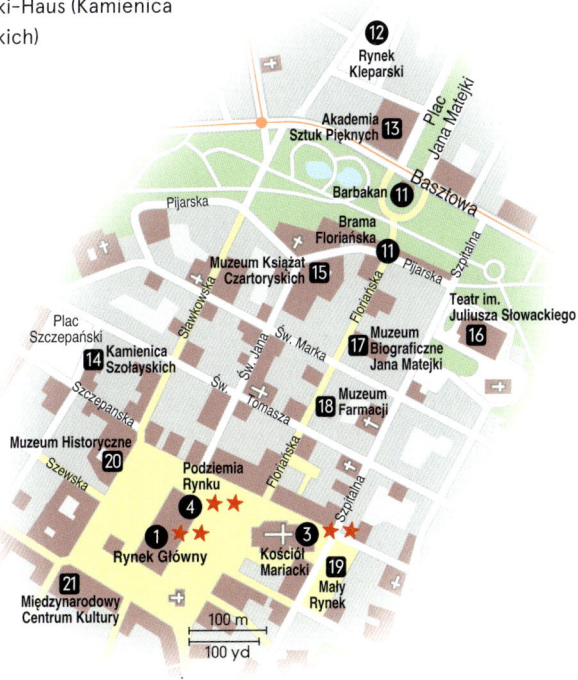

ERSTE ORIENTIERUNG

Mein Tag
im Zeitraffer

Auf dem Hauptmarkt, dem Rynek Główny, schlägt das Herz der Stadt. Um ein Gefühl für Krakau zu bekommen, sind Sie hier genau richtig. Sie erleben die Stadtgeschichte der vergangenen 800 Jahre im Zeitraffer und genießen das quirlige Leben im »größten Wohnzimmer« der Stadt in vollen Zügen.

8.30 Uhr: Der Platz erwacht zum Leben

Den letzten Nachtschwärmern folgen die Straßenreiniger. Blumenfrauen bereiten ihre Stände vor, Fiaker bringen sich in Stellung, in den Kaffeehäusern werden die Tische dekoriert. Spätestens wenn um 9 Uhr vom Turm der Marienkirche der Hejnał erklingt und die Krämerläden in den Tuchhallen öffnen, schüttelt der ❶ ★★ Hauptmarkt die Morgenmüdigkeit ab und füllt sich rasch mit Leben.

Beginnen Sie Ihren Gang durch die Geschichte Krakaus an den Fundamenten der ältesten Gebäude. Dorthin gelangen Sie im ❹ ★★ Unterirdischen Museum unter dem Platz. Dank multimedialer Präsentationen erleben Sie das mittelalterliche Marktgeschehen mit allen Sinnen. Vergleichen Sie Vergangenheit und Gegenwart, wenn Sie hinterher Ihren Cappuccino in einem der Kaffeehäuser am Markt trinken – vielleicht in der alteingesessenen Kawiarnia Noworolski (S. 66).

11.30 Uhr: Touristisch, aber ein Muss!

Behalten Sie die Uhr im Blick! Pünktlich um 11.50 Uhr öffnet in der ❸ ★★ Marienkirche eine Non-

16 Uhr: Geschichte oder Gegenwart?

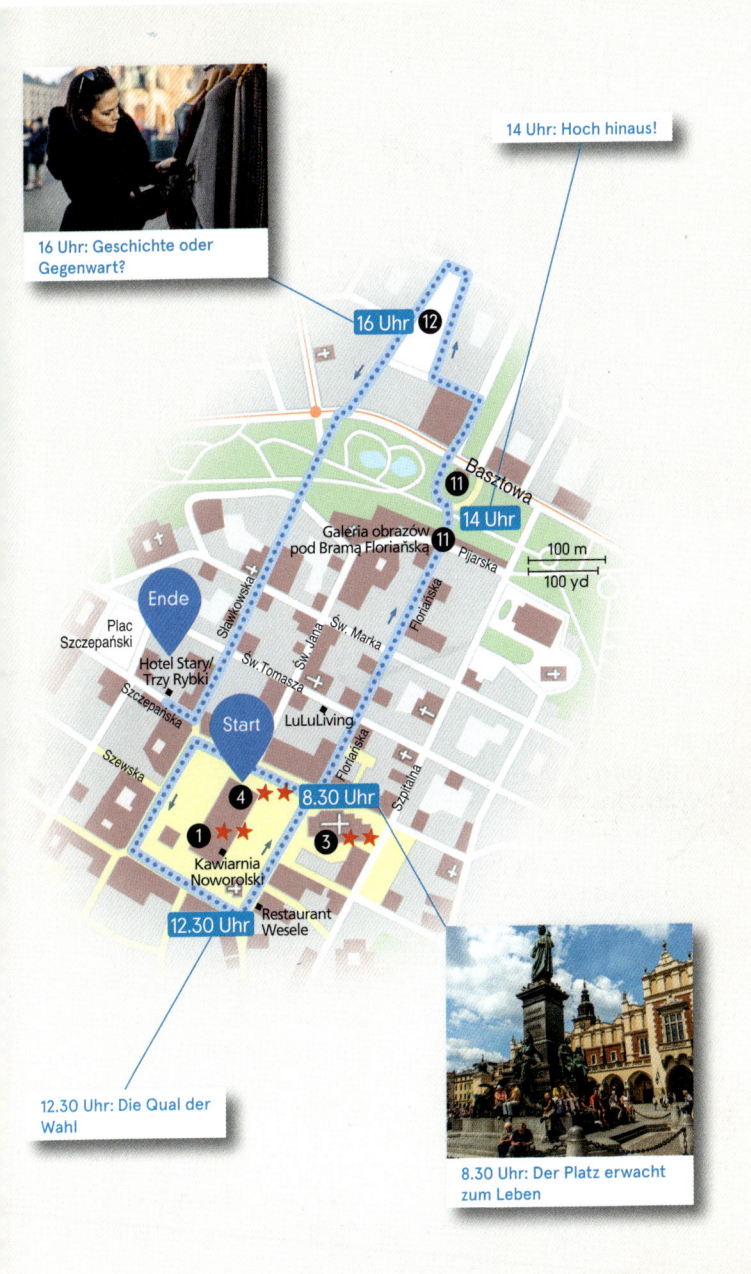

14 Uhr: Hoch hinaus!

16 Uhr

Basztowa

Galeria obrazów
pod Bramą Floriańską

14 Uhr

Ende
Plac Szczepański

Hotel Stary/
Trzy Rybki

Szczepańska

Sławkowska

Św. Tomasza

Św. Jana

Św. Marka

Floriańska

Pijarska

Szpitalna

LuLuLiving

Start

8.30 Uhr

Kawiarnia
Noworolski

Szewska

Restaurant
Wesele

12.30 Uhr

12.30 Uhr: Die Qual der Wahl

8.30 Uhr: Der Platz erwacht zum Leben

MEIN TAG

Unter freiem Himmel macht Krakau besonders viel Spaß, ob bei der Kunstgalerie am Florianstor oder bei einem Cappuccino auf der Terrasse des Hotels Stary.

ne mit einer langen Stange die riesigen Flügeltüren am weltberühmten vergoldeten Altar von Veit Stoß. Seit Jahrhunderten hat sich an diesem täglichen Ritual nichts geändert. Welch eine Pracht! Nehmen Sie sich ausreichend Zeit, um den biblischen Bilderreigen zu betrachten. Sie werden sehen, wie lebendig und ausdrucksstark Veit Stoß seine Figuren dargestellt hat.

12.30 Uhr: Die Qual der Wahl

Gute Restaurants gibt es am Hauptmarkt reichlich. Zum Motto des Tages passt allerdings am besten altpolnische Küche, die Sie z. B. im Restaurant Wesele genießen können. Wie wäre es mit Gänsebrust an in Honig gerösteter Birne?

14 Uhr: Hoch hinaus!

Kein ganz leichtes Essen – da bietet sich danach ein wenig Bewegung an. Was passt da besser als ein Aufstieg über 273 Stufen zur Turmbläserstube der Marienkirche. Dort oben liegt Ihnen die Stadt zu Füßen und Sie teilen für einen Moment die fantastische Aussicht mit dem Trompeter, der 96-mal am Tag den Hejał bläst.

Wandeln Sie danach auf königlichen Pfaden. Die ul. Floriańska führt Sie vom Marktplatz zum nahe gelegenen ⓫ Florianstor, durch das früher die polnischen Könige Einzug in die Stadt hielten. Die Reste der mittelalterlichen Stadtmauer sind heute Krakaus größte Freiluftgalerie, wo Hun-

18 Uhr

11.30 Uhr

Um Punkt 11.50 Uhr ist es so weit: Eine Nonne öffnet die Flügeltüren des Altars von Veit Stoß, der nun seine ganze Pracht entfaltet.

derte von Kunstwerken auf Käufer warten. Manch ein Kunststudent, der dort seine ersten Arbeiten verkaufte, kam später groß raus.

16 Uhr: Geschichte oder Gegenwart?

Am besten beides. Der prachtvolle Renaissancepalast am ⓬ Rynek (Nr. 13) beherbergt einige der schönsten und luxuriösesten Geschäfte der Stadt. Sie finden dort Mode von weltberühmten Labels wie Gucci und Armani, aber auch ausgefallene Kreationen polnischer Modedesigner, dazu Weine und Delikatessen und eine schöne Bar im mittelalterlichen Gewölbekeller. Noch nichts gefunden? Dann bummeln Sie einfach noch ein wenig durch die Straßen rund um den Marktplatz. Schöne Accessoires im Vintage-Stil finden Sie beispielsweise bei LuLu Living (S. 68).

18 Uhr: Zeit für einen Sundowner

Von der Terrasse des Hotels Stary in der ul. Szczepańska 5 wird der Marktplatz für Sie zur Bühne und Sie können das Geschehen abgeschirmt von den Menschenmengen bei einem Aperitif oder Cappuccino genießen. Ein perfekter Auftakt für den Abend. Wenn Sie es sich bequem machen möchten, bleiben Sie zum Abendessen gleich auf der Terrasse oder wechseln ins elegante Hotelrestaurant Trzy Rybki (S. 65) direkt darunter. Die Michelin-Tester zählen es schon seit Jahren zu Krakaus Top-Restaurants.

ⓘ
Länge: ca. 2,5 km

❶ ★★ Hauptmarkt
(Rynek Główny)

Was?	Einer der größten mittelalterlichen Plätze Europas und lebendiges Zentrum der Altstadt
Warum?	Um zu verstehen, warum die Krakauer ihren Hauptmarkt so lieben
Wann?	Immer wieder – am liebsten aber morgens, wenn der Platz erwacht
Wie lange?	Eine Stunde, plus Pause auf einer der Kaffeehaus-Terrassen
Resümee	Platz der Plätze

Der moderne Springbrunnen auf dem Rynek Główny bildet einen spannungsvollen Kontrast zu den historischen Bürgerhäusern ringsum.

Er gilt als größter mittelalterlicher Marktplatz in ganz Europa: Der quadratisch angelegte Rynek Główny, mit einer imposanten Seitenlänge von 200 m, wurde ab 1257 errichtet – 16 Jahre, nachdem die Tataren Krakau in Schutt und Asche gelegt hatten. Mit der Zeit kamen 40 prächtige Häuser und Stadtpaläste hinzu, die bis heute von der glanzvollen Geschichte der Stadt zeugen. In ihnen sind Restaurants, Geschäfte, Banken und Kultureinrichtungen untergebracht. Auch Goethe flanierte hier schon. Im Eckhaus an der ul. Sławowska erinnert eine Gedenktafel an seinen Besuch im Jahr 1790.

Flanieren ist auch heute noch die schönste Beschäftigung auf dem Platz. Traditionsreiche Kaffeehäuser versprühen den Charme der Habsburger Zeit, während Gaukler und Musiker um die Aufmerksamkeit der Passanten buhlen. Und immer mal wieder macht auch der Lajkonik dort die Runde: Im farbigen Gewand und mit spitzem Hut ist er auf einem geschmückten Steckenpferd unterwegs und erinnert an einen versuchten Überfall von Tataren auf die Stadt 1287. In Zwierzyniec, am Rande von Krakau, hatten Flößer die feindliche Streitmacht entdeckt und überwältigt. Zum Spaß verkleideten sie sich danach als Tataren und ritten in die Stadt. Jedes Jahr findet am Donnerstag nach Fronleichnam der große Lajkonik-Umzug vom Norbertanerinnen-Kloster im Vorort Zwierzyniec zum Hauptmarkt statt. Der fremde Reiter ist aber auch sonst gelegentlich auf dem Markt zu sehen.

Platz für Handel und Kunst

Im Laufe der Jahrhunderte hatte sich bei der Bebauung des Marktes ein Wildwuchs entwickelt, immer neue Krämerläden waren entstanden. In der zweiten Hälfte des 19. Jh.s beschloss der Stadtrat deshalb eine Neuordnung des Platzes, der u. a. auch die Kleine und Große Waage zum Opfer fielen. Die neu gewonnenen großen Freiflächen rücken die Tuchhallen (Sukiennice) erst ins rechte Licht. Sie dominieren den Platz, verleihen ihm durch ihre Renaissanceform ein mediterranes Flair und bilden gemeinsam mit der gotischen Marienkirche (S. 51) ein einzigartiges architektonisches Ensemble.

Bis ins 14. Jh. reicht die Geschichte der Tuchhallen zurück: Damals ließ Kasimir der Große eine gotische Halle von 108 m Länge errichten, in der durchreisende Tuchhändler mit königlichem Privileg ihre Waren anboten. Nach einem Brand wurde sie bis 1559 durch italienische Baumeister im Stil der Renaissance wiederaufgebaut. Durch den Einbau eines Tonnengewölbes bekamen sie einen zweiten Stock. Der gesamte Baukörper erhielt als Abschluss eine hohe Attika mit breitem Arkadenfries. Auf die Spitzen setzte man goldene Kuppeln und auf die Attika steinerne Fratzen, sogenannte Maskaronen. Beim Umbau des Hauptmarkts im 19. Jh. wurde das Gebäude schließlich auf beiden Längsseiten um neogotische Arkadengänge ergänzt.

Im Inneren der Halle öffnen wie vor Jahrhunderten die Händler jeden Morgen die hölzernen Türen ihrer kleinen Krämerläden, in denen sie Souvenirs, Kunsthandwerkliches, Schmuck oder regionale Produkte verkaufen. Ins obere Stockwerk zog 1883 das Nationalmuseum mit einer Galerie der polnischen Kunst des 19. Jahrhunderts (Galeria Sztuki Polskiej XIX Wieku) ein. In fünf Abteilungen sind dort rund 200 Kunstwerke von der Zeit der Aufklärung bis zum beginnenden Impressionismus ausgestellt. Zu sehen ist u. a. das Monumentalgemälde »Preußische Huldigung« (1882) von Jan Matejko. Während der Öffnungszeiten des Tuchhallen-Museums können Sie die Außenterrassen zu beiden Längsseiten besuchen und die Sicht auf den Marktplatz genießen.

Rathausturm und Adalbertkirche

Den quadratischen Rathausturm aus dem 14. Jh. auf der südwestlichen Seite des Platzes schmückt ein barocker Helm. Der von zwei Löwen bewachte Eingang führt zu einer Filiale des Historischen Museums, das u. a. alte Fotos vom Marktplatz zeigt. Von der Aussichtsterrasse bietet sich ein schöner Rundblick auf die Altstadt. Ein beliebtes Fotomotiv ist der riesige Kopf neben dem Turm, die hohle Bronzefigur »Eros Bendato« (2003) des polnischen Bildhauers Igor Mitoraj.

Den südöstlichen Abschluss des Hauptmarktes bildet die kleine Kirche St. Adalbert (Kościół św. Wojciecha), die bereits älter als der Markt ist. Sie ist dem Schutzpatron Polens gewidmet, dem ehemaligen Prager Bischof Adalbert. Nach einer Legende soll er hier gebetet haben, bevor er zu seiner Mission zu den heidnischen Pruzzen aufbrach, bei der er 997 den Tod fand. Die einschiffige Kirche mit einem viereckigen Presbyterium ersetzte im 12. Jh. ein hölzernes Gotteshaus. Später wurde die Kirche im barocken Stil umgebaut, aufgestockt und um eine Kuppel, die Sakristei und eine Kapelle ergänzt. Bis auf ein gotisches Kruzifix ist auch das Innere barock gestaltet.

Nördlich der Kirche wurde 1898 ein riesiges Denkmal zum 100. Geburtstag des polnischen Nationaldichters Adam Mickiewicz enthüllt. Den auf einem hohen Sockel stehenden Dichter umringen vier allegorische Figuren, die die Heimat, die Wissenschaft, den Mut und die Dichtkunst symbolisieren.

Magischer Moment

Wie aus der Zeit gefallen

Knarzende Dielen, flackerndes Kerzenlicht, weiße Häkeldecken auf runden Bistrotischen, in der Ecke ein alter Kanonenofen, naive Kunst an den nur grob verputzten Wänden und allerlei Nippes auf den Ablagen – das Café Camelot wirkt wie aus der Zeit gefallen. Nur wenige Schritte vom belebten Hauptmarkt weg, fühlen Sie sich wie in einer anderen Welt. Bestellen Sie eine Szarlotka, einen leckeren Apfelkuchen mit einem Klecks Sahne, und Sie werden erleben: Der Ort ist wie gemacht für eine kleine Sünde.
ul. św. Tomazsa 17, tägl. 9–24 Uhr

Ein beliebtes Fotomotiv ist der Lajkonik (hier mit Rathausturm und Tuchhallen im Hintergrund). Wer von seinem Streitkolben getroffen wird, hat für das folgende Jahr Glück.

Markt ohne Markt

Schon seit den 1950er-Jahren finden keine regelmäßigen Märkte mehr auf dem Rynek Główny statt. Nur einige Blumenfrauen und Andenkenverkäufer bauen dort ihre Stände auf. Vor Ostern und Weihnachten bevölkern die Händler allerdings den Platz. Der Weihnachtsmarkt, der um den 1. Advent beginnt, zählt zu den größten und stimmungsvollsten in Polen. Ein besonderes Ereignis ist der seit 1937 jährlich ausgetragene Wettbewerb um die schönste Weihnachtskrippe. Die Bewerber präsentieren ihre oft in monatelanger Arbeit entstandenen Kunstwerke vor dem Mickiewicz-Denkmal. Anschließend werden die prämierten Krippen im Historischen Museum (S. 63) ausgestellt.

KLEINE PAUSE

Café Szał: Rynek Główny 3, Tel. 695 60 27 74 tägl. 10–23 Uhr

Genießen Sie nach einem Besuch in der Filiale des Nationalmuseums einen köstlichen Kaffee im kleinen **Café Szał** im ersten Stock der Tuchhallen – am besten auf der Außenterrasse mit traumhaftem Blick auf die Marienkirche.

ℹ ✢ 207 D/E3 🚋 Tram 1, 3, 6, 18, 20, 69, 73 (Pl. Wszystkich Świętych)

bis 20, So bis 16 Uhr ✦16 Zł, Außenterrassen 2 Zł (So frei)

Galerie der polnischen Kunst des 19. Jahrhunderts (Galeria Sztuki Polskiej XIX Wieku)
✉Rynek Główny 3 ☎12 4 33 54 00
⊕www.mnk.pl ❶Di, Mi, Fr, Sa 10–18, Do

Rathausturm (Wieża ratuszowa)
✉Rynek Główny 1 ☎12 4 26 43 34
⊕www.mhk.pl ❶Sommer tägl. 10.30–18, Winter 11–17 Uhr
✦9 Zł

50 HAUPTMARKT & NÖRDLICHE ALTSTADT

❸ ★★ Marienkirche
(Kościół Mariacki)

Was?	Eine der schönsten gotischen Kirchen Polens
Warum?	Um mit dem hölzernen Flügelaltar von Veit Stoß einen der wertvollsten Kunstschätze Polens zu sehen
Wann?	Wer um 11.30 Uhr mit dem Ticket am Eingang ist, hat die Chance, ein besonderes Ritual zu erleben.
Wie lange?	Jeweils eine halbe Stunde für die Kirche und die Turmbesteigung
Resümee	Magie des Mittelalters

Nach einer Legende waren zwei Brüder mit dem Bau der beiden ungleichen Türme beauftragt, die heute Krakaus Wahrzeichen sind. Nachdem einer der beiden seinen Turm bereits fertiggestellt hatte, tötete er den anderen, um zu verhindern, dass dessen Turm noch höher werde. Daraufhin wurde der zweite Turm nicht mehr weiter gebaut. Den Mörder aber quälte sein Gewissen so sehr, dass er sich am Tag der Einweihung von »seinem« Turm stürzte. So weit die Legende. Sicher ist, dass die Marienkirche, zu der die Türme gehören, 1290 begonnen und im 15. Jh. gotisch umgestaltet wurde. Der höhere Turm misst 82 m und trägt einen gotischen Helm. Von seiner Turmstube wird zu jeder vollen Stunde der Weckruf Hejnał in

Majestätisch: die Marienkirche im Licht der Abenddämmerung

Wer dem Trompeter in der Turmstube bei seiner Arbeit zuschauen möchte, kann den Turm der Marienkirche erklimmen. Der Ausblick entschädigt Sie für die 273 Stufen.

alle vier Richtungen geblasen (S. 26). Der zweite Turm hat eine Höhe von 69 m, trägt einen Helm im Stil der Spätrenaissance und birgt fünf mittelalterliche Glocken.

Tägliches Ritual

Ein erhebender Moment erwartet die Besucher jeden Tag um 11.50 Uhr. Nach einem kurzen Gebet öffnet eine Nonne mit einer Stange die beiden riesigen Flügeltüren des Hauptaltars, damit sich dessen ganze Pracht entfalten kann. Um 18 Uhr werden die Türen wieder geschlossen – Tag für Tag, seit Jahrhunderten der gleiche Ablauf.

Der hölzerne Hochaltar ist das bedeutendste Werk des Nürnberger Bildhauers Veit Stoß (um 1447–1533), das ihm die Stadt mit einem kompletten Jahresbudget honoriert haben soll. Auch nach Abschluss der zwölf Jahre währenden Arbeit an dem Altar blieb Stoß noch einige Jahre in Krakau und schuf dort u. a. ein Grabmal für König Kazimierz IV.

Schon von Weitem zieht der spätgotische Hochaltar die Besucher der Marienkirche in seinen Bann.

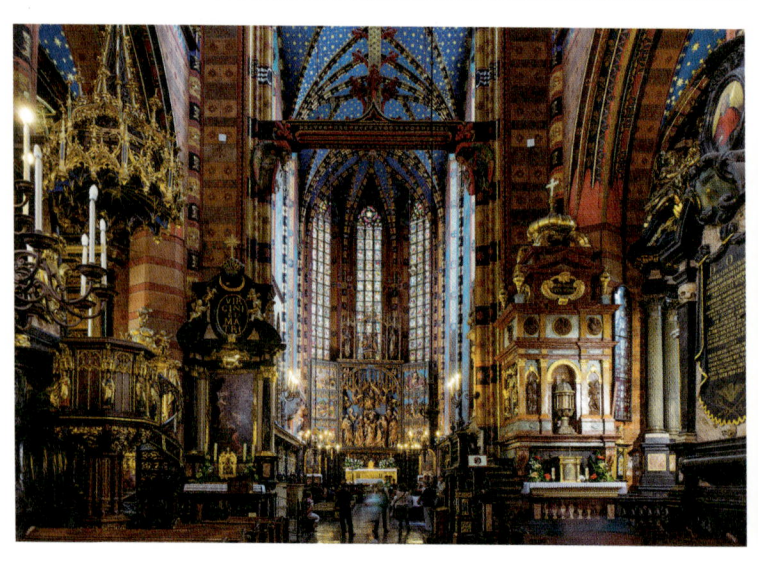

Berühmt und reich kehrte er 1496 nach Nürnberg zurück, wo er seinen Reichtum bei Spekulationsgeschäften schnell wieder verlor, wegen Urkundenfälschung gebrandmarkt wurde und erst Jahre später durch einen Gnadenbrief von Kaiser Maximilian I. sein künstlerisches Schaffen fortsetzen konnte.

Rund 200 bemalte und vergoldete Figuren schmücken den größten spätgotischen Schnitzaltar der Welt. Er verfügt über zwei feste Türen an den Außenseiten sowie zwei bewegliche in der Mitte, die auf beiden Seiten mit Reliefs versehen sind – so ist es möglich, durch das Öffnen und Schließen der Türen zwischen zwei verschiedenen Darstellungen zu wechseln. Geschlossen sind zwölf Szenen aus dem Leben von Maria und Jesus dargestellt. Geöffnet ist im Mittelteil Maria zu sehen, die umringt von den zwölf Aposteln entschläft und von Engeln begleitet in den Himmel fährt. Auf den beiden Seitenflügeln sind in sechs Szenen die Freuden Marias wiedergegeben. In der Bekrönung über dem großen Altarbild erhält die Jungfrau Maria ihre Krone im Beisein des heiligen Adalbert und des heiligen Stanislaus, der beiden Schutzheiligen Polens.

Weitere Kunstwerke

Aus drei schmalen Buntglasfenstern am Ende des Chorraums fällt farbiges Licht auf den Hochaltar. Die Fenster stammen aus dem 14. Jh. und stellen in 120 Bildern u. a. Szenen aus dem Alten und Neuen Testament dar.

Das auch ansonsten sehenswerte Kircheninnere gestaltete 1887 bis 1892 der Historienmaler Jan Matejko um, der eine Reihe von Wandbildern für das Gotteshaus schuf. An deren Ausführung waren einige seiner Schüler beteiligt, die später selbst bedeutende Künstler wurden, darunter Józef Mehoffer und Stanisław Wyspiański. Die beiden Künstler schufen auch das große Buntglasfenster auf der Westseite des Hauptschiffes, das Szenen aus dem Leben Marias sowie aus dem Alten Testament zeigt.

KLEINE PAUSE

Ideal für einen Snack am Mittag ist das kleine Restaurant **Bianca** am Plac Mariacki 2 (S. 64), gleich neben der Marienkirche. In der offenen Küche werden leckere Pastagerichte zubereitet.

✞ 207 E3 ✉ Pl. Mariacki 5
☎ 12 4 22 05 21 ⊕ www.mariacki.com
● Mo-Sa 11.30–18, So 14–18 Uhr, Turm tägl. 9.10–11.10 & 13.10–17.40, So 13.10 bis 17.40, Nov., Dez. & März Do-Sa 9.10–17.30 Uhr ✦ 10 Zł, Turm 15 Zł
🚊 Tram 1, 3, 6, 18, 20, 69, 73 (Pl. Wszystkich Świętych)

❹ ★★ Unterirdisches Museum
(Muzeum Podziemia Rynku)

Was?	Ein unterirdischer Rundgang zu den Fundamenten der ältesten Häuser Krakaus
Warum?	Erleben Sie das mittelalterliche Krakau mit allen Sinnen!
Wann?	Wann immer man online ein Zeitfenster ergattern kann.
Wie lange?	Mindestens eine Stunde
Resümee	Erlebbares Mittelalter

Eigentlich waren 2005 archäologische Grabungen unter dem Rynek Główny nur für etwa ein halbes Jahr geplant. Weil die sich als äußerst erfolgreich erwiesen, wurden sie verlängert. Um ihre beeindruckende Ausbeute mit mehr als 10 000 Objekten der Öffentlichkeit zugänglich zu machen, entstand 2010 das ungewöhnliche Museum unter der Erde, das auf rund 4000 m² Fläche ins frühe Mittelalter und zu den ältesten Fundamenten der Stadt führt.

Gewachsener Marktplatz
In den Anfangszeiten der Stadt wurde der Müll nicht entsorgt, sondern einfach mit Sand abgedeckt. Alte Gebäude wurden durch kriegerische Auseinandersetzungen oder Naturkatastrophen zerstört und auf ihren Trümmern baute man Neues auf. So erklärt es sich, dass man heute rund 5 m unter dem Pflaster des Hauptmarkts noch befestigte Straßen aus früheren Epochen vorfinden kann.

Doch damit nicht genug: Bei den Grabungen gelangte man zu Fundamenten früherer Wohn- und Geschäftshäuser. Erhalten und für die Nachwelt konserviert wurden Mauerreste der sogenannten »Reichen Kramläden« aus dem 13. Jh., in denen die Luxusartikel der damaligen Zeit gehandelt wurden, sowie der ehemaligen Stadtwaage aus der gleichen Epoche. Die Archäologen entdeckten zudem die Gräber eines frühmittelalterlichen Friedhofs, die aus dem 10./11. Jh. stammen und teils reiche Grabbeigaben enthielten. Dabei stieß man auch auf sogenannte Vampirbestattungen, bei denen Menschen in embryonaler Haltung oder an den Händen

So spannend kann Geschichte sein: Unter dem Hauptmarkt legten Archäologen die ältesten Spuren der Stadt frei.

gefesselt begraben wurden. Die Knochen der Toten wurden in der Krypta der Marienkirche beigesetzt und im Museum durch Kopien ersetzt.

Funde, Filme, Installationen

Das Museum zeigt aber keineswegs nur »alte Steine«. Zahlreiche Fundstücke wie Münzen, Tonfiguren, Werkzeuge oder Schmuck sind auf der unterirdischen Route zu sehen. Bilder zeigen das Aussehen der Stadt vor dem Tatarenüberfall 1241. Illustriert werden auch die Handelsbeziehungen, die Krakau im Mittelalter mit anderen Städten Europas pflegte. In Filmen und 3D-Darstellungen wird das mittelalterliche Krakau erlebbar gemacht. Klanginstallationen ergänzen die visuellen Eindrücke, man hört das Knarzen der Wagen, die Rufe der Markthändler oder die Geräusche der Handwerker. Nicht minder eindringlich erlebt man nebenan, wie zwei alte Holzhäuser virtuell in Flammen aufgehen.

KLEINE PAUSE

Rund um den Hauptmarkt haben Sie eine riesige Auswahl an Kaffeehäusern. Wer es gerne etwas ruhiger mag, geht ein paar Schritte weiter ins **Café Camelot** (S. 66), wo man Kaffee und Kuchen auf dem lauschigen Vorplatz genießen kann.

✧ 207 E3 ✉ Rynek Główny 3 (Eingang in den Tuchhallen) ☎ 12 4 26 50 60
⊕ www.podziemiarynku.com
❶ April–Okt. Mo 10–20, Di 10–16,
Mi–So 10–22, Nov.–März tägl. 10–20,
Di nur bis 16 Uhr (Einlass alle 15 Min.)
✦ 21 Zł 🚋 Tram 1, 3, 6, 18, 20, 69, 73
(Pl. Wszystkich Świętych)

⓫ Florianstor & Barbakane
(Brama Floriańska & Barbakan)

Was?	Überbleibsel des alten Befestigungsrings Krakaus
Warum?	Um zu lernen, was eine Barbakane ist
Wann?	Am frühen Morgen ist es meist noch etwas ruhiger.
Wie lange?	Eine Stunde, bei gutem Wetter gerne auch länger
Was noch?	Krakaus größte Freiluftgalerie
Resümee	Türme und Tore gegen die Tataren

Aus dem verheerenden Tatarenüberfall im Jahr 1240/41 hatte Krakau seine Lehren gezogen: Ab Ende des 13. Jh.s entstand eine neue Befestigungsanlage. Die 3 km lange doppelte Mauer mit 47 Basteien und acht Toren umgab seit dem Mittelalter die Krakauer Altstadt. Weil sie baufällig war und ihre militärische Bedeutung längst verloren hatte, trug man sie Anfang des 19. Jh.s ab und schuf so den Grüngürtel um die Altstadt, die Planty. Lediglich im Norden blieben Überreste erhalten.

Hierzu gehört der markante quadratische Turm des Florianstors, der Anfang des 14. Jh.s aus Naturstein entstanden war, im 15. Jh. um ein Backsteingeschoss mit vorgelagerten Schützengängen ergänzt wurde und 1697 einen Barockhelm erhielt. Seinen Namen bekam das Tor von der nahe gelegenen St.-Florians-Kirche (Kościół św. Floriana) im Stadtviertel

Krakaus wuchtige Barbakane gilt als Musterbeispiel dieses Verteidigungswerks, das dazu diente, Tore in einer Stadtmauer vor feindlichen Angriffen zu schützen.

Kleparz, in der Reliquien des heiligen Florian aufbewahrt werden. Dessen Figur schmückt das Tor zur Altstadt hin.

Das 34 m hohe Florianstor war das Haupttor, durch das die polnischen Könige Einzug in die Stadt hielten. Heute ist es ein beliebter Touristen-Hotspot, nicht zuletzt wegen der Freiluftgalerie (Abb. s. S. 12/13 und 44), in die sich die Mauerreste beiderseits des Durchgangs tagsüber verwandeln. Naive Kunstwerke, Kopien bekannter Gemälde und Erstlingswerke junger Kunststudenten warten dort auf Käufer.

Die größte Barbakane Europas

Der Durchgang im Florianstor führt zur Barbakane, einer mächtigen, runden Verteidigungsanlage aus Backstein, die Ende des 15. Jh.s aus Angst vor türkischen Angriffen errichtet wurde. Ihre bis zu 3 m dicke Mauern sollten Schutz vor Angriffen mit modernen Feuerwaffen bieten. Von sieben schmalen Beobachtungstürmen konnte der Feind schon von Weitem ausgemacht und aus insgesamt 130 Schießscharten ringsum in Schach gehalten werden. Zusätzlich gab es Maschikulis, senkrechten Öffnungen, durch die Angreifer mit siedendem Wasser oder Pech bekämpft werden konnten. Die Barbakane, die vor allem das dahinterliegende Arsenal schützen sollte, wurde nie eingenommen. Heute steht die Verteidigungsanlage als Abteilung des Historischen Museums (S. 63) Besuchern offen. Im Sommer finden im Innenhof mittelalterliche Spektakel und Ritterturniere statt.

Mit dem Ticket für die Barbakane kann auch der durch zwei Basteien begrenzte Rest der früheren Stadtmauer besichtigt werden. Vom Wehrgang bietet sich ein schönes Panorama auf die stets belebte ul. Floriańska. In dem um 1566 aus Sandstein erbauten städtischen Arsenal wurden einst Waffen gelagert, heute ist es Teil des Czartoryski-Museums (S. 61).

KLEINE PAUSE
Leckere Schokolade und Kaffeespezialitäten gibt es bei **Karmello.**

Karmello: ul. Floriańska 40, Tel. 535 00 24 75, www.karmello.pl, Di–So 7–23, Mo bis 22 Uhr

✢ 207 E4/5 ✉ Pijarska ☎ 12 4 21 13 61 ⊕ www.mhk.pl ❶ April–Okt. tägl. 10.30–18 Uhr (jeden 2. Mo im Monat geschl.) ✦ Barbakane & Stadtmauer 8 Zł 🚋 Tram 2, 7, 8, 14, 18, 24, 69, 73 (Stary Kleparz)

❿ Marktplatz von Kleparz
(Rynek Kleparski)

Was?	Lange Reihen aus Ständen mit frischem Obst und Gemüse, Käse oder Wurst
Warum?	Die Vielfalt an Farben und Gerüchen macht Appetit.
Wann?	Am besten vormittags
Wie lange?	Ein Stündchen genügt.
Was noch?	Die erste Pfarrstelle von Papst Johannes Paul II.
Resümee	Lecker!

Leckeres aus der Region und Exotisches aus aller Welt: Der Markt von Kleparz bietet eine reiche Auswahl.

Anders als die Altstadt mit ihren Prachtbauten oder Kazimierz mit seinen Kneipen und Cafés ist Kleparz bis heute ein ruhiger Stadtteil, an dem die aktuellen Trends scheinbar spurlos vorübergehen. Es gibt hier trotz der zentralen Lage nicht den großen Investitionsboom, es entstehen keine neuen In-Kneipen, das Leben verläuft eher in ruhigen Bahnen. Wenn Sie also für eine Weile das ganz normale Leben jenseits der Touristenströme erleben möchten, bummeln Sie doch einfach durch das Viertel nördlich der Altstadt.

Kleparz war früher eine eigenständige Stadt vor den Toren Krakaus. Erst 1791 wurde die Siedlung, der König Kazimierz Wielki 1366 die Stadtrechte verliehen hatte, Krakau einverleibt. Weil Kleparz in früheren Jahrhunderten mehrfach das Ziel von Angriffen und Zerstörungen war, findet sich dort kaum eine mittelalterliche Bausubstanz. Der Großteil der Gebäude stammt aus dem 19. und 20. Jahrhundert. Zu den Ausnahmen gehört die Kirche

St. Florian (Kościół św. Floriana) an der ul. Warszawska 1, in der Karol Wojtyła, der spätere Papst Johannes Paul II., von 1949 bis 1951 seine erste Pfarrstelle hatte. Die Kirche existierte schon seit dem 12. Jh. und wurde nach Zerstörungen durch die Schweden Ende des 17. Jh.s im Barockstil neu aufgebaut.

Ein geschrumpfter Marktplatz

Noch bis ins 19. Jh. war der Marktplatz von Kleparz fast so groß wie der Krakauer Hauptmarkt, heute hat er nicht einmal ein Viertel seiner ursprünglichen Fläche. U. a. wurde vom Rynek Kleparski im östlichen Teil der lang gestreckte Plac Jana Matejki abgetrennt. Dessen Mittelpunkt bildet ein monumentales Denkmal, das an die Schlacht bei Grunwald (Tannenberg) erinnert, in der 1410 die polnisch-litauischen Truppen das Heer der deutschen Ordensritter besiegten.

Auf dem verkleinerten Rynek Kleparski wird die Markttradition fortgesetzt. Selbst zu Zeiten des Kriegsrechts in den 1980er-Jahren war das Angebot dort noch etwas besser als vielerorts im Land. Heute gibt es auf dem Markt Stary Kleparz exotische Früchte neben geräuchertem Schafskäse aus der Region, Tomaten in vielen Farben und Formen, im Frühjahr Spargel und im Herbst frische Pilze. Zu Pyramiden getürmt wird das frische Obst und Gemüse präsentiert. Milch und Butter, Käse und Wurst, Fisch und Fleisch, Honig und Marmelade, aber auch allerlei Haushaltswaren sind zu finden.

Viele Marktgänger sind alte Bekannte, die Verkäufer nehmen sich Zeit für einen Plausch. Doch auch Touristen mischen sich unter die Schar der Besucher und schlendern durch die langen Gänge mit überdachten Ständen und vorbei an den festen Verkaufsbuden.

KLEINE PAUSE

Der Name ist Programm: **Wyszukane Desery Braci Szewczenko** – »anspruchsvolle Desserts der Brüder Szewczenko«. Diese bieten die beiden Konditoren in ihrem kleinen Café an, vom Klassiker »Crème brûlée« bis zu ausgefallenen Kreationen.

Wyszukane Desery Braci Szewczenko: Rynek Kleparski 14, Tel. 737 45 44 06, https://tort-krk.pl, Di–Fr 9–20, Sa & So 10–17 Uhr

✝ 207 E5 ✉ Rynek Kleparski
☎ 12 6 34 15 32 🌐 www.starykleparz.com
🕒 Mo–Fr 6–18, Sa 6–16, So 8–15 Uhr
🚊 Tram 2, 7, 8, 14, 18, 24, 69, 73 (Stary Kleparz)

Nach Lust und Laune!

13 Akademie der bildenden Künste (Akademia Sztuk Pięknych w Krakowie)

Die älteste Kunsthochschule Polens entwickelte sich unter der Leitung des Krakauer Landschaftsmalers Julian Fałat Anfang des 20. Jh.s zum Zentrum des künstlerischen Lebens in Polen. An der Akademie lehrten so bedeutende Maler wie Stanisław Wyspiański, Jacek Malczewski oder Józef Mehoffer. Unterrichtet wird heute in Fakultäten für Malerei und Bildhauerei, aber auch für Design oder Restauration. Im Hauptgebäude befindet sich die Galerie der Fakultät für Malerei, in der zeitgenössische Arbeiten polnischer und europäischer Künstler gezeigt werden.

Eine weitere Galerie der Akademie befindet sich gleich um die Ecke in der ul. Basztowa 18 (Di–Fr 10 bis 18, Sa & So 12–18 Uhr).

 207 E5 ✉ Pl. Jana Matejki 13
☎ 12 2 99 20 00 ⊕ www.asp.krakow.pl
🕒 Galerie: Mo-Fr 11-15, 16-18 Uhr
🚋 Tram 2, 7, 8, 14, 18, 24, 69, 73 (Stary Kleparz) ✦ frei

14 Szołayski-Haus (Kamienica Szołayskich)

Im Jahr 1904 vermachte die adelige Familie Szołayski ihr dreistöckiges Haus dem Krakauer Nationalmuseum, das dort ab 1934 Arbeiten aus der 15 000 Werke umfassenden Sammlung des Kunstsammlers Feliks Jasieński (1861–1929) zeigte. Später wurde das Gebäude von den Nazis okkupiert; nach dem Zweiten

Jupiter in Krakau: Das Czartoryski-Museum besitzt eine einzigartige Sammlung antiker Kunstwerke.

60   HAUPTMARKT & NÖRDLICHE ALTSTADT

Weltkrieg beherbergte es eine Sammlung von mittelalterlicher Kunst und erst nach einer Sanierung 2012 kehrten die Schätze Jasieńskis dorthin zurück. Präsentiert werden vor allem Arbeiten von Zeitgenossen des Sammlers, darunter Werke von Jacek Malczewski, Leon Wycółkowski, Stanisław Witkiewicz oder Józef Mehoffer.

207 D4 ✉ Pl. Szczepański 9 ☎ 12 4 44 54 50 ⊕ www.mnk.pl ⏱ Di-Sa 10–18, So 10–16 Uhr 💰 12 Zł, So frei 🚋 Tram 2, 8, 14, 18, 24, 69, 73 (Teatr Bagatela)

15 Czartoryski-Museum (Muzeum Książąt Czartoryskich)

Seit 1876 werden die Kunstwerke der Fürstenfamilie Czartoryski in Krakau gezeigt. Die Ausstellung verteilte sich auf den Stadtpalast der Familie in der ul. św. Jana 19, ein damit verbundenes Klostergebäude in der ul. Pijarska sowie auf das gegenüberliegende ehemalige Stadtarsenal. Bereits seit 2010 wird das Hauptgebäude restauriert, die Neueröffnung ist für Dezember 2019 geplant. Einige der wertvollsten Sammlungsstücke sind bis dahin im Arsenal zu sehen, darunter zwei ägyptische Mumien sowie Rembrandts Meisterwerk »Landschaft mit dem barmherzigen Samariter« (1638). Derweil hat das berühmteste Gemälde der Sammlung, die »Dame mit dem Hermelin« von Leonardo da Vinci, eine neue Bleibe im Hauptsitz des Nationalmuseums in der Al. 3 Maja 1 gefunden.

207 E4 ✉ Pijarska 8 (Arsenal) ☎ 12 3 70 54 60 ⊕ www.mnk.pl ⏱ Di bis Sa 10 –18, So 10–16 Uhr 💰 17 Zł 🚋 Tram 2, 7, 8, 14, 18, 24, 69, 73 (Stary Kleparz)

16 Słowacki-Theater (Teatr im. Juliusza Słowackiego)

Nach dem Vorbild der Pariser Oper entstand 1891–1893 am Plac św. Ducha das später nach dem Dramatiker Juliusz Słowacki benannte Theater. Mit seiner reich verzierten

Pariser Architektur in der Altstadt: das Słowacki-Theater

Fassade im Stil des Historismus gehört es zu den Schmuckstücken der Stadt. Stanisław Wyspiańskis bedeutendstes Drama »Wesele« (Hochzeit) erlebte dort 1901 seine Premiere, 20 Jahre später sorgte die Aufführung eines Stücks des polnischen Avantgardekünstlers Witkacy für einen kleinen Skandal. Ab 1939 für Nazi-Propaganda missbraucht, wurde das Theater mit seinen 530 Plätzen nach 1945 wieder zu einer der bedeutendsten Bühnen Polens.

NACH LUST UND LAUNE!

Im benachbarten ältesten Elektrizitätswerk der Stadt entstand 1976 die Kleine Bühne. Seit dem Jahr 2000 gibt es auf dem Platz zudem eine Freilichtbühne, auf der Liederabende oder Jazzkonzerte stattfinden.

☩ 207 F4 ✉ Pl. św. Ducha 1
☎ 12 4 24 45 26 ⌾ www.slowacki.krakow.pl ◐ Kasse: Mo 10–18, Di–Fr 9–19, Sa 10–19 Uhr (Pause 14–14.30 Uhr)
♣ 15–80 Zł 🚋 Tram 2, 3, 7, 14, 20, 24, 52, 62, 69, 70, 73 (Dworzec Główny)

17 Jan-Matejko-Museum (Muzeum Biograficzne Jana Matejki)

In seinem Geburts- und Wohnhaus wird an den berühmtesten polnischen Historienmaler Jan Matejko (1838–1893) erinnert. Seine großformatigen Werke, in denen er die polnische Geschichte glorifizierte, dienten zur Zeit der polnischen Teilung als Mittel, die nationale Identität zu wahren. Schon bald nach seinem Tod engagierten sich Krakauer Bürger dafür, ein Museum in seinem Wohnhaus einzurichten. Zu sehen sind dort der Wohnraum und das Atelier des Künstlers, zahlreiche Arbeiten und Dokumente aus seinem Leben.

☩ 207 E4 ✉ Floriańska 41
☎ 12 4 33 59 60 ⌾ www.mnk.pl
◐ Di–Sa 10–18, So 10–16 Uhr ♣ 9 Zł (So frei) 🚋 Tram 2, 7, 8, 14, 18, 24, 69, 73 (Stary Kleparz)

18 Pharmazeutisches Museum (Muzeum Farmacji)

Über fünf Etagen, vom Keller bis zum Dach eines mittelalterlichen Bürgerhauses, erstreckt sich das Pharmazeutische Museum. Alte Holzfässer im Keller erinnern daran, dass schon im Mittelalter Wein zur Behandlung von Krankheiten genutzt wurde. Auf den übrigen Stockwerken finden sich Apothekeneinrichtungen, pharmazeutische Geräte und Gefäße aus verschiedenen Jahrhunderten. Ein Raum ist dem Apotheker Ignacy Łukasiewicz gewidmet, der in Krakau studierte, als Erfinder der Petroleumlampe gilt und im Karpatenvorland das erste Erdölfeld der Welt erschloss.

☩ 207 E4 ✉ Floriańska 25
☎ 12 4 21 92 79 ⌾ www.muzeumfarmacji.pl ◐ Di 12–18.30, Mi–So 10 bis 14.30 Uhr ♣ 9 Zł 🚋 Tram 2, 7, 8, 14, 18, 24, 69, 73 (Stary Kleparz)

19 Kleiner Markt (Mały Rynek)

Im Schatten der Marienkirche liegt der Kleine Markt, wo bis zu Beginn des 19. Jh.s Krakauer Metzger ihr Fleisch verkauften. Auch heute werden zu besonderen Anlässen wie dem »Festival der Piroggen« im August Marktstände aufgebaut. Ansonsten ist der autofreie Platz Treffpunkt der Krakauer. Die acht Gebäude auf der Ostseite verbindet eine breite Terrasse, die im Sommer mit Biertischen bestückt ist. Im Haus Mały Rynek Nr. 6 wurde 1661 der »Merkuriusz Polski«, gedruckt, die erste regelmäßig in Polen erscheinende Zeitung. Im Lamelli-Haus in der ul. Mikołajski 2, an der Nordseite des Platzes, hat das Kulturzentrum der Innenstadt seinen Sitz. Zwei Galerien präsentieren dort zeitgenössische Kunst (Di bis Fr 11–17 Uhr). Auf der Westseite des Platzes sticht die halbrunde Rückfront der St.-Barbara-Kirche (Kosciół św. Barbary) hervor, in der Messen in deutscher Sprache abgehalten werden (So & Fei 14.30 Uhr, www.gemeinde.deon.pl).

✛ 207 E3 🚋 Tram 1, 3, 6, 18, 20, 69, 73 (Pl. Wszystkich Świętych)

20 Historisches Museum (Muzeum Historyczne)

Seit 1965 hat das Historische Museum seinen Hauptsitz im barocken Krzysztofory-Palast, der seinen Namen von einer Christopherus-Statue an der Fassade hat. In den 1960er- und 1970er-Jahren war der Keller des Stadtpalastes Spielstätte des Teatr Cricot von Tadeusz Kantor (S. 150).

Seit mehreren Jahren wird das Gebäude saniert, 2020 sollen dort eine neue Dauerausstellung sowie ein Bistro für Krakauer und galizische Küche eröffnet werden. Bis dahin kann man sich in der digitalen Ausstellung »cyberteka« auf einen Spaziergang durch die Geschichte Krakaus begeben.

✛ 207 D3/4 ✉ Rynek Główny 35
☎ 12 6 19 23 35 🌐 www.mhk.pl
🕘 Di-So 10-17.30 Uhr 🎫 12 Zł, Di frei
🚋 Tram 1, 3, 6, 18, 20, 69, 73 (Pl. Wszystkich Świętych)

21 Internationales Kulturzentrum (Międzynarodowy Centrum Kultury)

Das Haus Pod Kruki (Zum Raben) am Hauptmarkt, im Zweiten Weltkrieg Sitz der NS-Zentrale für das Generalgouvernement, beherbergt seit 1991 das Internationale Kulturzentrum mit umfangreicher wissenschaftlicher Bibliothek und einer Galerie. Diese zeigt Wechselausstellungen moderner Kunst. Tipp: Zur »Happy Hour« (Di & Mi 10–11 Uhr) kostet der Eintritt nur 1 Zł.

✛ 207 D3 ✉ Rynek Główny 25
☎ 12 4 24 28 00 🌐 www.mck.krakow.pl
🕘 Galerie: Di-So 10-18 Uhr 🎫 12 Zł
🚋 Tram 1, 3, 6, 18, 20, 69, 73 (Pl. Wszystkich Świętych)

Nur wenige Meter neben dem geschäftigen Hauptmarkt geht's auf dem Kleinen Markt recht beschaulich zu

NACH LUST UND LAUNE!

Wohin zum ... Essen und Trinken?

Preise für ein Hauptgericht ohne Getränke:
€ bis 45 Zł
€€ 45–90 Zł
€€€ über 90 Zł

RESTAURANTS

Amarone €€
Feine italienische Küche serviert das Restaurant des Hotels Pod Różą (S. 198). Die meisten Zutaten kommen direkt aus Italien, die handgemachte Pasta schmeckt vorzüglich. Lassen Sie sich nicht das mit 50 Zł unschlagbar günstige fünfgängige Mittagsmenü (Mo–Fr 12–16 Uhr) entgehen.
✢207 E4 ✉Floriańska 14 ☎12 4 24 33 81
⊕www.likusrestauracje.pl ●tägl. 11–23 Uhr

Bianca €€
Weiß ist die dominierende Farbe in dem kleinen italienischen Restaurant am Rand des Marktplatzes. Geboten wird eine eher einfache, aber solide saisonale Küche, die ohne Geschmacksverstärker auskommt. Viele Zutaten werden direkt aus Italien eingeführt.
✢207 E3 ✉Pl. Mariacki 2 ☎12 4 22 18 71
⊕www.biancaristorante.com ●tägl. 12–23 Uhr

Cyrano de Bergerac €€€
Das Restaurant im mittelalterlichen Kellergewölbe überzeugt mit französischer Küche. Liebhaber von Foie gras oder Austern können im Sommer auch im schönen Garten speisen oder dort ihren gekühlten Champagner genießen. Halten Sie sich bei Vorspeisen und Hauptgerichten zurück, damit noch Platz bleibt für leckere Desserts wie das warme Schokoladen-Soufflé mit Rumsauce.
✢207 E4 ✉Sławkowska 26 ☎12 4 11 72 88
⊕www.cyranodebergerac.pl
●tägl. 12–23 Uhr

Ed Red €€
Hier dreht sich fast alles um Steaks. Ob Rib Eye, T-Bone oder Porterhouse – Hauptsache dry aged, also trocken und lange abgehangen, soll es sein. In der offenen Küche werden sie auf den Punkt gegrillt. Dazu gibt es eine umfangreiche Weinauswahl.
✢207 E4 ✉Sławkowska 3
☎690 90 05 55 ⊕www.edred.pl
●Mo–Do 13–23, Fr–Sa bis 24 Uhr

Jarema €
Eines der wenigen guten Restaurants im Viertel Kleparz versetzt die Gäste zurück in die Zeit der polnischen Adelsrepublik. In passendem Ambiente werden altpolnische Gerichte und traditionelle Speisen aus den Gebieten des früheren Ostpolens serviert. Zu den Spezialitäten gehören Wildgerichte oder Ente in Honig-Zimtsoße mit gebratenen Äpfeln.
✢207 F5 ✉Pl. Matejko 5 ☎12 4 29 36 69
⊕www.jarema.pl ●tägl. ab 12 Uhr

Kogel Mogel €€
»Kogel mogel« kennt in Polen jeder als Süßspeise aus schaumig geschlagenem Ei mit Zucker. Im gleichnamigen Restaurant wird das Gericht etwas verfeinert. Traditionelle polnische und galizische Gerichte modern zu interpretieren, das ist das Konzept des Restaurants, das über mehrere Gasträume und einen schönen Sommergarten verfügt.
✢207 E3 ✉Sienna 12 ☎12 4 26 49 68
⊕www.kogel-mogel.pl ●tägl. 12–23 Uhr

Milkbar Tomasza €
Ein Ire hatte die Idee für eine moderne Variante der Milchbar, die mit großen Fenstern und moderner Einrichtung neugierig macht. Suppen, Salate, Piroggen oder Pfannkuchen sowie Panini gibt es für wenig Geld und in guter Qualität. Eine gute Adresse ist die Milchbar auch zum Frühstücken.
✢207 E3 ✉św. Tomasza 24 ☎12 4 22 17 06
●Mo–Sa 8–20, So 9–20 Uhr

Pierogowy Raj €
Im Paradies für Piroggen serviert man 50 Varianten des köstlichen wie preiswerten Nationalgerichts. Es gibt sie wahlweise mit oder ohne Fleisch, herzhaft oder süß. Stellen Sie Ihren Wunschteller zusammen und genießen Sie die große Auswahl.
✢207 E4 ✉Sławkowska 25 ☎12 2 65 89 27
●tägl. 11–21 Uhr

Das Szara ist trotz prominenter Lage am Hauptmarkt wahrlich keine Touristenfalle.

Szara €€
Mit Blick auf die Tuchhallen speist man hier in einem eleganten, aber nicht steifen Top-Restaurant. Die fantasievolle Speisekarte vereint Gerichte aus vielen Teilen Europas. Probieren Sie einmal das auf einem Eichenbrett servierte »plankstek« mit Herzoginkartoffeln, Bohnen im Speckmantel und Sauce béarnaise.
✠ 207 E3 ✉ Rynek Główny 6 ☎ 12 4 21 66 69
⊕ www.szara.pl ❶ tägl. 8–23 Uhr

Trufla €€
Das kleine italienische Restaurant wirkt von außen eher unscheinbar, kann aber mit einem großen, ruhigen Garten im Hof aufwarten – ein idealer Ort für heiße Sommerabende. Die Karte ist überschaubar, aber was aus der offenen Küche auf den Tisch kommt, überzeugt durch Qualität.
✠ 207 D4 ✉ św. Tomasza 2 ☎ 12 4 22 16 41
⊕ www.truflakrakow.pl ❶ Mo–Fr 9–23, Sa–So 10–23 Uhr

Trzy Rybki €€€
Seit Jahren hält das Restaurant des Luxushotels Stary einen Spitzenplatz auf der Michelin-Liste für Krakau. Ganz im Stil des Hauses vereint man Tradition und Moderne und präsentiert eine feine europäische Küche. Wählbar sind Vier- bis Acht-Gänge-Menüs mit oder ohne Weinbegleitung.
✠ 207 D4 ✉ Szepańska 5 ☎ 12 3 84 08 01
⊕ www.stary.hotel.com.pl ❶ tägl. 12–23 Uhr

Wentzl €€€
Das elegante Restaurant in historischen, üppig dekorierten Räumlichkeiten gehört zum Imperium von Magda Gessler, einer der schillerndsten Persönlichkeiten der polnischen Gastroszene. Sie setzt auf traditionelle polnische Rezepte, die sie auf zeitgemäße Art interpretiert.
✠ 207 D3 ✉ Rynek Główny 19 ☎ 12 4 29 52 99
⊕ www.restauracjawentzl.pl ❶ tägl. 13–23 Uhr

Wesele €€
Wie auf einer traditionellen polnischen Hochzeit (»wesele«) darf man sich in dem über zwei Etagen gehenden Restaurant fühlen: Meist ist es recht voll und die Stimmung gut. In altpolnischem Ambiente werden traditionelle Gerichte serviert; sehr zu empfehlen ist die Gänsebrust.
✠ 207 E3 ✉ Rynek Główny 10 ☎ 12 4 22 74 60
⊕ www.weselerestauracja.pl ❶ tägl. 12–23 Uhr

Wierzynek €€€
Bis ins Jahr 1364 geht die Geschichte des Restaurants zurück. Neben gekrönten Häuptern waren hier auch schon Promis wie Topmodel Kate Moss und Schauspieler Robert de Niro zu Gast. Gekocht wird mit regionalen Produkten, die altpolnischen Rezepte wurden ein wenig entstaubt. Serviert wird wahlweise in antikem Ambiente, vor altpolnischer Kulisse oder umgeben von surrealistischen Bildern.
✠ 207 D3 ✉ Rynek Główny 16 ☎ 12 4 24 96 00
⊕ www.wierzynek.pl ❶ tägl. 13–23 Uhr

KNEIPEN UND BARS

Baroque
In den schrill gestalteten Räumen und dem großen Sommergarten ist es vor allem am Wochenende voll. Das Baroque ist eine Mischung aus Bar, Restaurant und Club, geschätzt für seine guten Cocktails und die Vielzahl an verschiedenen Wodka-Sorten.

✛207 E4 ✉św. Jana 16 ☎12 4 22 01 06
⊕www.baroque.com.pl ❶So-Do 12-24, Fr & Sa 12-4 Uhr

House of Beer
Der Name ist Programm. Gäste können aus mehr als 150 Sorten Bier auswählen; ein gutes Dutzend davon kommt frisch vom Fass. Probieren können Sie zahlreiche Sorten von kleinen polnischen Brauereien, aber auch aus Tschechien, Belgien oder der Ukraine.
✛207 F3 ✉św. Tomasza 35 ☎794 22 21 36
⊕www.houseofbeerkrakow.com
❶tägl. 14-1, Fr, Sa bis 2 Uhr

Klub Kulturalny
Seit Jahren ist die Kellerkneipe einer der beliebten Treffpunkte Krakauer Studenten. Die Biere sind preiswert, schicke Outfits nicht nötig. Dienstags gibt es meist Livemusik.
✛207 D4 ✉Szewska 25 ☎12 4 22 16 73
❶tägl. 12-4, So 15-4 Uhr

Restauracja Browarna Browar Lubicz
Die Hausbrauerei Lubicz in der historischen Mälzerei hat mit ihren nicht pasteurisierten und ungefilterten Biere bereits einige Auszeichnungen eingeheimst.
✛207 östl. F4 ✉Lubicz 17 ☎12 3 53 98 84
⊕www.browar-lubicz.com.pl ❶Mo-Do 12 bis 24, Fr 12-1, Sa 13-1, So 13-22 Uhr

Viva la Pinta
Eine der ersten und erfolgreichsten Craft-Bier-Brauereien Polens öffnete 2014 direkt am Königsweg einen Bier-Pub. Beliebt ist der große Sommergarten. Wählen können Sie aus 14 Sorten frisch gezapftem Gerstensaft und einer großen Zahl von Flaschenbieren made in Poland. Ausgeschenkt werden auch Biere der Konkurrenz.
✛207 E4 ✉Floriańska 13 ☎12 4 21 05 90
⊕www.browarpinta.pl ❶Mo-Sa 16-24, So 14-24 Uhr

CAFÉS

Camelot
Das Innere des Künstlercafés ist mit Volkskunst dekoriert, darunter zahlreiche Arbeiten des naiven Künstlers Nikifor. An antiken Tischen mit Spitzendeckchen können Sie Kaffeespezialitäten, Kuchen und kleine Speisen genießen und die Zeit vergessen. Im Hochsommer bietet der schattige Vorplatz eine willkommene Abkühlung.
✛207 E4 ✉św. Tomasza 17 ☎12 4 21 01 23
❶tägl. 9-24 Uhr

Charlotte
Die selbst gebackenen Baguettes und Croissants können den Vergleich mit den französischen Originalen bestehen. Das Café und Bistro auf mehreren Ebenen ist zu allen Tageszeiten gut besucht. Morgens trifft man sich zum Frühstück, mittags auf einen kleinen Imbiss und abends auf einen französischen Wein.
✛207 D4 ✉Pl. Szczepański 2
☎600 80 78 80 ⊕www.bistrocharlotte.pl
❶Mo-Do 7-24, Fr. 7-1, Sa 9-1, So 9-22 Uhr

Jama Michalika
1895 öffnete Jan Michalik eine Konditorei - und das Café anfangs nur aus einem einzigen fensterlosen Raum bestand, bekam es rasch den Namen »Michaliks Höhle«. Weil seine Kuchen lecker waren und Studenten der nahen Kunstakademie dort das Essen mit ihren Bildern bezahlen durften, wurde es vor allem in Künstlerkreisen schnell populär. Mit seinem Jugendstil-Interieur und den vielen Kunstwerken an den Wänden ist das dunkle Café bis heute ein beliebter Treffpunkt.
✛207 E4 ✉Floriańska 45 ✉12 4 22 15 61
⊕www.jamamichalika.pl ❶Mo-Do 9-22, Fr-Sa 9-23 Uhr

Kawiarnia Noworolski
Seit mehr als 100 Jahren hat das Café im Wiener Stil seinen festen Platz in den Tuchhallen. Das elegante Jugendstil-Interieur wirkt so, als sei es über all die Jahrzehnte sorgsam konserviert worden; auch die Kellner erscheinen wie aus einer anderen Zeit. Zu sozialistischen Zeiten verstaatlicht, gehört das Kaffeehaus seit 1992 wieder der Gründerfamilie.
✛207 D3 ✉Rynek Główny 1
☎12 4 22 47 71 ⊕www.noworolski.com.pl
❶tägl. 8-22 Uhr (im Sommer auch länger)

Pijalnia Czekolady E. Wedel
Die Warschauer Schokoladen- und Pralinenmanufaktur hat am Krakauer Hauptmarkt eine Dependance. Dort können Sie im Kaffeehaus-Ambiente oder einem überdachten Innenhof herrliche Torten genießen – und dazu eine heiße Schokolade, in der der Löffel für einen Moment stehen zu bleiben scheint.
♁ 207 E3 ✉ Rynek Główny 46
☎ 12 4 29 40 85 ⊕ www.wedelpijalnie.pl
◐ So-Mi 9-23, Do-Sa 9-24 Uhr

Wohin zum ... Einkaufen?

Rund um den Marktplatz finden Sie alles von Souvenirläden über kleine Boutiquen bis zum Luxus-Store. Eine Einkaufs-City mit mehr als 200 Geschäften ist gleich neben dem Hauptbahnhof mit der Galeria Krakowska entstanden.

RYNEK GŁÓWNY

Suchen Sie ein passendes Mitbringsel aus Krakau? Dann schauen Sie doch einfach in den Tuchhallen vorbei. Jeden Tag um 9 Uhr werden die hölzernen Läden geöffnet und geben die Schätze frei. Bernsteinschmuck, nicht unbedingt typisch für Krakau, aber zumindest für Polen, den Wawel-Drachen (S. 86) in verschiedenen Formen, traditionelle Ketten mit bunten Holzperlen oder Schnitzkunst aus der Tatra – die Auswahl ist groß (tägl. 9-20 Uhr).

In einem der schönsten Bürgerhäuser am Marktplatz bietet die spanische Modekette Zara Shopping auf fünf Etagen (Rynek Główny 5, Mo-Sa 10-22, So 10-21 Uhr). Jung, modern und preiswert ist auch die Mode des polnischen Labels Tatuum (Rynek Główny 36; Mo-Sa 9-20, So 9-19 Uhr).

Süße Erinnerungen gibt es bei Wawel, Krakaus traditionsreicher Schokoladenfirma. Neben Schokoladentafeln unterschiedlicher Art finden Sie dort die mit Schokolade überzogenen Pflaumen (»śliwka), die beliebten »Kuhbonbons« (»krówki«) oder verschiedene Pralinensorten (Rynek Główny 33; tägl. 10-19 Uhr, Filiale auch im Königsschloss auf dem Wawel, www.wawel.com.pl).

Soll es etwas Besonderes sein, dann schauen Sie in die Galeria Niuans, wo Sie chinesisches Porzellan, exklusives Kristallglas, Tafelsilber oder Tischleinen finden (Rynek Główny 39; Mo-Fr 11-19, Sa 11-17 Uhr www.galerianiuans.pl).

Lust auf Luxus? Dann rein ins Edelkaufhaus Pasaż 13. Die historischen Mauern des

Hölzerne Krämerläden in den Tuchhallen bieten Souvenirs in allen Facetten an.

alten Bürgerhauses sind mit Stahl, Glas und einem ausgefeilten Lichtkonzept stimmungsvoll in Szene gesetzt. Auf drei Etagen präsentieren kleine Galerien Mode, Schuhe und Accessoires von bekannten Marken wie Alexander McQueen, Gucci oder Kenzo; auch einige der wichtigsten polnischen Designer und Modeschöpfer sind vertreten. Ein Feinkostladen sowie die sehr gut sortierte Vinothek ergänzen das Angebot (Rynek Główny 13; Mo-Sa 11-21, So 11-17 Uhr; www.pasaz-13.pl).

IN DER UMGEBUNG

Andrzej Mleczko ist einer der bekanntesten polnischen Karikaturisten, dessen Werke bei den Regierenden und der katholischen Kirche oft Zornesfalten erzeugen. Einige seiner besten Arbeiten zieren Plakate und Postkarten, Tassen oder T-Shirts und sind in seiner Autorengalerie erhältlich. Auch ohne Kenntnis der polnischen Sprache ist vieles zu verstehen (ul. św. Jana 14; tägl. 10-18 Uhr; www.sklep.mleczko.pl)

Polnische Volkskunst finden Sie bei Krakuska Sztuka Ludowa, darunter Trachten und historisches Spielzeug, Bunzlauer Keramik oder Stickereien aus der Tatra-Region (ul. Szewska 9; Mo-Fr 10-20, Sa 11-20, So 11 bis 18 Uhr). Töpferwaren aus Bunzlau und schlesisches Porzellan sowie polnische Glaswaren bietet auch Mila (ul. Sławkowska 14; Mo-Fr 10-18, Sa 10-17 Uhr).

Über einen verwunschenen Innenhof führt der Weg in den Concept Store LuLu Living. Steigen Sie dort die Treppe hoch und tauchen Sie ein in eine wundervolle Welt von Wohnaccessoires: Stoffe, Kissen, Lampen, Gläser und Spiegel, alles in einem ganz eigenen Vintage-Stil gestaltet (ul. św. Tomasza 17; Mo-So 11-19 Uhr; www.lululiving.pl).

Ideal für Regentage ist ein Besuch in der Galeria Krakowska am Hauptbahnhof. Mehr als 200 Geschäfte sowie zahlreiche Cafés und Restaurants sind dort unter einem Dach versammelt. Neben internationalen Ketten von Benetton bis Zara finden Sie auch zahlreiche polnische Mode-, Schuh- oder Schmuckgeschäfte (ul. Pawia 5; Mo-Sa 9-22, So 10-21 Uhr; www.galeriakrakowska.pl).

Eine Abwechslung zu den funktionalen Einkaufszentren bietet der älteste Krakauer Markt auf dem Rynek Kleparski (S. 58).

Wohin zum ... Ausgehen?

Auf dem Rynek Główny können Sie gelegentlich Konzerte bei freiem Eintritt erleben. Jeden Abend erklingt ringsum Jazzmusik. Opernfans zieht es in die Nähe des Hauptbahnhofs. Ein eher jüngeres Publikum macht in den Clubs die Nacht zum Tag.

OPER UND THEATER

Opera Krakowska
Die 1954 gegründete Krakauer Oper erhielt erst Ende 2008 ihr eigenes Haus – das erste neugebaute Opernhaus in Polen nach dem Zweiten Weltkrieg. Es entstand an der ul. Lubicz, wo bereits seit den 1960er-Jahren eine Reithalle aus dem 19. Jh. für Operettenaufführungen genutzt wurde. Der moderne Konzertsaal fasst 760 Besucher. Bei rund 200 Veranstaltungen im Jahr sind die Sitzplätze zu 98 % ausgebucht. Tickets kosten je nach Vorstellung zwischen 15 und 260 Zł und können auf der Website gebucht werden. Ein Highlight ist das Sommerfestival mit Aufführungen im Opernhaus und im Hof des Wawelschlosses.
✛207 östl. F4 ✉Lubicz 48 ☎12 2 96 62 00
⊕www.opera.krakow.pl

In Harris Piano Jazz gibt es neben Jazz auch Soul, Funk, Rock und Blues auf die Ohren.

Narodowy Teatr Stary
Das Nationaltheater war in seiner jüngeren Vergangenheit verbunden mit Namen bekannter Künstler wie Jerzy Grotowski, Tadeusz Kantor oder Andrzej Wajda. Trotz seiner mehr als 200-jährigen Geschichte ist es jung geblieben und nimmt sich immer wieder auch aktueller Themen an.
✝207 D4 ⊠ Jagiellońska 5 ☎ 12 4 22 40 40
⊕ www.stary.pl

MUSIK

Im Renaissancesaal des Bonerowski-Palasts am Hauptmarkt erklingt an vielen Abenden um 19 Uhr Klaviermusik von Fryderyk Chopin. Infos unter www.palacbonerowski.pl.

Klaviermusik des berühmtesten polnischen Komponisten wird auch täglich im Konzerthaus in der ul. Sławkowska 14 dargeboten. Die Konzertagentur proarts veranstaltet darüber hinaus täglich Konzerte des Krakauer Royal Chamber Orchestra in der St.-Adalbertkiche (Kościól św. Wojciecha) auf dem Hauptmarkt und in der ul. Sławkowska 14. Programme, Infos und Buchungsmöglichkeit unter www.cracowconcerts.pl

Harris Piano Jazz Bar
In den Kellergewölben gibt es jeden Abend Live-Musik. Neben Jazzbands treten auch Blues- oder Rockmusiker auf. Vor allem am Wochenende sind die Plätze begehrt – und obwohl das Klima zuweilen subtropisch ist, verlässt kaum einer vorzeitig seinen Platz. Also rechtzeitig kommen oder reservieren!
✝207 D3 ⊠ Rynek Główny 28 ☎ 12 4 21 57 41
⊕ www.harris.krakow.pl ❶ Mo-Fr ab 13, Sa/So ab 12 Uhr bis zum letzten Gast

The Piano Rouge
Bei rotem Licht, viel Samt und Plüsch fühlt man sich unweigerlich an den Montmartre versetzt. Doch statt Can-Can erwartet Sie in dem Kellergewölbe stimmungsvolle Jazzmusik – meist in einer Kombination von Pianomusik mit Gesang. Dazu können Sie polnische und internationale Speisen genießen.
✝207 E3 ⊠ Rynek Główny 46
☎ 12 4 31 03 33 ⊕ www.thepianorouge.com.pl
❶ tägl. ab 09.30 Uhr bis zum letzten Gast

Piwnica Pod Baranami
Der legendäre Kellerclub am Hauptmarkt ist seit mehr als 60 Jahren Spielstätte eines literarischen Kabaretts. Für ausländische Gäste interessanter dürften die Tango-Abende am Mittwoch und die Jazzkonzerte am Donnerstag sein. Oder man trifft sich dort nur auf einen Kaffee oder ein Bier.
✝207 D3 ⊠ Rynek Główny 27
☎ 12 4 22 01 77 ⊕ www.piwnicapodbaranami.pl
❶ tägl. 11–2 Uhr

NACHTLEBEN

Coco Music Club
An drei Bars, in vier Lounges und auf zwei Dancefloors trifft sich ein junges und schickes Publikum. Bekannte DJs aus Polen und dem Ausland sind dort zu Gast. Weibliche Gäste werden zu manchen Veranstaltungen mit Drinks zum Schnäppchenpreis und freiem Eintritt vor 24 Uhr gelockt.
✝207 F4 ⊠ Szpitalna 38 ☎ 12 4 29 69 83
⊕ www.clubcoco.pl ❶ Mi-Sa 22–6 Uhr

Forty Kleparz
Die ehemalige Bastion III, ein Teil der von den Habsburgern angelegten Stadtbefestigung, beherbergt seit einigen Jahren einen der angesagten Musikclubs. In dem Backsteingewölbe finden Tanzpartys und Konzerte mit Stars der polnischen Rockszene statt. Da die Räume groß genug sind, kann man an manchen Abenden z. B. zwischen Latino und Hip Hop wählen.
✝207 nördl. E5 ⊠ Kamienna 2-4
☎ 606 38 83 13 ⊕ www.fortykleparz.pl
❶ Fr-Sa 20–4 Uhr

Pod Jaszczurami
Der 1960 gegründete Studentenclub hat die Wende gut überstanden, seinen Charakter bewahrt und ist bis heute bei jungen Krakauern und Touristen beliebt. Man trifft sich am Wochenende zu den Retro-Disko-Partys und während der Woche zu Karaoke-Abenden oder Live-Konzerten mit Jazz- und Rockbands.
✝207 E3 ⊠ Rynek Główny 8
☎ 12 4 29 45 38 ⊕ www.podjaszczurami.pl
❶ tägl. ab 10 Uhr

WOHIN ZUM ...

Jahrhundertelang war der Wawel-Hügel am Weichselufer das politische wie religiöse Herz Polens.

Südliche Altstadt & Wawel

Der geschichtsträchtige Schlosshügel Wawel wacht über den facettenreichen Süden der Altstadt.

Seite 70–109

Erste Orientierung

»Jeder Stein ist hier Polen.« So beschrieb der Künstler Stanisław Wyspiański einst die Bedeutung des Wawels. Von der Burg regierten Polens Könige 500 Jahre lang ihr Land.

Aber nicht nur die königlichen Gemächer, der Kronschatz oder auch die Grablegen von Royals und anderen Prominenten ziehen Besucher an, im Sommer locken überdies auch Konzerte im Schlosshof und ganzjährig ein großartiger Blick auf die Weichsel. Und in einer Höhle unter dem Schloss hauste der Legende nach früher ein schrecklicher Drache – heute ein beliebtes Souvenir.

Vom Wawel führt die Straße der ulica Kanonicza in Richtung Hauptmarkt. Vielen gilt sie mit ihrem Kopfsteinpflaster und ihren mittelalterlichen Palästen als die schönste in der ganzen Stadt. Parallel zur ulica Kanonicza verläuft die lebhafte Einkaufsstraße ulica Grodzka mit ihren vielen kleinen Geschäften. Weiter nördlich schließlich erstreckt sich zwischen Planty und Rynek das Universitätsviertel. Krakaus 1364 gegründete Jagiellonen-Universität gilt als zweitälteste Hochschule in Mitteleuropa. Aus den Gründungsnamen stammt noch das altehrwürdige Collegium Maius mit seinen Kreuzgängen im Innenhof.

Top 10
- ❷ ★★ Wawelhügel (Wzgórze Wawelskie)
- ❼ ★★ Ulica Kanonicza
- ❽ ★★ Collegium Maius

Nicht verpassen!
- ㉒ St.-Annen-Kirche (Kościół akademicki św. Anny)
- ㉓ Franziskanerkirche (Kościół Franciszkanów)
- ㉔ Archäologisches Museum (Muzeum Archeologiczne)

Nach Lust und Laune!

[25] Bunkier Sztuki
[26] Garten der Universitätsbibliothek (Ogród Biblioteki Jagiellońskiej)
[27] Nationalmuseum (Muzeum Narodowe)
[28] Werkstatt und Museum für Buntglas (Pracownia i Muzeum Witrażu)
[29] Bischofspalast (Pałac Biskupi)
[30] Wyspianski-Pavillon (Pawilon Wyspiańskiego)
[31] Dreifaltigkeits-Basilika und Dominikanerkloster (Bazylika św. Trójcy i Klasztor Ojców Dominikanów)
[32] St.-Peter-und-Paul-Kirche (Kościół św. św. Piotra i Pawła)
[33] St.-Andreas-Kirche (Kościół św. Andrzeja)
[34] St.-Martins-Kirche (Kościół św. Marcina)
[35] Weichsel-Boulevard (Bulwary Wiślane)

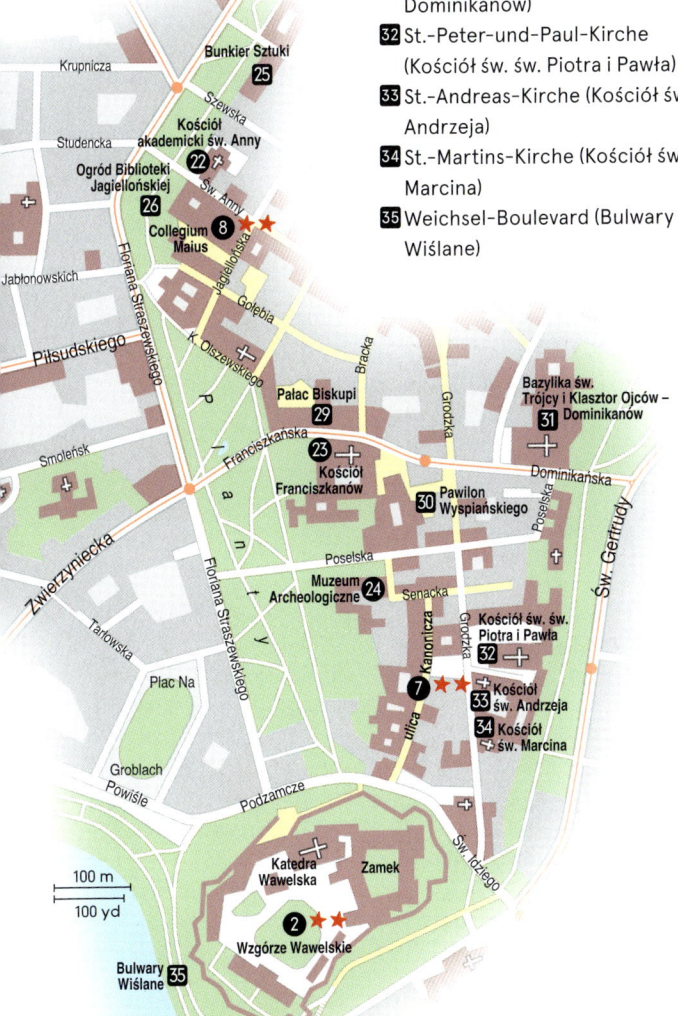

Mein Tag auf päpstlichen Wegen

Die meiste Zeit seines Lebens war Karol Wojtyła eng verbunden mit Krakau. Besonders zwischen Hauptmarkt, Universitätsviertel und Wawelberg erinnern viele Orte an den heiliggesprochenen Papst Johannes Paul II. Erkunden Sie das Viertel auf seinen Spuren, halten Sie an lauschigen Plätzen inne und genießen sie einige Krakauer Köstlichkeiten.

10 Uhr: Weltliches und geistliches Zentrum

Wie könnten Sie einen Tag auf den Spuren Johannes Paul II. besser beginnen als in der Wawelkathedrale (Katedra Wawelska; S. 83) – also dort, wo Karol Wojtyłas ab 1958 lange Zeit als Bischof und Erzbischof von Krakau wirkte? Der Klang der mächtigen Sigismund-Glocke begrüßte den Papst bei seinen späteren Besuchen in der Stadt und sie erklang auch am 2. April 2005 nach Bekanntwerden seines Todes.

Um zu spüren, welche spirituelle Bedeutung diese Kirche für Polen hat, sollten Sie auch einen Abstecher ins Innere des Gotteshauses unternehmen und die Grabmale der hier bestatteten Könige, Künstler und Staatsmänner besuchen. Und genießen Sie den großartigen Blick vom Hügel auf die Weichsel! (Das Wawelschloss heben Sie sich jedoch für einen späteren Zeitpunkt auf.)

15.30 Uhr: Einfach himmlisch

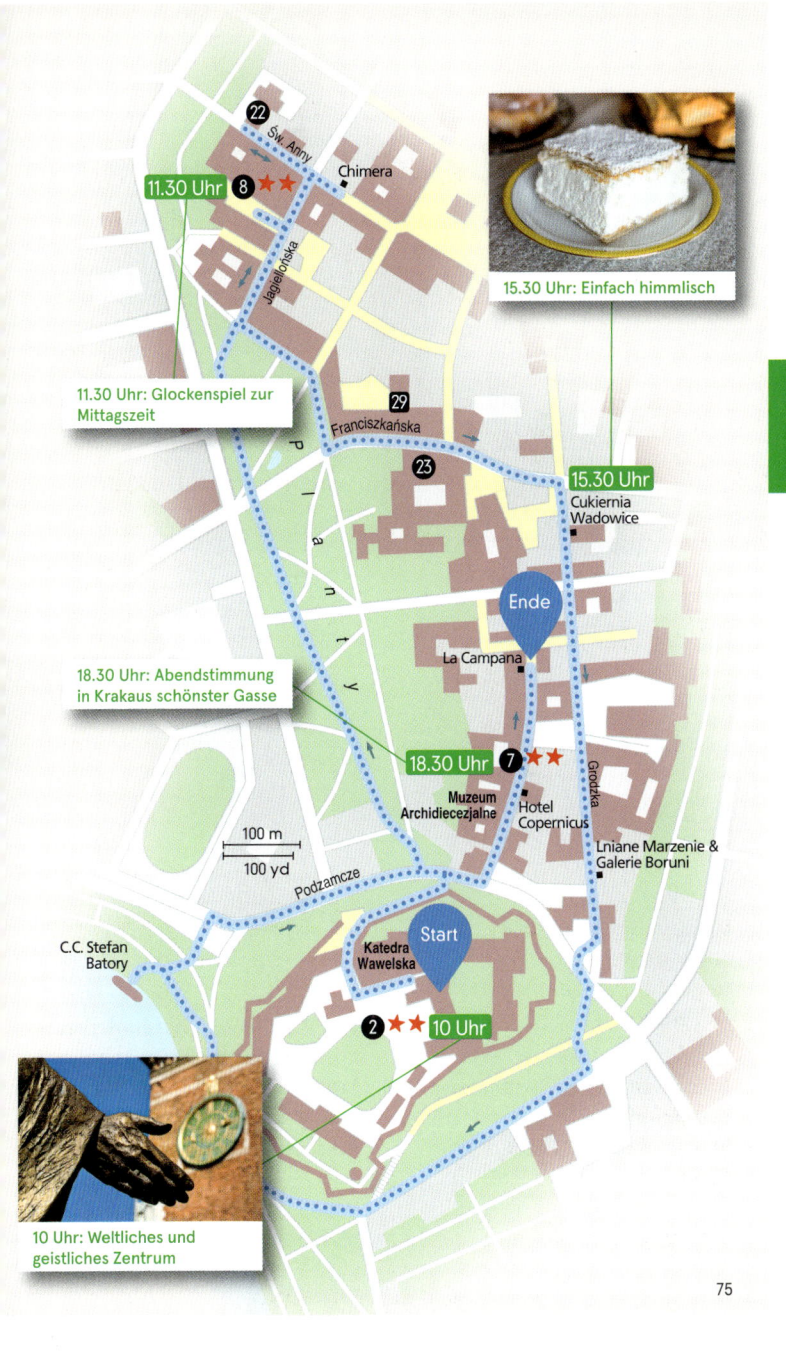

11.30 Uhr: Glockenspiel zur Mittagszeit

15.30 Uhr
Cukiernia Wadowice

Ende

18.30 Uhr: Abendstimmung in Krakaus schönster Gasse

18.30 Uhr
Muzeum Archidiecezjalne · Hotel Copernicus

Lniane Marzenie & Galerie Boruni

Start
Katedra Wawelska

10 Uhr

10 Uhr: Weltliches und geistliches Zentrum

75

11.30 Uhr

Versäumen Sie es nicht, auf Ihrem Rundgang durch das Collegium Maius auch einen Blick in die mit Kreuzgewölbe versehene Bibliothek zu werfen.

11.30 Uhr: Glockenspiel zur Mittagszeit

Ein kleiner Spaziergang bringt Sie durch die Grünanlage Płanty zum Universitätsviertel. Machen Sie es wie die vielen Studenten und legen Sie eine frühe kleine Mittagspause bei frischem Salat oder Gemüse im grünen Innenhof des Restaurants Chimera (S. 105) ein. Denn um Punkt 13 Uhr sollten Sie im ❽ ★★ Collegium Maius sein, um dem beeindruckenden Spiel der Glocken zu lauschen. Im ältesten Gebäude der Universität wurde Johannes Paul II. 1982 die Ehrendoktorwürde verliehen. Beim Rundgang durch das Universitätsmuseum begegnen Sie auch anderen Berühmtheiten, darunter Nikolaus Kopernikus.

Werfen Sie anschließend noch einen Blick in die üppig ausgestattete ㉒ St.-Annen-Kirche (Kościól św. Anny) die Karol Wojtyła schon als Student gerne besuchte.

14 Uhr: Auge in Auge mit dem Papst

Nur wenige Schritte sind es von dort zum barocken ㉙ Bischofspa-

76 SÜDLICHE ALTSTADT & WAWEL

14 Uhr

Überraschend bunt präsentiert sich die Anfang des 20. Jh.s in leuchtenden Farben ausgemalte Franziskanerkirche.

last (Pałac Biskupi) in der ulica Franziszkańska 3. Aus einem Fenster im ersten Stock blickt Sie der Papst an – natürlich nur als lebensgroße Abbildung. Diese erinnert daran, dass Karol Wojtyła in dem Gebäude von 1963 bis 1978 als Krakauer Erzbischof residierte und dort auch bei seinen Besuchen als Papst wohnte. Aus genau diesem Fenster sprach er damals zu den versammelten Gläubigen.

Die ㉓ Franziskanerkirche (Kościól Franziszkanów) gleich gegenüber zählte zu seinen Lieblingskirchen. Lassen Sie sich drinnen vom mystischen Farbenspiel verzaubern, das entsteht, wenn die Sonne durch die Buntglasfenster scheint.

15.30 Uhr: Einfach himmlisch
Damit auch weltliche Genüsse nicht zu kurz kommen, legen Sie anschließend einen kurzen Halt in

MEIN TAG

14 Uhr

18.30 Uhr

Blick in den Innenhof des Hotels Copernicus, das eine würdige Kulisse bildet, um den Tag ausklingen zu lassen.

Ein lebensgroßes Porträt von Johannes Paul II. empfängt die Besucher des Bischofspalasts.

der Cukiernia Wadowice in der ulica Grodzka 28 ein. Die berühmten Cremeschnitten (Kremówka) aus der Heimatstadt des Papstes waren sicher auch diesem eine Sünde wert.

16 Uhr: Weltliches Intermezzo

Beim Spaziergang durch die ulica Grodzka kommen Sie nicht nur an mehreren bedeutenden Gotteshäusern vorbei, sondern haben auch Gelegenheit, mit einem kleinen Einkaufsbummel das religiöse Sightseeing zu unterbrechen. Schöne Mode aus Leinen oder Seide von polnischen Designerinnen finden Sie z. B. bei Lniane Marzenie (S. 108) und Bernsteinschmuck gleich gegenüber in der Galerie Boruni (S. 108). Vorbei am Wawel gelangen Sie zum Ufer der Weichsel. Von oben scheint die Abendsonne, aber unten auf dem Asphalt funkeln die Sterne, die Sie an berühmte Musiker und Regisseure erinnern. Nehmen Sie Ihren Aperitif auf dem Sonnendeck der Barke C.C. Stefan

16 Uhr

So viel Zeit muss sein: Bei einem Spaziergang durch die ulica Grodzka sollten Sie sich auch so weltlichen Dingen wie den aktuellen Schmuck- und Modetrends widmen.

Batory (S. 105) ein – der Blick von dort auf den Wawel ist großartig!

18.30 Uhr: Abendstimmung in Krakaus schönster Gasse

In der Abenddämmerung wirkt die schönste Gasse der Stadt noch stimmungsvoller. Schlendern Sie durch die ❼ ★★ ulica Kanonicza, die Straße der Kanoniker, mit ihren vielen Stadtpalästen. Auch Karol Wojtyła lebte dort 15 Jahre lang – zunächst als Priester im Haus Nr. 19, dann als Bischof gleich nebenan. Beide Häuser bilden heute gemeinsam den Sitz des Erzdiözesen-Museums (Muzeum Archidiecezjalne; S. 88). Wenn Sie die nächsten Tage noch Zeit haben, besuchen Sie dort das ehemalige Arbeitszimmer mit persönlichen Gegenständen des Papstes.

Aber jetzt genießen Sie erst einmal die schöne Stimmung beim Abendessen – egal ob bei italienischer Landküche im Innenhof des Restaurants La Campana (S. 106) oder beim Gourmetmenü im mittelalterlichen Hotel Copernicus (S. 105).

Länge: ca. 4 km

MEIN TAG

❷ ★★ Wawelhügel
(Wzgórze Wawelskie)

Was?	Zur UNESCO-Weltkulturerbestätte gehören königliche Gemächer und Gräber und die wichtigste Kathedrale des Landes.
Warum?	Hier schlägt das Herz Polens.
Wann?	Schlossbesichtigung am besten nach Voranmeldung
Wie lange?	Ein halber Tag sollte es schon sein.
Resümee	Polens Geschichte kompakt vereint

Noch vor einigen Jahren sah man immer wieder Menschen, die mit ihren Händen die Wawel-Mauern berührten. Sie wollten die Energie spüren, die von dort ausgeht. Denn in der unterirdischen St.-Gereons-Kapelle soll sich einer der sieben magischen Steine befinden, die der hinduistische Gott Shiva einst auf die Erde warf. Doch die Wallfahrten der New-Age-Anhänger waren im katholischen Polen nicht so gerne gesehen. Zuerst wurde die Kapelle für Besucher geschlossen, später auch das Berühren der Wände ausdrücklich untersagt.

Lieber erzählte man die Legende vom feuerspeienden Drachen, der in einer Höhle unter dem Wawelberg hauste und einst die Krakauer in Angst und Schrecken versetzte. Danach schaffte es ein tapferer Schusterlehrling mit einer List, das Ungeheuer zu besiegen. Er füllte ein totes Schaf mit Schwefel. Als der Drache das fraß bekam er einen schrecklichen Durst. Er trank so viel, dass er platzte. Der Schuster durfte daraufhin die schöne Königstochter heiraten und alle waren glücklich. Die Drachenhöhle kann man in den Sommermonaten besichtigen, an ihrem Ausgang steht tatsächlich ein feuerspeiendes Ungeheuer – eine Metallskulptur des Krakauer Künstlers Bronisław Chromy.

In den Sommermonaten kann die Höhle besichtigt werden (Eintritt: 3 Zł); Eingang durch den Brunnen bei der Diebesbastei, der Ausgang liegt am Weichselboulevard.

Geschichtsträchtige Stätte
Kein Zweifel, der Wawel regt die Fantasie an. Das bedingt schon allein seine Größe und seine geschichtliche Bedeutung. Seit König Kazimierz I. im Jahr 1038 die Hauptstadt seines Reichs von Gnesen nach Krakau verlegte, entwickelte

sich der Wawelhügel zum Machtzentrum Polens. Erst als Polen durch die Allianz mit Litauen gewachsen und Krakau an die Peripherie des riesigen Reichs gerückt war, verlagerte König Zygmunt III. Wasa 1596 den Königshof nach Warschau. Er selbst verließ Krakau endgültig 1609. Doch noch bis 1734 wurden Polens Könige in der Wawelkathedrale gekrönt und dort auch bestattet.

In der Zeit der polnischen Teilungen nutzten die Habsburger das Schloss als Kaserne. Als die Soldaten 1905 abzogen, konnten die heruntergekommenen Gebäude mit Spenden der Bevölkerung konserviert werden. Stanisław Wyspiański (S. 20) entwarf damals den Plan, den Wawel zur polnischen Akropolis mit Sitz von Parlament, Nationalmuseum, Kurie und Polnischer Akademie umzugestalten. Doch er wurden nie umgesetzt.

Königsschloss

Aus der ersten königlichen Residenz (Zamek Królewski), deren Fundamente zum Teil erhalten geblieben sind, wuchs eine mächtige gotische Burg. Sie wurde nach einem Brand 1499 bis auf die Grundmauern abgetragen, um Platz für ein neues Schloss zu schaffen. Italienische Baumeister hatten ihren Anteil an einem der schönsten Renaissancebauten nördlich der Alpen. Dessen Herzstück ist der von Arkadengängen umgebene Innenhof. Seine Räume beherbergen heute die

Vor der imposanten Kulisse des abendlich illuminierten Wawels ankern Restaurantschiffe am Weichselufer.

Staatlichen Kunstsammlungen auf dem Wawel. Die Hauptausstellung umfasst die repräsentativen Königsgemächer, die mit historischen Möbeln und Kunstwerken ausgestattet sind.

Die Tour beginnt in den ehemaligen Wohn- und Arbeitsräumen des Statthalters der Residenz im Erdgeschoss und führt zu den repräsentativen Räumen im Ost- und Nordflügel des zweiten Stocks, in denen früher Gesandte empfangen, Sitzungen abgehalten und Feste gefeiert wurden. Der größte Schatz sind die über mehrere Räume verteilten flämischen Wandteppiche aus Arras. König Zygmunt II. August hatte im 16. Jh. insgesamt 360 der großen, mit Seide, Gold- und Silberfäden fein gewebten Arrazis erworben, die u. a. biblische Szenen und Landschaften darstellen. Nach der Niederlage Polens im Krieg gegen das zaristische Russland wurden die wertvollen Gobelins nach St. Petersburg gebracht. Nur 136 von ihnen wurde 1921 zurückgegeben, andere waren zerstört oder blieben verschwunden. Beim deutschen Überfall auf Polen gelang es dem damaligen Chefkonservator, Adolf Szyszko-Bohusz, die wertvolle Sammlung zu retten. Nach einer jahrzehntelangen Irrfahrt gelangten sie 1961 nach Polen zurück.

Eine zweite Tour führt durch die königlichen Privatgemächer im ersten Stock, in denen neben historischem Mobiliar, Porzellan aus Meißen und Arbeiten italienischer Renaissance-Maler ebenfalls einige der wertvollen Wandteppiche zu sehen sind. Kronschatz und Rüstungskammer im nordöstlichen Teil des Erdgeschosses sind auf einer weiteren Route zu erleben. Wertvollstes Ausstellungsstück dort ist das aus dem 13. Jahrhundert stammende Krönungsschwert (»Szczerbiec«). Die Funde, die Archäologen am Wawel zutage förderten, sind in einer Ausstellung unter dem Titel

Nur an Feiertagen bringt der Wawel-Glöckner die Sigismund-Glocke zum Erklingen.

Die mit einer goldenen Kuppel bekrönte Sigismund-Kapelle bildet das Mausoleum der beiden letzten Könige der Jagiellonen-Dynastie.

»Der verlorene Wawel« im Keller der ehemaligen Schlossküche zu sehen. Ein Lapidarium zeigt Fundstücke von Schloss und Kathedrale aus verschiedenen Jahrhunderten und in einem Multimedia-Raum werden romanische Bauten auf dem Wawel simuliert. Live zu sehen sind die Reste der vorromanischen Rotunde der hll. Felix und Adautus, die zwischen dem 10. und 11. Jh. entstand.

Wawelkathedrale

Die meisten polnischen Könige wurden in der nach den hll. Stanisław und Wenzel benannten Erzbasilika gekrönt und dort auch bestattet. Die Wawelkathedrale (Katedra Wawelska), in der Karol Wojtyła vor seiner Wahl zum Papst als Erzbischof wirkte, ist das wichtigste Gotteshaus in Polen. Die ältesten Teile stammen aus dem Jahr 1090, der größte Teil des dreischiffigen gotischen Bauwerks mit seinen drei Türmen wurde im 14. Jh. aus Backstein und weißem Kalkstein errichtet. Im Laufe der Jahrhunderte wurden insgesamt 19 Kapellen hinzugefügt, deren Baustil von der Gotik über die Renaissance bis zum Barock reicht. Die heutige Inneneinrichtung stammt überwiegend aus der Zeit des Barocks, doch es blieben auch wertvolle Objekte aus früheren Epochen erhalten. Bedeutende Künstler wie Veit Stoß, Santi Gucci oder Giovanni Battista Trevano schufen Kunstwerke für die Wawelkathedrale.

Durch die mächtigen Türen des Hauptportals, die das Monogramm von König Kazimierz III. Wielki tragen, führt der Weg ins Innere der Kirche. Einen zentralen Platz zwischen Langschiff und Presbyterium nimmt der von Giovanni Trevano geschaffene Sarkophag des hl. Stanisław ein. Unter einer vergoldeten Kuppel steht der von vier Engeln getragene silberne Sarg mit den sterblichen Überresten des 1079 getöteten Märtyrers. Im Hauptschiff und den Seitenschiffen finden sich die Sarkophage und Skulpturen von sieben polnischen Königen, darunter Kazimierz Wielki und Władysław Jagiełło.

Als bedeutendes Renaissance-Bauwerk gilt die 1533 fertiggestellte, von einer vergoldeten Kuppel bedeckte Sigismund-Kapelle. In ihr sind die Grabmäler der beiden letzten Könige der Jagiellonen-Dynastie, Zygmunt Stary und Zygmunt August, zu sehen. Das 1492 von dem Nürnberger Bild-

Besichtigung des Wawelhügels jeden Tag von 6 Uhr früh bis zur Dämmerung. Auch die Kathedrale ist dann frei zugänglich.

Heiligtum und Nationalsymbol

Die »Basilika und Erzkathedrale der Heiligen Stanislaus und Wenzeslaus« war – bis auf wenige Ausnahmen – Krönungskirche und Grablege der polnischen Könige. Weil hier auch Nationalhelden und berühmte polnische Künstler beigesetzt wurden, gilt das Gotteshaus zugleich als Nationalheiligtum und Nationalsymbol

❶ Sigismundturm: Der Turm wurde im späten 14. Jh. als Teil der Befestigungsanlage errichtet. Hier hängt die berühmteste Glocke Polens, die 12 t schwere Sigismund-Glocke, die nur an Feiertagen geläutet wird.

❷ Haupteingang: An den Wänden des Eingangsbereichs hängen Knochen eines Mammuts, Wollnashorns und Wals, angebracht zum Schutz der Kathedrale. Denn so lange die Knochen hier hängen, besagt die Legende, so lange bleibt auch die Kathedrale bestehen.

❸ Heiligkreuz-Kapelle: Letzte Ruhestätte von Kasimir IV. Andreas, der Jagiellone, und seiner Ehefrau Elisabeth von Habsburg (Elżbieta Rakuszanka), die auch »Mutter der Könige« genannt wird. Das Grabmal für Kasimir IV. schuf der Nürnberger Künstler Veit Stoß aus rotem Marmor.

❹ Schrein des heiligen Stanisław: Im Zentrum des Kirchenraums steht der silberne Sarkophag des Krakauer Bischofs und polnischen Nationalheiligen Stanislaus von Krakau (um 1030–1079). Ihm ist die Kathedrale geweiht.

❺ Hauptaltar: Hier wurden die königlichen Häupter Polens gekrönt. Am Fuß des Altars befindet sich die bronzene Grabplatte des Kardinals Fryderyk Jagiellończyk (1468–1503), eines Sohn des Königs Kasimir IV. Andreas. Als Primas von Polen-Litauen war er der höchste Würdenträger der römisch-katholischen Kirche in Polen und hatte damit das Recht, die polnischen Könige zu krönen.

6 Sigismund-Kapelle: In der Kapelle mit dem vergoldeten Dach fanden die beiden letzten Könige der Jagiellonen, Sigismund I. und dessen Sohn Sigismund II. August, ihre letzte Ruhestätte.

hauer Veit Stoß entworfene Grabmal für König Kazimierz IV. mit einer aus Marmor geformten Figur des Königs befindet sich in der Heiligkreuz-Kapelle.

Von der Kapelle der Czartoryski-Familie führt eine Treppe in die Krypta mit ihren zahlreichen Grabkammern, in denen neben zahlreichen Königen und Königinnen auch andere prominente Polen ruhen, darunter der Nationalheld Tadeusz Kościuszko und der in der Zwischenkriegszeit autoritär regierende Marschall Józef Piłsudski. Nach kontroversen Diskussionen wurde dort 2010 auch der bei einem Flugzeugabsturz in Smolensk ums Leben gekommene Präsident Lech Kaczyński mit seiner Ehefrau Maria beigesetzt. Über einen eigenen Eingang in der Kapelle der Familie Lipski ist die Krypta der Nationaldichter mit den Sarkophagen von Adam Mickiewicz und Juliusz Słowacki zu erreichen.

Zu den nationalen Symbolen gehört die rund 12 t schwere Sigismund-Glocke, die im gleichnamigen Turm hängt und von der Sakristei aus erreichbar ist. Sie erklingt nur an Feiertagen und zu besonderen Ereignissen.

Vor dem feuerspeienden Wawel-Drachen fürchtet sich heute niemand mehr.

Wawel: Zamek Wawel 9, Tel. 12 22 05 90 (Słódki), 885 13 11 31 (Trattoria), https://slodki wawel.pl/, www.trattoria wawel.pl/, tägl. 9–20 Uhr (Słódki), bis 17 Uhr (Trattoria)

KLEINE PAUSE
Die traditionsreichen Krakauer Chocolatiers von **Wawel** betreiben auf dem gleichnamigen Hügel eine Filiale. Genießen Sie eine süße Pause im **Słódki Wawel,** im Sommer auf der schönen Terrasse. Für den größeren Appetit empfiehlt sich die **Trattoria Wawel.**

✞ 208 B4–C5

Besucherzentrum der Staatlichen Museen
☎ 12 4 22 16 97 ⊕ www.wawel.krakow.pl
❶ März, Okt. tägl. 9–18, April, Sept. tägl. 9–19, Mai–Aug. tägl. 9–20, Nov. Mo–Sa 9–17, So 9.30–17, Dez.–Feb. tägl. 9–17 Uhr ✦ einzelne Ausstellungen 8–25 Zł

Informationszentrum der Wawel-Kathedrale
☎ 12 4 29 95 16 ⊕ www.katedra-wawelska.pl ❶ April–Okt. Mo–Sa 9–17, So 12.30–17, Nov.–März Mo–Sa 9–16, So 12.30–16 Uhr ✦ königliche Gräber, Sigismundglocke und Kathedralen-Museum 12 Zł

❼ ★★ Ulica Kanonicza

Was?	Die schönste Straße der Stadt
Warum?	Flanieren, schauen, genießen!
Wann?	Besonders schön in der Abenddämmerung
Wie lange?	Entscheiden Sie selbst!
Was noch?	Lassen Sie sich verwöhnen von Marcin Filipkiewicz, dem Starkoch des Hotels Copernicus.
Resümee	Würdevoll und überraschend ruhig

Bummel durch die »Straße der Kanoniker«; im Haus Nr. 19, heute das Museum der Erzdiözese, lebte in den 1950er-Jahren der spätere Papst Johannes Paul II.

In einem sanften Bogen führt die ul. Kanonicza, die »Straße der Kanoniker«, vom Fuß des Wawelbergs in Richtung Hauptmarkt. Sie bildet den letzten Abschnitt des Wegs, den einst die Könige zum Wawel nahmen. Früher lebten in der malerischen Straße die Domherren der Wawelkathedrale und noch heute gehören viele der Gebäude an der ul. Kanonicza der Kirche.

Mittelalterliche Paläste und kleinere Stadthäuser im Stil der Renaissance und des Barocks säumen zu beiden Seiten die gepflasterte Straße, die wie aus der Zeit gefallen scheint. Die Geschichte so manchen Hauses reicht bis ins 14. Jh. zurück. Anders als in der parallel verlaufenden ul. Grodzka (S. 78) mit ihren vielen Geschäften verläuft hier das Leben ruhiger, Passanten schalten fast automatisch einen Gang herunter und lassen die Atmosphäre auf sich wirken.

Kunststudenten nutzen die ul. Kanonicza als Atelier.

Das Haus des Chronisten

Bei einem Stadtbrand im Jahr 1455 wurden fast alle Gebäude in der Straße zerstört und mussten wiederaufgebaut werden. Lediglich das Haus Nr. 25 am südwestlichen Ende blieb von dem Feuer verschont. Es gehörte Jan Długosz (1415–1480), dem bedeutendsten polnischen Chronisten des Mittelalters. Długosz war Domherr und später Vertrauter des polnischen Königs Kazimierz IV. U. a. wirkte er als Vermittler am Zweiten Thorner Frieden zwischen dem Königreich Polen und dem Deutschen Orden mit. Seine Chroniken des Königreichs Polen gelten als wichtige Quelle zur Geschichte des Landes. Heute ist das zweigeschossige Gebäude Teil der nach Johannes Paul II. benannten Päpstlichen Universität, die auch weitere Gebäude in der Straße nutzt. Über dem Eingang prangt in lateinischer Schrift der Spruch: »Es gibt im Menschen nichts Besseres als seinen Geist.«

Erinnerungen an Karol Wojtyła

Im Haus Nr. 19, einem Stadtpalast im Renaissancestil, der später klassizistisch überformt wurde, lebte Karol Wojtyła als Priester von 1953 bis 1958. Danach bewohnte er bis 1968 das benachbarte Dechantenhaus in Nr. 21, die traditionelle Residenz der Krakauer Bischöfe. Das Gebäude mit Sgrafitti-Fassade und schönem Arkadenhof wurde vom italienischen Renaissance-Architekten Santi Gucci entworfen.

Die beiden verbundenen Häuser beherbergen das Museum der Erzdiözese (Muzeum Archidiecezjalne). Gezeigt wird dort sakrale Kunst vom 13. bis 20. Jh., darunter einige gotische Holzskulpturen. Zu sehen ist auch das mit originalem Mobiliar und persönlichen Erinnerungsstücken ausgestattete Zimmer, in dem Karol Wojtyła als Priester arbeitete.

Im Kellergewölbe des Hauses Nr. 18 zeigt zudem das Centrum Jana Pawła II (Johannes-Paul-II.-Zentrum) eine schöne Fotoausstellung, die der Zeit von Karol Wojtyła in Krakau gewidmet ist.

Mittelalterliche Sakralkunst wird auch im Haus Nr. 17 ausgestellt. Der Pałac Biskupa Erazma Ciołka wurde Anfang des 16. Jh.s für Erazm Ciołek (1474–1522), den königlichen Vertrauten und Bischof von Płock, errichtet und markiert baulich den Übergang von der Gotik zur Renaissance. Im Inneren blieben Wandmalereien aus der Epoche der Frührenaissance erhalten. Die hier untergebrachte Abteilung des Nationalmuseums zeigt Ausstellungen über polnische Kunst des 12. bis 18. Jh.s sowie orthodoxe Kunst aus dem alten Polen. Einer der Räume widmet sich zudem der Kunst des Nürnberger Bildhauers Veit Stoß, der den Altar der Marienkirche (S. 52) schnitzte.

Zu den eindrucksvollsten Gebäuden auf der östlichen Seite der Straße gehört der ebenfalls einst von Kanonikern bewohnte Stadtpalast Pod Motylem (»Zum Schmetterling«) mit einer gotischen Backsteinfassade und einer Innenausstattung im Stil der Renaissance. Im 16. Jh. lebte dort der Krakauer Domherr und spätere Ermländische Fürstbischof Martin Cromer (1512–1589), der als einer der bedeutendsten Vertreter der Gegenreformation in Polen gilt. Nikolaus Kopernikus soll als Vertreter des ermländischen Domkapitels bei seinen Krakau-Besuchen in dem Haus gewohnt haben. Ihm zu Ehren trägt das dortige Luxushotel, das heute in dem Palais untergebracht ist, den Namen Copernicus (S. 197). Von seiner Dachterasse bietet sich ein schöner Blick über die Kanonicza-Straße zum Wawel.

KLEINE PAUSE

Den Kaffee oder ein Häppchen zwischendurch können Sie im gemütlichen Café des **Buchladens Bona** (S. 107) genießen. Wenn es etwas mehr sein darf, dann probieren Sie die italienische Landküche im Garten der Trattoria **La Campana** (S. 106).

✢207 D1 ☗Tram 1, 3, 6, 18, 20, 69, 73 (Pl. Wszystkich Świętych)

Museum der Erzdiözese (Muzeum Archidiecezjalne)
✉ul. Kanonicza 19–21 ☎12 4 21 89 63
⊕ www.muzeumkra.diecezja.pl
❶ Di–Fr 10–16, Sa & So 10–15 Uhr ✦5 Zł

Centrum Jana Pawła II (Johannes-Paul-II.-Zentrum)
✉ul. Kanonicza 17 ☎12 2 57 53 06
❶ tägl. 9–16 Uhr ✦frei

Pałac Biskupa Erazma Ciołka
✉ul. Kanonicza 17 ☎12 4 33 59 20
⊕ www.mnk.pl ❶ Di–Sa 10–18, So 10–16 Uhr ✦9 Zł

❽ ★★ Collegium Maius

Was?	Die Keimzelle der ältesten Universität Polens beherbergt das Universitätsmuseum.
Warum?	Die Atmosphäre im gotischen Innenhof ist eine ganz besondere.
Wann?	Zum Glockenspiel um 9, 11, 13, 15 oder 17 Uhr
Wie lange?	Eine Stunde sollte genügen.
Was noch?	Kaffee und Kuchen im mittelalterlichen Gewölbe
Resümee	»Lasst uns also fröhlich sein!«

König Kazimierz III. Wielki hatte 1364 in Krakau die zweite Hochschule Mitteleuropas gegründet, deren Lehrbetrieb allerdings schon kurz nach seinem Tod 1370 wieder zum Erliegen kam. Ihre Entwicklung kam erst im Jahre 1400 richtig in Gang, als König Władysław Jagiełło sie in den Rang einer vollwertigen Universität erhob. In den folgenden Jahrhunderten zog sie Wissenschaftler und Studenten aus vielen Teilen Europas an, Nikolaus Kopernikus besuchte dort Vorlesungen in Astronomie und Mathematik. Heute studieren fast 50 000 junge Leute an den 15 Fakultäten der Universität, die zu den größten und renommiertesten in Polen zählt.

Stiftung der Königin Jadwiga

Seit einigen Jahren wächst im Süden Krakaus der sogenannte dritte Campus mit modernen Lehr- und Forschungseinrichtungen. Doch das Herz der Universität schlägt nach wie vor in der südlichen Altstadt, wo sich mit dem Collegium Maius das älteste Gebäude der Universität befindet. Dessen Bau ermöglichte eine Stiftung von Jadwiga, der Ehefrau von König Władysław Jagiełło. Bis Ende des 15. Jh.s entstand eine klosterähnliche Anlage im spätgotischen Stil mit großem quadratischen Innenhof, die ihre Form bis heute weitgehend gewahrt hat.

Den Hof umgibt ein Säulengang mit einem Kristallgewölbe. Unterbrochen wird er durch die Professorentreppe, die zum ersten Stock führt. Während im Erdgeschoss des Gebäudes die Vorlesungsräume entstanden, befanden sich im Obergeschoss die Stuba Communis, in der die Professo-

Ob Nikolaus Kopernikus im von Arkaden gesäumten Innenhof des Collegium Maius über das heliozentrische Weltbild grübelte? Möglich ist es jedenfalls ...

ren ihre Mahlzeiten einnahmen, die Schatzkammer und die Bibliothek sowie der später als Aula genutzte Hörsaal der theologischen Fakultät. Zudem hatten die Professoren ihre Wohnungen im ersten und zweiten Stock.

Universitätsmuseum

Seit 1964 bilden die historischen Räume einen würdigen Rahmen für das Museum der traditionsreichen Hochschule. Den Bibliotheksraum mit seinem Kreuzgewölbe schmücken Porträts von Wissenschaftlern und Absolventen der Universität sowie Nachbauten von Instrumenten, die einst Nikolaus Kopernikus nutzte. In dem prachtvollen Saal finden bis heute die Sitzungen des Akademischen Senats statt. Die mit schwerem Eichenholz ausgestattete Stuba Communis dominiert eine wertvolle Statue von König Kazimierz III. Wielki

> Hauptsitz der Universität ist das neogotische Collegium Novum (Abb. S. 18) an der ul. Gołębia 24.

aus dem 14. Jahrhundert. In der Schatzkammer werden nicht nur die Insignien früherer Rektoren – Zepter, goldene Ketten und Ringe – aufbewahrt, sondern auch wertvolle Auszeichnungen für Personen, die mit der Universität verbunden sind, darunter der Oscar für Filmregisseur Andrzej Wajda und die Nobelpreis-Medaille für die Dichterin Wiesława Szymborska. In der mit Malereien geschmückten mittelalterlichen Aula werden bis heute die Doktor- und Habilitationstitel verliehen.

Der Rundgang durch das Museum führt zu den Professorenzimmern, einem Raum zu Ehren von Nikolaus Kopernikus sowie zu einer Kapelle, die dem hl. Johannes von Kęty (S. 94) gewidmet ist. Den grünen Salon schmücken Gemälde von Jan Matejko und Eugène Delacroix sowie Erinnerungsstücke an Fryderyk Chopin, einschließlich eines Klaviers, auf dem er 1847 bei einem Besuch in Schottland gespielt hatte.

Süßer die Glocken ...

Während das Klavier nur ein (stummes) Ausstellungsstück ist, können Besucher täglich zwischen 9 und 17 Uhr alle zwei Stunden der musikalischen Uhr im Innenhof lauschen. Nach einem Glockenspiel setzt die Melodie des bekannten Studentenlieds »Gaudeamus igitur« (» Lasst uns also fröhlich sein!«) ein und durch die beiden Türen unterhalb des Ziffernblatts setzen sich Figuren in Bewegung. Sie stellen Persönlichkeiten dar, die mit der Universität verbunden sind, darunter König Władysław Jagiełło und seine Frau Jadwiga. Die Uhr ist bereits die vierte in der Geschichte des Collegiums. Die erste stammte aus dem Jahr 1465, die jüngste wurde 2000 in Betrieb genommen.

KLEINE PAUSE

> Kawiarnia U Pęcharza: Tel. 513 15 80 03, Mo–Fr 8–17, Sa 9–17, So 10–17 Uhr

Einen würdigen Abschluss findet der Besuch des Collegium Maius im Kellergewölbe unter dem ältesten Teil des Gebäudes. Dort können Sie in der **Kawiarnia U Pęcharza** ihren Kaffee und Kuchen in mittelalterlichem Ambiente genießen.

✢206 C3 ✉ Jagiellońska 15
☎ 12 6 63 13 07 ⊕ www.maius.uj.edu.pl
❶ Mo–Fr 10–14.20, Sommer Di & Do bis 17.20, Sa 10–13.30 Uhr ✦ 12 Zł
🚋 Tram 2, 8, 14, 18, 24, 69, 73 (Teatr Bagatela)

㉒ St.-Anna-Kirche
(Kościół akademicki św. Anny)

Was?	Eine der prächtigsten Barockkirchen der Stadt
Warum?	Um den Blick über die zahlreichen Skulpturen und Wandmalereien streifen zu lassen.
Wann?	Jederzeit außerhalb der Messen
Wie lange?	Eine halbe Stunde sollte genügen.
Resümee	Viele Künstler, ein Gesamtkunstwerk

Der holländische Baumeister Tilman van Gameren, der in Polen für viele barocke Bauwerke verantwortlich zeichnete, entwarf die neue Kirche der Jagiellonen-Universität, die 1689 bis 1703 im Universitätsviertel unweit des Collegium Maius (S. 90) erbaut wurde. Der vom polnischen König Władysław Jagiełło gestiftete gotische Vorgängerbau hatte sich als zu klein erwiesen. Bis heute wird hier traditionell der Beginn des neuen Studienjahrs mit einer heiligen Messe gefeiert.

Die dreischiffige Kirche entstand nach dem Vorbild der Kirche S. Andrea della Valle in Rom auf dem Grundriss eines Kreuzes. Die beiden Türme schmücken spätbarocke Helme. Ein Gemälde von Jerzy Eleuter Siemiginowski, dem Hofmaler des polnischen Königs Jan III. Sobieski, ziert den Hauptaltar. Es zeigt die Figur der hl. Anna Selbdritt, Na-

Zwei Türme mit spätbarocken Helmen flankieren die himmelstrebende Fassade von St. Anna.

Durch und durch barock ist auch das mit prachtvollem Stuck verzierte Kircheninnere.

mensgeberin der Kirche. Für die üppige barocke Ausstattung mit Skulpturen und Reliefs zeichnete der italienische Bildhauer Baldassare Fontana verantwortlich. Die Wandmalereien trugen die ebenfalls aus Italien stammenden Brüder Carlo und Innocenti Monti sowie der schwedische Maler Karl Dankwart bei. In der Kuppel sind die vier Tugenden der Weisheit, Gerechtigkeit, Tapferkeit und Mäßigung dargestellt.

Erinnerung an den hl. Johannes

Verbunden ist die Kirche mit dem Kult um Jan Kanty, den hl. Johannes aus Kęty (1390–1437), der auch Schutzheiliger der Jagiellonen-Universität ist. Als Priester und Universitätsprofessor war er für seine Nächstenliebe berühmt und wird in Krakau sehr verehrt. Sein Sarg im rechten Teil des Querschiffes wird getragen von vier Figuren, die symbolisch für die theologische, juristische, medizinische und philosophische Fakultät der Universität stehen.

Besonders stimmungsvoll ist der Besuch, wenn mehrmals am Tag aus dem Westturm der Kirche die Melodien eines Carillons erklingen.

In der Gruft der Kirche fanden zahlreiche Professoren der Universität ihre letzte Ruhestätte. An einen berühmten Studenten erinnert hingegen eine Büste im linken Arm des Seitenschiffes: Sie zeigt den Astronomen Nikolaus Kopernikus. Gestiftet wurde sie 1823, als dessen Werke noch auf dem Index der katholischen Kirche standen.

KLEINE PAUSE
Viele Studenten nutzen Ihre Mittagspause für einen Snack im grünen Innenhof des Restaurants **Chimera** in der św. Anny 3 (S. 105). An der Selbstbedienungstheke finden Sie frische Salate, Säfte und leckere Gemüsegerichte für kleines Geld.

✝ 206 C3 ✉ św. Anny 11 ☎ 12 4 22 53 18 ⊕ www.kolegiata-anna.pl ❶ tägl. für Besucher geöffnet (außerhalb der Messen) 🚋 Tram 2, 8, 14, 18, 24, 69, 73 (Teatr Bagatela)

SÜDLICHE ALTSTADT & WAWEL

㉓ Franziskanerkirche
(Kościół Franciszkanów)

Was?	Meisterhafte Kirchenfenster und Wandmalereien
Warum?	Das farbenfrohe Lichterspiel begeistert auch Kirchenmuffel ...
Wann?	... und entfaltet zur Mittagszeit seinen ganzen Zauber.
Wie lange?	Eine halbe Stunde sollte genügen.
Resümee	Es werde Licht!

Die von Herzog Bolesław dem Schamhaften gestiftete Kirche wurde Mitte des 13. Jh.s für die Franziskanermönche gebaut, die 1237 von Prag nach Krakau gekommen waren. Nach mehreren Bränden präsentiert sie sich heute in einem Mix von unterschiedlichen Baustilen. Die Jahrhunderte überdauert hat die frühgotische Fassade des Querschiffs, die mit ihrem aus Backstein gemauerten Bogenfries von der ul. Franziskańska her erkennbar ist. Der Innenraum wurde bis 1912 im neogotischen Stil erneuert.

Stanisław Wyspiański Glaskunstwerk »Gott Vater – es werde Licht!«

Berühmt ist sie aber vor allem für das Buntglasfenster über dem westlichen Eingang, das als eine der bedeutendsten Arbeiten des Jugendstilkünstlers Stanisław Wyspiański (1869–1907) gilt und Gott im Moment der Erschaffung der Welt zeigt. Wyspiański schuf für das Gotteshaus sieben weitere Glasfenster mit floralen Motiven und figürlichen Kompositionen für den Chorraum und das Querschiff, die bei Sonnenschein das Innere in ein zauberhaftes Licht aus verschiedenen Farben hüllen. Schon der Schriftsteller Alfred Döblin notierte Mitte der 1920er-Jahre nach einem Besuch begeistert: »Ein dunkelgrünes Blumenfenster. Und rechts die brennendste aller Farben, die ich je gesehen habe, ein helles Gelb, ein satanisches Rotgelbbraun, eine Farbe brennender als Feuerrot, eben jetzt geboren aus der Vermählung des lebendigen Lichtes, der einfallenden Sonne mit den schlummernden Farbgüssen.«

Farbenprächtige Wandmalereien

Von Wyspiański stammen auch die Wandmalereien im Chor und Querschiff, bei denen er auch die von ihm geliebten floralen Motive von Stiefmütterchen und Kapuzinerkresse verwendete. Die Ausmalung der übrigen Teile übernahm in den Jahren 1904/15 der polnische Maler Tadeusz Popiel, der u. a. vier Szenen aus dem Leben des hl. Franziskus schuf. Sehenswert sind auch die Wandmalereien in der Kapelle der Passion Christi. Józef Mehoffer schuf dort zwischen 1933 und 1946 einen Zyklus mit 14 Gemälden, die die Stationen des Kreuzwegs Christi darstellen.

An die Kirche schließt sich das Gebäude des Franziskanerklosters an, dessen heutige Form aus dem 15. Jh. stammt. Die Kreuzgänge schmückt eine Galerie Krakauer Bischöfe. Dazu gehören Fresken mit Porträts aus dem 15. Jh., aber auch gemalte Porträts auf Leinwand, die meist nach dem Tod des jeweiligen Bischofs entstanden sind. Eines der Bilder zeigt den späteren Papst Johannes Paul II., für den die Franziskanerkirche zu seinen Lieblingsorten gehörte.

KLEINE PAUSE

Lust auf etwas Süßes? Bei **Karmello** (S. 109) am Plac Wszystkych Świętych/Ecke ul. Grodzka genießen Sie zu einem Tässchen Kaffee oder Tee leckeren Kuchen, Pralinen oder Trüffel.

✟ 207 D2 ✉ ul. Franciszkańska 2
☎ 12 4 22 53 76 ⊕ www.franciszkanska.pl
⏰ Mo–Sa 10–16, So 13.15–16 Uhr

🚋 Tram 1, 3, 6, 18, 20, 69, 73 (Pl. Wszystkich Świętych)

㉔ Archäologisches Museum
(Muzeum Archeologiczne)

Was?	Wertvolle Exponate aus Osteuropa und Ägypten
Warum?	Um über die geheimnisvolle Säule des slawischen Gottes Świętowit zu rätseln
Wann?	Jederzeit ... sonntags ist der Eintritt frei.
Wie lange?	Mindestens eine Stunde, nach Interesse auch länger
Resümee	Anschauliche Zeitreise

Das Gebäude des Archäologischen Museums hat eine recht wechselhafte Geschichte hinter sich. Bereits die Habsburger hatten das ehemalige Michaeliskloster, das unweit des Wawelbergs im frühen 17. Jh. für den Orden der unbeschuhten Karmeliterinnen entstanden war, in ein Gefängnis verwandelt, das von unterschiedlichen Regimen bis 1956 genutzt wurde: Wo einst die Nonnen des strengen Ordens hinter dicken Wänden in winzigen Zellen mit kleinen Fenstern lebten, saßen nach der polnischen Teilung vor allem politische Gegner ein. Diese unrühmliche Tradition setzte das autoritäre Piłsudski-Regime ab 1926 fort,

Der ehemalige Klostergarten des Museums hat sich in einen Skulpturenpark verwandelt. Das eigentliche Highlight befindet sich aber im Gebäude: die Säule, die wahrscheinlich den slawischen Sonnengott Świętowit darstellt.

ARCHÄOLOGISCHES MUSEUM

97

und auch während der deutschen Besatzung wurden dort politische Gefangene inhaftiert und ermordet. Nach dem Ende des Zweiten Weltkriegs fanden sich in den Zellen dann die Gegner des stalinistischen Systems wieder. Erst 1956 schloss man das Gefängnis und übergab die Gebäude an das Archäologische Museum.

Umfangreiche Sammlung

Es sollten jedoch noch neun Jahre vergehen, bis das bereits 1850 gegründete älteste Archäologische Museum Polens in seine neuen Räume zog. Hier präsentiert es bis heute u. a. Exponate aus Polen, dem alten Ägypten und Osteuropa. Die Sammlung umfasst rund 500 000 Objekte!

Das bedeutendste ist eine rund 2,5 m hohe Kalkstein-Säule, die 1848 im Bett des Flusses Sbrudsch in der heutigen Ukraine entdeckt wurde. Forscher sahen darin die einzige erhaltene Darstellung des slawischen Gottes Świętowit. Die viereckige schlanke Säule wird auf die Zeit des 9. oder 10. Jh.s datiert. Unter einem gemeinsamen Hut sind zwei männliche und zwei weibliche Gesichter zu sehen, die in die vier Himmelsrichtungen zeigen – Świętowit galt als Gott der Sonne, des Krieges, des Feuers und der Fruchtbarkeit. Allerdings vermuten manche Forscher, die Statue könnte anderen Kulturkreisen entstammen und erst später in slawischen Besitz gelangt sein.

Die Statue ist Teil der Dauerausstellung zu Małopolska (Kleinpolen) von der prähistorischen Zeit bis zum frühen Mittelalter, in der das Leben in früheren Epochen erlebbar gemacht wird. In der zweiten Dauerausstellung über »Götter im alten Ägypten« sind u. a. vier Sarkophage zu sehen, die der erste polnische Ägyptologe, Tadeusz Smoleński, Anfang des 20. Jh.s in El-Gamhud ausgegraben hatte.

Krak-Rest: ul. Grodzka 43, Tel. 12 4 22 08 74, www.bar-mleczny.com.pl, tägl. 9 bis 20 Uhr

KLEINE PAUSE

Stärken Sie sich in der Milchbar **Krak-Rest**, wo für wenig Geld traditionelle Gerichte wie Bigos oder Piroggen serviert werden.

✢ 207 D2 ✉ Senacka 3 (Eingang ul. Poselskiej 3) ☎ 12 4 22 71 00 ⊕ www.ma.krakow.pl ⏱ Mo, Mi, Do, Fr 9–15, Di 9–18, So 11–16, Juli & Aug. Mo–Fr 10–17, So 10–15 Uhr 💰 9 Zł (So frei) 🚋 Tram 6, 8, 18, 70, 73 (Wawel)

Nach Lust und Laune!

25 Bunkier Sztuki

Ein wenig wirkt er wie ein Fremdkörper zwischen all den historischen Bauten. Nur kleine, schmale Fensterschlitze durchbrechen die dunkle Betonfassade des 1965 eröffneten »Kunstbunkers«, der bis heute eines der wichtigsten Ausstellungszentren für zeitgenössische Kunst in Polen ist. Bis zur Wende 1989 blieb es das einzige moderne Gebäude in der Altstadt. Sechs Räume stehen für Ausstellungen zur Verfügung, darunter ein schöner Gewölbekeller, der noch von einem früheren Tanzcafé stammt. Viel Wert legt das Kunstzentrum auf den Austausch zwischen Künstlern und Publikum; seit einigen Jahren gibt es ein Projekt, mit dem Kinder und Jugendliche an zeitgenössische Kunst herangeführt werden.

Auch Statuen von einstigen Gelehrten schmücken den »Professorengarten«.

✝ 207 D4 ✉ Pl. Szczepański 3a
☎ 12 4 22 10 52 ⊕ www.bunkier.art.pl
◐ Di-So 11-19 Uhr ✦ 12 Zł 🚋 Tram 2, 8, 14, 18, 24, 69, 73 (Teatr Bagatela)

26 Garten der Universitätsbibliothek (Ogród Biblioteki Jagiellońskiej)

Im 15. Jh. befand sich neben dem Collegium Maius ein Garten, in dem Obst und Gemüse für die Professoren angebaut wurde. Bis heute ist er daher auch als »Professorengarten« bekannt. Ende des 19. Jh.s wurde er von der Abteilung für Botanik der Universität neu angelegt, doch wenige Jahre später mussten Teile dem neuen Collegium Witkowski weichen. Die letzte Neugestaltung erfolgte 2010; seitdem ist der kleine Garten wieder eine Oase der Ruhe. An fünf Stationen können Besucher dort die Entwicklung der Jagiellonen-Universität verfolgen. Für jede Epoche steht das Modell eines wissenschaftlichen Versuchs, den die Besucher selbst nachvollziehen können. So symbolisieren z. B. die Magdeburger Halbkugeln Otto von Guerickes die Zeit der Aufklärung.

✝ 206 C3 ◐ 22. April-Okt. tägl. 10 bis 16 Uhr (Eingang: ul. Jagiellońskiej, zwischen Collegium Maius und Collegium Wittkowski) ✦ frei 🚋 Tram 2, 8, 14, 18, 24, 69, 73 (Teatr Bagatela)

27 Nationalmuseum (Muzeum Narodowe)

Die großen polnischen Maler und Bildhauer sind in Deutschland kaum bekannt. Zu Unrecht, wie ein Gang durch das 1879 gegründete Nationalmuseum zeigt. Einen großen Raum in der umfangreichen Dauerausstellung zur polnischen

Kunst des 20. Jh.s nimmt die Bewegung »Junges Polen« ein, die vor dem Ersten Weltkrieg für einen Aufbruch stand. Man wandte sich ab von der Historienmalerei, besann sich zurück auf die Romantik, orientierte sich an Surrealismus oder dem Jugendstil. Der Gruppe gehörten Künstler wie Julian Fałat, Jacek Malczewski, Józef Mehoffer und Stanisław Wyspiański an.

In labyrinthartigen Gängen schreiten Sie durch die Jahrzehnte, begegnen bemerkenswerten Künstlern wie dem expressionistischen Maler und Schriftsteller Stanisław Ignacy Witkacy oder Edward Dwurnik, der in seinen großformatigen Gemälden die politische Wirklichkeit der 1970er-Jahre beschreibt, und gelangen am Ende zu einer Installation mit Spiegeln und Säulen von Leon Tarasewicz (2005).

Neben einer Sammlung von Waffen, Kunsthandwerk sowie Mode des 19. Jh.s beherbergt das Museum bis 2020 die »Dame mit dem Hermelin« von Leonardo da Vinci. Es ist eines von da Vincis vier Frauenporträts und gehört zu den Beständen des Czartoryski-Museums, das derzeit saniert wird.

✣ 206 A3 ✉ al. 3 Maja 1
☎ 12 4 33 55 00 ⊕ www.mnk.pl
🕐 Di-Sa 10-18, So 10-16 Uhr ✦ Kunst des 20. Jh.s 10 Zł., »Dame mit dem Hermelin« und weitere Dauerausstellungen 10 Zł, Sonderausstellungen extra
🚋 Tram 20, 24, Bus 109, 124, 134, 144, 152, 164, 169, 173, 179, 194 (Cracovia)

28 Werkstatt und Museum für Buntglas (Pracownia i Muzeum Witrażu)

Krakau ist die Stadt des Buntglases. Hunderte von kunstvollen Buntglasfenstern zieren Kirchenbauten und Privathäuser. Am bekanntesten sind die Arbeiten von Stanisław Wyspiański, die u. a. in der Franziskanerkirche (S. 95) zu finden sind. Etliche Fenster stammen aus der 1902 gegründeten Werkstatt an der al. Krasińskiego, wo auch Józef Mehoffer seine Arbeiten anfertigen ließ. Die Werkstatt ist heute ein lebendiges Museum, das zeigt, wie mit traditionellen Techniken Buntglasfenster hergestellt werden.

Im Museumsshop gibt's hübsche Jugendstilmotive oder Ansichten des Wawels aus Buntglas, oder

Polens wertvollstes Gemälde: die »Dame mit dem Hermelin« von Leonardo da Vinci

Magischer Moment

Polens Mona Lisa

Das Lächeln der Cecilia Gallerani, zu bewundern im Nationalmuseum, ist so geheimnisvoll wie das der Mona Lisa. In ihrer Anmut und Schönheit sind sich beide Damen ebenbürtig. Generationen von Kunsthistorikern haben sich gefragt, wohin die »Dame mit dem Hermelin« blickt (Bild s. linke Seite). Es ist nicht das einzige Geheimnis, das Leonardo da Vincis Meisterwerk in sich birgt. Lassen Sie es auf sich wirken – Sie werden sich dem großen Zauber des kleinen Porträts nicht entziehen können.

Sie stellen in einem Workshop (ab 2 Pers.; Dauer 1 oder 2 Std.) ihr eigenes Souvenir her.

✝ 206 A/B2 ✉ al. Krasińskiego 23
☎ 512 93 79 79 ⊕ www.stainedglass.pl
🕒 Di–Sa 12–18 Uhr; Führungen zur vollen Stunde auf Englisch 💰 34 Zł
🚌 Tram 20, 24, Bus 109, 124, 134, 144, 152, 164, 169, 173, 179, 194 (Cracovia)

29 Bischofspalast (Pałac Biskupi)

Karol Wojtyła lebte als Krakauer Erzbischof von 1963 bis zu seiner Wahl zum Papst 1978 im Bischofspalast in der ul. Franziskańska. Auch danach wohnte er dort bei seinen Besuchen in Krakau und sprach aus dem Fenster über dem barocken Eingangstor zu den Gläubigen. Schon im 14. Jh. war der Bischofssitz vom Wawelberg verlegt worden. Der Palast wurde in den folgenden Jahrhunderten immer wieder aus- und umgebaut. Seine heutige Form im Stil einer romantischen Residenz erhielt er Anfang des 19. Jahrhunderts. Im Hof erinnert ein Denkmal von Jole Sensi Croci an den polnischen Papst.

✝ 207 D2 ✉ ul. Franziskańska 3
🚌 Tram 1, 3, 6, 18, 20, 69, 73 (Pl. Wszystkich Świętych)

NACH LUST UND LAUNE!

30 Wyspiański-Pavillon (Pawilon Wyspiańskiego)

Der schmale, lang gestreckte Neubau ist ein echter Hingucker. Durch seine klaren Formen hebt sich der 2007 eröffnete Wyspiański-Pavillon von den historischen Gebäuden ringsum ab. Gleichzeitig schafft der rote Ziegelstein eine Verbindung zu den gotischen Kirchen. Für den Bau wurden spezielle Ziegel geformt, die hochkant auf Stangen montiert sind und an der Stirnseite als bewegliche Jalousien dienen. In die Fassade eingelassen sind drei große Glasfenster, die der Krakauer Künstler Stanisław Wyspiański Anfang des 20. Jh.s schuf. Sie zeigen den hl. Stanisław, Heinrich den Frommen und König Kazimierz Wielki und waren ursprünglich für einen Umbau der Wawelkathedrale vorgesehen.

Der Pavillon ist Sitz des städtischen Festivalbüros und einer Touristeninformation; hin und wieder finden hier auch Ausstellungen statt.

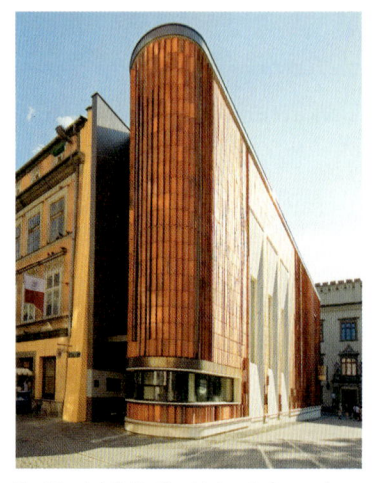

Der Wyspiański-Pavillon ist das einzige moderne Gebäude in der Altstadt Krakaus.

✢ 207 D2 ✉ Pl. Wszystkich Świętych 2
🕘 Sommer tägl. 9–19, Winter bis 17 Uhr
🚌 Tram 1, 3, 6, 18, 20, 69, 73
(Pl. Wszystkich Świętych)

31 Dreifaltigkeits-Basilika und Dominikanerkloster (Bazylika św. Trójcy i Klasztor Ojców Dominikanów)

Die ersten Dominikanermönche kamen schon 1222 nach Krakau, ihr Kloster wurde zum Hauptsitz in Polen. Der hl. Hyazinth leitete von dort die Ausweitung des Ordens. Noch heute leben auf dem großen Gelände rund 100 Ordensbrüder. Einer der beiden Innenhöfe ist von einem schönen Kreuzgang umgeben; sehenswert sind der Kapitelsaal und das Refektorium, beide aus dem 13. Jahrhundert. An das Kloster schließt sich die gotische Dreifaltigkeits-Basilika an. Nach einem schweren Brand 1850 wurde der Innenraum im neogotischen Stil erneuert. Gut erhalten blieben die reich geschmückten Seitenkapellen, die im 16. und 17. Jh. von Krakauer Familien gestiftet worden waren. In der Kapelle des hl. Hyazinth werden dessen Reliquien aufbewahrt.

✢ 207 E2/3 ✉ Stolarska 12
☎ 12 4 23 16 13 🌐 www.krakow.dominikanie.pl 🚌 Tram 1, 3, 6, 18, 20, 69, 73 (Pl. Wszystkich Świętych)

32 St.-Peter-und-Paul-Kirche
(Kościół św. św. Piotra i Pawła)

König Zygmunt III. Wasa stiftete die Kirche für den Jesuitenorden. Nach dem Vorbild der römischen Kirche Il Gesù erbaut, wurde sie 1619 fertiggestellt und gilt als erstes barockes Bauwerk in Krakau. Eine Skulpturenreihe mit den Figuren der zwölf Apostel trennt den Kirchenvorplatz von der ul. Grodzka, Heilige aus dem Jesuitenorden zieren die prachtvolle Fassade. Im Chorraum sind Szenen aus dem Leben der hll. Peter und Paul zu sehen, die mächtige Kuppel schmücken vergoldete Figuren der vier Evangelisten.

In der weit verzweigten Krypta soll ein Pantheon für berühmte polnische Künstler und Wissenschaftler entstehen. Seine letzte Ruhestätte fand dort bereits der 2013 verstorbene Dramatiker Sławomir Mrożek.

☩ 207 E1 ✉ Grodzka 52
☎ 12 4 22 65 73 ◐ Sommer Di-Sa 9-17, So 13.30-17.30, Winter Di-Sa 11-15, So 13.30-17.30 Uhr 🚋 Tram 1, 3, 6, 18, 20, 69, 73 (Pl. Wszystkich Świętych)

33 St.-Andreas-Kirche
(Kościół św. Andrzeja)

Als Wehrkirche Ende des 11. Jh.s erbaut, überstand die Kirche auch Mitte des 13. Jh.s den Sturm der Mongolen. Die romanische Andreas-Kirche gehört damit zu den ältesten Gotteshäusern der Stadt. Charakteristisch sind die starken Mauern mit schmalen, hoch angebrachten Fenstern sowie die Doppeltürme mit ihren barocken Helmen. Bei Umbauten im 18. Jh. wurde auch das Innere im barocken Stil umgestaltet.

Die Stuckdekorationen stammen von dem italienischen Bildhauer Baldassare Fontana, die Wandmalereien werden Karl Dankwart, dem Hofmaler von König Jan III. Sobieski, zugeschrieben. Interessant ist auch die Kanzel in Form eines Bootes.

☩ 207 E1 ✉ Grodzka 54
☎ 12 4 22 16 12 ⊕ www.klaryski.pl ◐ tägl. 8-18 Uhr (außerhalb der Messen) 🚋 Tram 1, 3, 6, 18, 20, 69, 73 (Pl. Wszystkich Świętych)

34 St.-Martins-Kirche
(Kościół św. Marcina)

Die 1640 fertiggestellt Kirche ist eine Arbeit des italienischen Baumeisters Giovanni Trevano. Der frühbarocke Bau entstand auf den Fundamenten einer ehemaligen romanischen Kirche für den Orden der unbeschuhten Karmelitinnen. Dieser gab sie 1787 auf und es dauerte fast 30 Jahre, bevor sie der Senat 1816 an die evangelische Gemeinde abgab. Bis heute wird die kleine Kirche von der Evangelisch-Augsburgischen Gemeinde genutzt, die in Krakau rund 500 Mitglieder hat. In dem eher schlicht gehaltenen Innenraum fällt das Altarbild

NACH LUST UND LAUNE!

Die Weichselpromenade eignet sich perfekt für einen geruhsamen Spaziergang am Wasser.

»Christus beruhigt den Sturm« ins Auge, das der polnisch-ukrainische Maler Henryk Siemiradzki im Jahr 1882 schuf.

☩ 207 E1 ✉ ul. Grodkzka 58 ☎ 12 4 22 25 83 🌐 www.krakow.luteranie.pl ⏰ Gottesdienst: So & Feiertag 10 & 12 Uhr 🚋 Tram 1, 3, 6, 18, 20, 69, 73 (Pl. Wszystkich Świętych)

35 Weichsel-Boulevard (Bulwary Wiślane)

Stets belebt ist der nördliche Abschnitt der Weichselpromenade zu Füßen des Wawelbergs, die offiziell Bulwar Czerwieński heißt. Spaziergänger und Radfahrer sind dort unterwegs, genießen im Sommer von der Grünanlage, der Ufermauer oder an Deck des Restaurantschiffs »Batory« (S. 105) die Sonne.

Den Ausgang der Drachenhöhle (S. 80) bewacht ein siebenköpfiger Drache aus Stahl, der alle fünf Minuten zur Freude der kleinen und großen Besucher Feuer spuckt. Sterne im Asphalt erinnern an Musiker wie Celine Dion und Michael Jackson sowie Stars der Filmbranche von Volker Schlöndorff bis Andrzej Wajda.

Voll wird es am Bulwary Czerwieński, wenn die Krakauer alljährlich um den 23. Juni das altslawische Wianki-Fest feiern. Junge Frauen setzen dabei geflochtene Kränze aus Blumen und Kräutern mit einer brennenden Kerze auf der Weichsel aus. Fischt ihn ein junger Mann heraus, so bedeutet das eine baldige Heirat. Verbunden ist das Ritual mit der Féte de la musique, bei der am Weichselufer, aber auch auf vielen anderen Bühnen in der Stadt Musik von Klassik bis Rock erklingt.

☩ 208 B4 🚋 Tram 6, 8, 18, 70, 73 (Wawel)

SÜDLICHE ALTSTADT & WAWEL

Wohin zum ... Essen und Trinken?

Preise für ein Hauptgericht ohne Getränke:
€ bis 45 Zł
€€ 45–90 Zł
€€€ über 90 Zł

RESTAURANTS

Amarylis €€
Das minimalistisch eingerichtete Restaurant im Kellergewölbe des Boutiquehotels Queen bietet saisonale Gerichte, für die sich die Küche Inspirationen in allen Teilen der Welt holt. Wer Zeit hat, probiert das abendliche Sieben-Gänge-Menü mit passenden Weinen.
✝209 D4 ✉Józefa Dietla 60 ☎12 4 33 33 06
⊕www.queenhotel.pl ❶Mo–Mi 13–22, Do–So 13–23 Uhr

Aqua e vino €€
In dem Kellergewölbe überzeugen die beiden italienischen Besitzer seit mehr als zehn Jahren mit Gerichten und Weinen aus ihrer Heimat im Veneto. Die Auswahl ist überschaubar, donnerstags bis sonntags wird die Standardkarte um einige Gerichte mit frischem Fisch und Meeresfrüchten ergänzt.
✝207 D3 ✉Wiślna 5/10 ☎12 4 21 25 67
⊕www.aqauevino.pl ❶tägl. 13–23 Uhr

Bar Grodzki €
In dem Gewölbe der Bar Grodzki lassen sich auch gerne Einheimische die deftige polnische Hausmannskost schmecken.
✝207 D/E2 ✉ul Grodzka 47 ☎12 42 2 68 07
⊕www.grodzkibar.zaprasza.net
❶Mo–Sa 9–19, So 10–19 Uhr

C.C. Stefan Batory €
Die Barke am Weichselufer ist ein idealer Platz für laue Sommerabende. Vom Deck blicken Sie auf den Wawel und den Fluss. Für schlechtes Wetter gibt es einen eleganten Speisesaal unter Deck. Auf den Tisch kommen polnische und italienische Gerichte.
✝208 A5 ✉Bulwar Czerwiński
☎664 92 90 16 ⊕www.stefanbatory.com
❶Mo–Do 11–22, Fr–So 11–23 Uhr

Chimera €/€€
Der verwunschene Innenhof ist nicht nur bei den Studenten beliebt. An der Salatbar gibt es auch warme Gerichte mit Gemüse und Fleisch in Selbstbedienung. Für die große Platte können Sie sechs kleine Köstlichkeiten auswählen – der Preis von 19 Zł ist dafür unschlagbar. Etwas teurer ist es im gleichnamigen Kellerrestaurant, wo vor allem traditionelle polnische Gerichte serviert werden.
✝207 D3 ✉św. Anny 3 ☎12 292 12 12
⊕www.chimera.com.pl ❶Salatbar tägl. 9 bis 22 Uhr, Restaurant 12–23 Uhr

Ein lauschiges Plätzchen ist der überdachte und begrünte Innenhof des Chimera.

Copernicus €€€
Im mittelalterlichen Ambiente des kleinen Hotelrestaurants präsentiert Chefkoch Marcin Filipkiewicz eine moderne, sterneverdächtige Küche. Zu seinem monatlich wechselnden Menü mit wahlweise fünf, sieben oder zwölf Gängen werden auf Wunsch korrespondierende Weine empfohlen. Filipkiewicz interpretiert traditionelle polnische Rezepte neu und holt sich dazu Anregungen in anderen Teilen der Welt. Zum Testen gibt es vergleichsweise günstige Lunch-Gerichte.
✝208 B5 ✉Kanonicza 16 ☎12 4 24 34 21
⊕www.copernicus.hotel.com.pl
❶tägl. 12–23 Uhr

Corleone €€
Zwei freundliche ältere Herren weisen den Weg in das nach einer sizilianischen Stadt benannte Restaurant. Sie erweisen sich als Stoffpuppen, vermitteln aber schon am Eingang einen Hauch von Italien, den man auch in dem lauschigen Garten spüren kann. Ein idealer Ort, um bei Grillgemüse, frischer Pasta oder Ossobuco den Abend zu genießen.
✥ 207 E2 ✉ Poselka 19 ☎ 12 4 29 51 26
⊕ www.corleone.krakow.pl ◐ tägl. 12–24 Uhr

Corse €€
Ein Restaurant mit korsischer Küche dürfte einmalig in Polen sein. Der Besitzer hat schon früh seine Liebe für die Mittelmeerinsel und ihre Küche entdeckt. So findet man auf der Speisekarte Spezialitäten wie die Maronensuppe Bajana und natürlich eine reiche Auswahl an frischem Fisch und Meeresfrüchten. Dazu gibt es Bier und Wein aus Korsika in maritim-eleganter Umgebung.
✥ 207 E2 ✉ Poselka 24 ☎ 12 4 21 62 73
⊕ www.corserestaurant.pl ◐ tägl. 13–23 Uhr

La Campana €€
In romantischen Kellerräumen und einem schönen Garten im Innenhof wird eine traditionelle italienische Landküche serviert. Vom Carpaccio als Vorspeise über Pasta, Fisch und Fleisch bis zum Tiramisu ist alles handwerklich solide zubereitet und optisch ansprechend angerichtet. Freundlicher und unaufdringlicher Service.
✥ 207 D1 ✉ Kanonicza 7 ☎ 12 4 30 22 32
⊕ www.lacampana.pl ◐ tägl. 12–23 Uhr

Marmolada €€
Das Küchenteam verbindet das Beste der traditionellen polnischen Küche mit den Aromen und Kräutern des Südens. Eine Spezialität sind die Gerichte aus dem großen Steinofen, z. B. Gänsebrust, mariniert mit Orangen, Rotwein und Gewürznelken, serviert in Rotweinsauce mit Amarone-Kirschen. Freitags und samstags gibt es dazu klassische oder Filmmusik live.
✥ 207 E2 ✉ Grodzka 5 ☎ 12 4 22 02 33
⊕ www.marmoladarestauracja.pl
◐ tägl. 7–23 Uhr

Miód Malina €€
Honig (»miód«) und Himbeere (»malina«) symbolisieren den Wunsch nach gutem, unverfälschtem Geschmack. Traditionelle polnische Gerichte stehen auf der saisonalen Speisekarte neben Klassikern der italienischen Küche. Bei der Zubereitung legt man viel Wert auf frische regionale Produkte.
✥ 207 E2 ✉ Grodzka 40 ☎ 12 4 30 04 11
⊕ www.miodmalina.pl ◐ tägl. 12–23 Uhr

Pod Aniołami €€
Das mittelalterliche Kellergewölbe am Königsweg bietet den passenden Rahmen für eine traditionelle polnische Adelsküche. Einige Spezialitäten wie Rehkeule nach altpolnischer Art gibt es nur auf Vorbestellung, aber die Karte lässt auch für spontane Besuche keine Wünsche offen. Im Sommer sitzt man im Restaurant »Unter den Engeln« sehr schön im Patio.
✥ 207 E2 ✉ Grodzka 35 ☎ 12 4 21 39 99
⊕ www.podanioli.pl ◐ tägl. 13–24 Uhr

Der Inbegriff eines urigen Ambientes: das Kellergewölbe im Pod Aniołami

Pod Norenami €€
Zwischen altem Univiertel und neuem Campus liegt das im fernöstlichen Stil eingerichtete Restaurant. Küchenchef Paweł Albrzykowski lernte sogar die chinesische Sprache, um besser die Geheimnisse der

fernöstlichen Küche zu verstehen und holte sich in verschiedenen Regionen Asiens Anregungen für seine feinen vegetarischen und veganen Gerichte mit intensivem Geschmack, für die sich auch Fleischliebhaber begeistern lassen.
✚ 206 C4 ✉ Krupnicza 6 ☎ 6 61 21 92 89
⊕ www.podnorenami.pl ❶ tägl. 12–22 Uhr

KNEIPEN UND BARS

Ambasada Śledzia
Zwischen den Konsulaten von Deutschland, Großbritannien und den USA liegt die »Heringsbotschaft«, eine bei vielen jungen Krakauern beliebte Kneipe. Neben Heringshäppchen gibt es dort auch andere polnische Tapas, dazu Bier oder Wodka zum kleinen Preis. In der Stolarska-Straße finden Sie die Ambasada gleich zweimal.
✚ 207 E3 ✉ Stolarska 5 und Stolarska 8/10
☎ 662 56 94 60 ❶ tägl. 10–6 bzw. 8–24 Uhr

Enoteka Pergamin
In dem Haus am Königsweg, in dem einst der Nürnberger Holzschnitzer Veit Stoß lebte, können Sie zwischen gut gemixten Cocktails und offenen Weinen aus aller Welt wählen. Umfangreich ist die Auswahl von Weinen aus Polen. Zur Stärkung können Sie im Restaurant unter verschiedenen Degustationsmenüs wählen oder im Bistro eine Wurst- oder Käseplatte bestellen. Im Cigar Room wird eine große Auswahl von Zigarren und Spirituosen geboten.
✚ 207 E2 ✉ Grodzka 39 ☎ 7 97 70 55 15
⊕ www.enotekapergamin.pl
❶ tägl. 11–23 Uhr

Pierwszy Lokal
Die Kneipe hat vermutlich den längsten Namen der Welt, denn sie heißt eigentlich »Pierwszy Lokal Na Stolarskiej Po Lewej Stronie Idąc Od Małego Rynku« – was auf Polnisch einfach nur die Lage des Lokals in der ul. Stolarska beschreibt. Viele Studenten genießen in entspannter Atmosphäre im Ledersessel oder am Tisch bei Kerzenlicht ihr Bier zu kleinen Häppchen.
✚ 207 E3 ✉ Stolarska 6/1 ☎ 12 4 31 24 41
❶ Mo–Fr 7.30–3, Sa/So 9–3 Uhr

Qube Vodka Bar & Café
Die schicke Bar im Sheraton-Hotel lockt mit mehr als 200 verschiedenen Wodka-Sorten aus Polen und der Welt. Dazu gibt es eine große Auswahl von Cocktails. Eine gute Alternative zur Bar im Atrium des Hotels bietet die sommerliche Lounge-Bar auf dem Dach mit einem fantastischen Blick zur Weichsel und dem Wawel.
✚ 207 E3 ✉ Powiśle 7 ☎ 12 6 62 16 74
⊕ www.sheratongrandkrakow.com
❶ tägl. 8–1 Uhr

CAFÉS

Bona Książka i Kawa
In gemütlichen Sesseln lassen Sie sich Ihren Kaffee und die täglich wechselnden Kuchensorten zwischen Regalen voller Bücher schmecken. In dem Büchercafé erhalten Sie auch leckere kleine Gerichte wie Lachstatar, verschiedene Gemüse-Tartes, Panini oder Salate.
✚ 207 D1 ✉ Kanonicza 11 ☎ 12 4 30 52 22
⊕ www.bonamedia.pl ❶ tägl. 9–19 Uhr

Bunkier Café
Im Sommer sitzen die Besucher im Freien, direkt am Grüngürtel Planty, in den kühleren Monaten verfolgen sie das Geschehen aus dem geschützten Wintergarten. Krakauer Studenten, aber auch viele Touristen lassen sich vor dem Kunstbunker auf eine Kaffeespezialität nieder und genießen den hausgemachten Kuchen.
✚ 207 D4 ✉ Pl. Szczepański 3 a
☎ 12 4 31 05 85 ⊕ www.bunkiercafe.pl
❶ tägl. 9–1 Uhr

Café Botanica
Wie der Name suggeriert, sitzen Sie zwischen zahlreichen Pflanzen, im Obergeschoss in einer hübschen Orangerie mit Glasdach. Viele Studenten treffen sich hier morgens zum Frühstück oder abends auf einen Drink. Dazwischen gibt es kleine Mittagsgerichte sowie hausgemachte Kuchen und Torten.
✚ 207 D2 ✉ Bracka 9 ☎ 5 30 71 74 38
⊕ www.cafebotanica.pl
❶ So–Do 9–23, Fr & Sa 9–24 Uhr

Nowa Prowincja

Lassen Sie sich nicht von der grauen Fassade mit bröckelndem Putz abschrecken. Innen finden Sie ein gemütliches kleines Café auf zwei Ebenen, wo Sie bei Kerzenlicht bis spät am Abend sitzen können. Neben sehr guten hausgemachten Kuchen gibt es frische Salate und andere kleine Gerichte. Und die heiße Schokolade ist die wohl beste Krakaus.
✝207 D3 ✉Bracka 3–5 ☎12 4 30 59 59
🕒Mo–Do 8–24, Fr 8–1, Sa 9–1, So 9–24 Uhr

Wohin zum ... Einkaufen?

In den kleinen Geschäften in der ul. Grodzka können Sie interessante Mitbringsel entdecken, von Kulinarischem bis zu Schmuck und Designermode.

SCHMUCK UND KLEIDUNG

In der Galerie Boruni in der ul. Grodzka 60 finden Sie eine große Auswahl an Bernsteinschmuck, klassisch oder in modernem Design (Tel. 12 4 28 50 86, www.boruni.pl, tägl. 9–20 Uhr). Auf Schmuck aus Silber, Edelsteinen, Korallen und Bernstein hat sich auch die Galeria Ambra Stile spezialisiert (Nr. 45, Tel. 12 4 21 11 29, www.ambrastile.krakow.pl, Mo–So 11–20 Uhr). Die Ringe, Armbänder und Halsketten des dänischen Unternehmens Pandora erhalten Sie in Haus Nr. 38 (Tel. 12 3 57 22 02, Mo–Sa 10–20, So 11–17 Uhr). Edle Schmuckstücke von kleinen Herstellern aus verschiedenen Teilen der Welt, darunter zahlreiche Verlobungs- und Eheringe, führt Red Rubin (Hausnr. 25, Tel. 12 4 21 11 34, www.redrubin.pl, Mo–Sa 10–20, So 10–18 Uhr).

Zeitlos schöne und hochwertige Damenmode aus Leinen, Wolle oder Seide, von polnischen Designerinnen entworfen, gibt es bei Lniane Marzenie (»Leinen-Traum«; Nr. 59, Tel. 790 46 61 03, www.lnianemarzenie.pl, Mo–Fr 11–18, Sa 11–15 Uhr). Und schicke Damen- und Herrenschuhe des polnischen Labels Conhpol bietet der Firmenshop in der ul. Grodzka 30 (Tel. 12 4 22 90 47; www.conhpolelite.pl, tägl. 9–21 Uhr).

FOLKLORE

Die kunstvoll dekorierten gläsernen Weihnachtskugeln der Krakauer Firma Calik werden in viele Länder der Welt exportiert. Eine Auswahl finden Sie im Firmenladen in der ul. Grodzka 7 (Tel. 12 4 21 77 60, www.calik.pl).

Eine beliebte Einkaufsstraße ist die ul. Grodzka, die den Marktplatz mit dem Wawel verbindet.

Traditionelle polnische Keramik, vor allem aus Bunzlau, führt **Kobalt pottery & more** in der ul. Grodzka 62, unweit vom Wawelhügel (Tel. 798 38 04 31, Mo–So 10–19 Uhr).

SÜSSES UND HERZHAFTES

Nicht nur Kinder lieben die **Fabryka Cukierków CiuCiu**. In der winzigen Bonbonmanufaktur in der ul. Grodzka 38 können Sie täglich zwischen 11 und 18 Uhr zu jeder vollen Stunde und bei freiem Eintritt miterleben, wie die bunten Bonbons hergestellt werden – und sie natürlich auch in kleinen Dreieckstüten kaufen. Auf Wunsch werden Bonbons auch individuell angefertigt, z. B. mit Namen oder Initialen (Tel. 698 52 15 42; www.ciuciu krakow.pl, So–Do 10–19, Fr & Sa 10–20 Uhr).

Ausgefallene Schokolade-, Pralinen- und Trüffelkreationen bieten die Chocolatiers von **Karmello** auch zum Mitnehmen in ihrem Café am Pl. Wszystkych Świętych, Ecke ul. Grodzka (Mo 6–22, Di–So 6–23 Uhr; 2. Filiale in der ul. Floriańska 40; www.karmello.pl).

Krakowski Kredens steht für hochwertige Lebensmittel, die möglichst frei von Zusatzstoffen nach traditionellen Rezepten und Methoden produziert werden. Das Sortiment umfasst u. a. Wurstwaren, Marmelade, Honig, Säfte, Liköre sowie eine umfangreiche Auswahl von Schokolade und ist z. B. erhältlich in der ul. Grodzka 7 (Tel. 696 49 00 12, www.krakowskikredens.pl, Mo–Fr 10–19, Sa 11–19, So 11–18 Uhr).

Wohin zum ... Ausgehen?

MUSIK

Filharmonia Krakowska

Die Geschichte des renommierten Krakauer Symphonieorchesters reicht zurück bis ins Jahr 1909. Im großen Saal der Philharmonie mit seinen 700 Plätzen sind häufig internationale Orchester zu Gast. Auch Star-Violinist und Wahl-Krakauer Nigel Kennedy stand hier mehrfach auf der Bühne. Konzerte finden in der Regel freitags und samstags statt.

✢ 206 C2 ✉ Zwierzyniecka 1 ☎ 12 6 19 87 33
⊕ www.filharmonia.krakow.pl ♦ 35–50 Zł

Kościół św. św. Piotra i Pawła

Die Kirche St. Peter und Paul (S. 103) wird zur stimmungsvollen Kulisse für Konzerte mit klassischer und Filmmusik, dargeboten vom Orkiestra Miasta Krakowa. Infos zum Programm und Tickets (60 Zł) vor Ort oder unter www.newculture.pl.

Piec'Art

Auf der Bühne im Kellergewölbe stehen polnische Bands und international bekannte Jazzmusiker. An der Bar im Erdgeschoss werden rund 50 Sorten Whisky ausgeschenkt.
✢ 207 D3 ✉ Szewska 12 ☎ 12 4 29 16 02
⊕ www.piecart.pl ◐ tägl. 12–2 Uhr

Stary Port

Zum Meer ist es weit, dennoch findet in Krakau alljährlich im Februar ein großes Shanty-Festival statt. Ansonsten treffen sich trink- und sangesfreudige Seeleute und Landratten in dieser Taverne, die wie ein altes Segelschiff eingerichtet ist. Donnerstags erklingen dort Seemannslieder, freitags und samstags auch Blues, Rock oder Jazz.
✢ 206 C3 ✉ Straszewskiego 27
☎ 12 4 30 09 62 ⊕ www.staryport.com.pl
◐ So–Mi 12–1, Do–Sa 12–3 Uhr

NACHTLEBEN

Baccarat Music Club

Auf großen Ledersofas genießen die Jungen, Schönen und Reichen den Abend bei coolen Drinks und House- oder Disko-Musik. Wählen kann man unter zehn verschieden ausgestatteten Räumen.
✢ 207 E2 ✉ Stolarska 13 ☎ 12 4 21 15 41
⊕ www.baccaratclub.pl ◐ Do–Sa 20–6 Uhr

Klub 30

Der Name ist Programm: Hier trifft sich die Generation 30 plus – wobei die Türsteher auch bei 28-Jährigen schon mal ein Auge zudrücken. Auf mehr als 1000 m² gibt es drei Dancefloors.
✢ 206 B1 ✉ Kościuszki 3 ☎ 7 25 70 02 15
⊕ www.klub30.pl ◐ Fr/Sa 21–4 Uhr

Die Alte Synagoge von Krakau bietet heute Raum für das Jüdische Museum.

Kazimierz

Das einstige Zentrum des jüdischen Lebens ist heute mit seiner Kneipenszene ein angesagtes Viertel für junge Krakauer.

Seite 110–137

Erste Orientierung

Ende des 15. Jahrhunderts wurden die jüdischen Bürger Krakaus auf königlichen Befehl im östlichen Teil von Kazimierz angesiedelt. Vor dem Zweiten Weltkrieg lebten bis zu 70 000 Juden in Kazimierz.

Auch wenn heute nur noch einige Hundert Juden in dem Viertel am nördlichen Weichselufer ansässig sind, leben die jüdischen Traditionen fort – in den sieben Synagogen, den Klezmer-Lokalen rund um die Szeroka-Straße und beim Jüdischen Kulturfestival, das jedes Jahr im Sommer Zehntausende Besucher anlockt. Doch Kazimierz ist heute mit seinen vielen Kneipen auch das beliebteste Ausgehviertel der Stadt. Am Plac Nowy stärken sich viele junge Leute mit Zapiekanki, überbackenen Baguettehälften, für ihre nächtlichen Touren.

Noch vor wenigen Jahren galt Kazimierz als ein Problemviertel, in das sich viele Krakauer Bürger nicht trauten. Doch die heruntergekommenen Wohnhäuser boten Nischen für junge Leute, die dort Ateliers, Läden oder Kneipen eröffneten. Sehr schnell entwickelte sich Kazimierz zum neuen In-Viertel. Auch wenn immer mehr baufällige Häuser saniert werden, immer mehr teure Apartments, schicke Restaurants und Cafés hinzukommen, hat das Viertel seinen Charme bewahrt. Und so treffen sich viele auch heute noch am liebsten in den schummrigen Lokalen wie dem Alchemia oder Singer, wo Kerzen auf alten Tischen stehen und man das Bier am Tresen bestellt.

Kleine und große Entdecker zieht es ins Museum der städtischen Ingenieurstechnik, auf dem Gelände des alten Bahndepots. Dort können sie nicht nur alte Straßenbahnen, Autos und Motorräder, Hausgeräte und Büromaschinen bewundern, sondern auch selbst spannende Experimente rund um das Rad durchführen.

TOP 10
- ❻ ★★ Remuh-Synagoge (Synagoga Remuh)
- ❾ ★★ Plac Nowy
- ❿ ★★ Museum der städtischen Ingenieurstechnik (Muzeum Inżynierii Miejskiej w Krakowie)

Nicht verpassen!
- ㊱ Ulica Szeroka

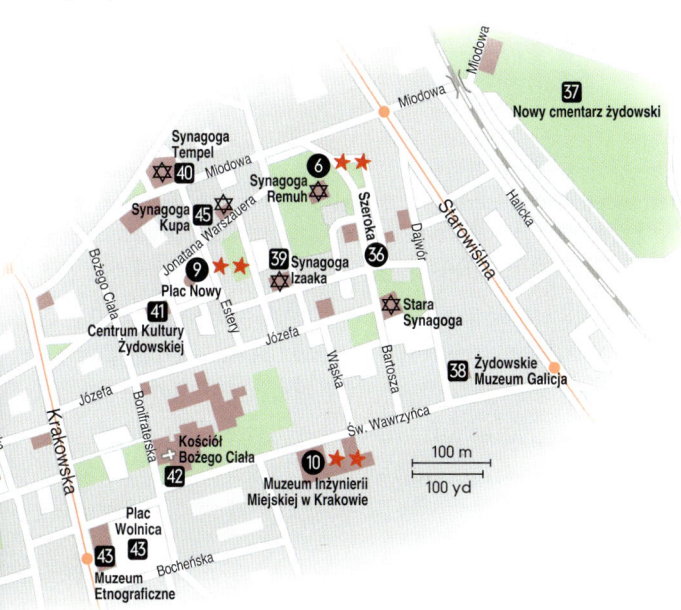

Nach Lust und Laune!
- ㊲ Neuer Jüdischer Friedhof (Nowy cmentarz żydowski)
- ㊳ Jüdisch-Galizisches Museum (Żydowskie Muzeum Galicja)
- ㊴ Isaak-Synagoge (Synagoga Izaaka)
- ㊵ Tempel-Synagoge (Synagoga Tempel)
- ㊶ Jüdisches Kulturzentrum (Centrum Kultury Żydowskiej)
- ㊷ Fronleichnamskirche (Kościół Bożego Ciała)
- ㊸ Wolnica-Platz & Ethnografisches Museum (Plac Wolnica & Muzeum Etnograficzne)
- ㊹ Kirche und Kloster der Pauliner auf dem Felsen (Kościół i klasztor paulinów na Skałce)
- ㊺ Kupa-Synagoge (Synagoga Kupa)

ERSTE ORIENTIERUNG

Mein Tag im jüdischen Krakau

Hollywood sei Dank! Seit Steven Spielbergs Film »Schindlers Liste« (1993) zieht es immer mehr Touristen in das ehemalige jüdische Viertel. Diese erwarten hier sieben Synagogen und Krakaus In-Viertel mit trendigen Kneipen, schicken Restaurants sowie kleinen Geschäften und Galerien zum Stöbern – perfekt für einen facettenreichen Tag!

10 Uhr: Entspannt und farbenfroh in den Tag

Starten Sie entspannt in den Tag – in einem der vielen Cafés am ❾★★ Plac Nowy. Wo abends das Nachtleben tobt, geht es jetzt noch ganz unaufgeregt zu. Bummeln Sie über den kleinen Markt, auf dem sich die Nachbarn mit frischem Obst und Gemüse versorgen, und beginnen Sie dann ihre Spurensuche zu Krakaus jüdischer Gemeinde in der nahegelegenen ④⓪ Tempel-Synagoge. Sie werden erstaunt sein, wie farbenfroh sich die Ausstattung im maurischen Stil präsentiert. Nicht zu Unrecht gilt sie als schönste Synagoge der Stadt.

11 Uhr: Im Zentrum des jüdischen Lebens

Ein paar Schritte weiter, in der ㊱ ulica Szeroka, sind Sie mitten im Zentrum des jüdischen Lebens. Besuchen Sie zunächst die ❻★★ Remuh-Synagoge (Synagoga Remuh), die heute noch von der kleinen jüdischen Gemeinde genutzt wird. Be-

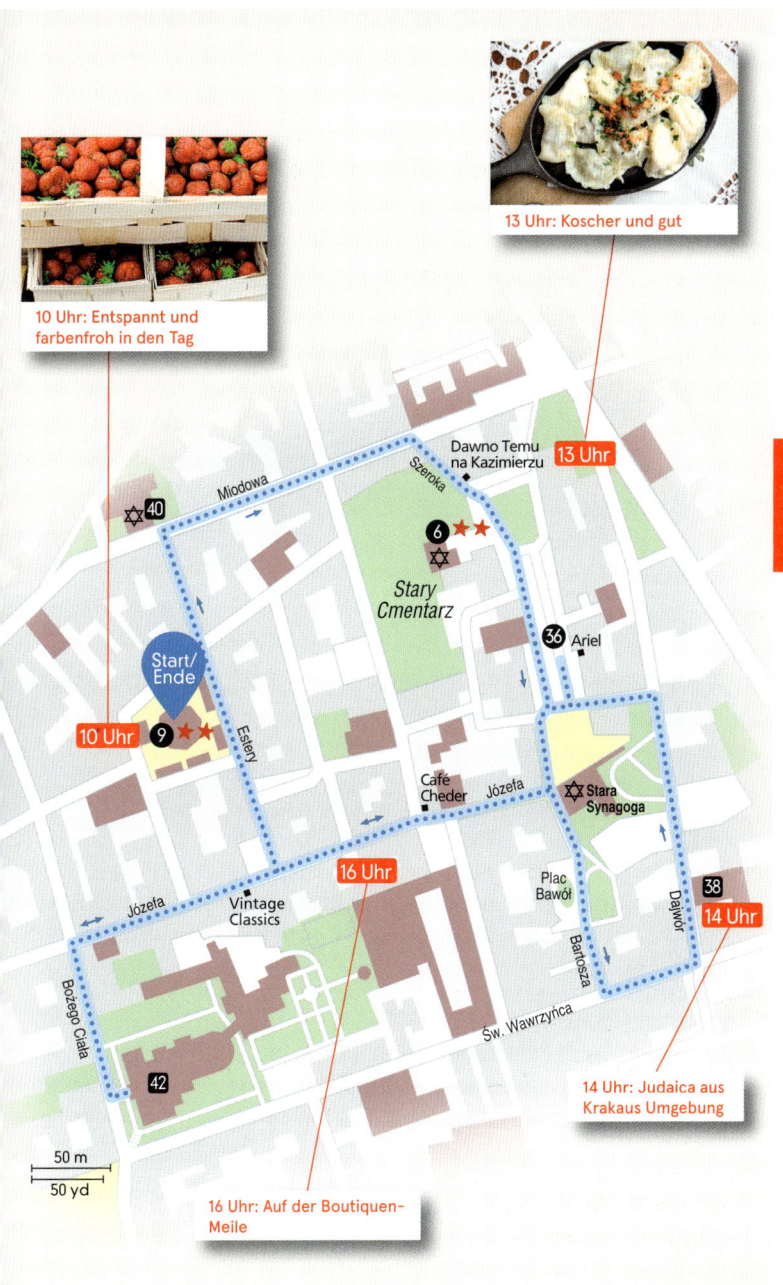

10 Uhr: Entspannt und farbenfroh in den Tag

13 Uhr: Koscher und gut

Miodowa

Dawno Temu na Kazimierzu

⚹ 40

Szeroka

13 Uhr

6 ★★

Stary Cmentarz

36 Ariel

Start/ Ende

Estery

10 Uhr 9 ★★

Café Cheder

Józefa

⚹ Stara Synagoga

Plac Bawół

38

14 Uhr

Józefa

16 Uhr

Vintage Classics

Bartosza

Dajwor

Bożego Ciała

42

Św. Wawrzyńca

14 Uhr: Judaica aus Krakaus Umgebung

50 m
50 yd

16 Uhr: Auf der Boutiquen-Meile

MEIN TAG

11 Uhr

Auch tagsüber sollte sich vor allem in der ulica Szeroka die eine oder andere Gelegenheit bieten, Klezmer-Musikern zuzuhören.

nannt ist sie nach dem berühmten Rabbi Moses Isserles, dessen Grab Sie gleich nebenan auf dem Alten Jüdischen Friedhof (Stary Cmentarz) finden werden. Nehmen Sie sich Zeit, um das Ensemble aus verwitterten Grabsteinen auf sich wirken zu lassen. Mehr über die Geschichte des jüdischen Lebens erfahren Sie am anderen Ende der Straße in der Stara Synagoga (S. 127).

13 Uhr: Koscher und gut

In der Mittagspause begeben Sie sich auf eine kleine Zeitreise: Die Einrichtung des Restaurants Dawno Temu na Kazimierzu (S. 133) weckt Erinnerungen an längst vergangene Zeiten. Neben traditionellen jüdischen Speisen erhalten Sie auch leckere Pierogi – eine perfekte Zwischenmahlzeit.

14 Uhr: Judaica aus Krakaus Umgebung

Noch mehr Zeugnisse des jüdischen Lebens in der Region finden Sie im nahegelegenen **38** Jüdisch-Galizischen Museum (Żydowskie Muzeum Galicja). Die Bilder des britischen Fotografen Chris Schwarz lassen erahnen, welche Bedeutung die jüdische Kultur einst in den Dörfern und Kleinstädten rings um Krakau hatte.

16 Uhr: Auf der Boutiquen-Meile

In der hübschen ulica Józefa reihen sich Boutiquen und Galerien aneinander. Stöbern Sie in den kleinen, individuell gestalteten Läden wie

Nightlife auf dem Plac Nowy und Vintage-Mode in der Józefa: Kazimierz lebt auch im Hier und Jetzt.

Die Alte Synagoge dient heute als Jüdisches Museum.

Vintage Classics (S. 136) wo Sie Kleidung und Accessoires im Stil der 1940er- bis 1960er-Jahre erwarten. Für eine Kaffeepause bietet sich das gemütliche Café Cheder (S. 135) an. Über die ulica Józefa gelangen Sie vom ehemals jüdischen in den christlichen Teil von Kazimierz – wie unschwer an der sehenswerten 42 Fronleichnamskirche (Kościół Bożego Ciała) zu erkennen ist.

18.30 Uhr: Klezmer und Nightlife

Bummeln Sie danach zurück in die ulica Szeroka. Abends klingt dort aus den Restaurants die mal fröhliche, mal melancholische Klezmer-Musik. Ein guter Ort, um ihr zu lauschen, ist das mit Hunderten von Bildern dekorierte Ariel (S. 133). Dort können Sie jüdische Kost wie gefilten Fisch zu einem koscheren Wein genießen. Wer danach noch nicht müde ist, schlendert auf einen Drink zum Plac Nowy zurück. Sie werden ihn jetzt ganz anders als am Morgen erleben. Die Straßen und Kneipen sind voller junger Menschen, die bis spät in die Nacht feiern.

Länge: ca. 3 km

MEIN TAG

❻ ★★ Remuh-Synagoge
(Synagoga Remuh)

Was?	Aktives jüdisches Gotteshaus mit einem der ältesten erhaltenen jüdischen Friedhöfe Osteuropas
Warum?	Hier erhält man Einblick in Geschichte und Gegenwart des jüdischen Lebens im Viertel.
Wann?	Samstags ist Sabbat und daher alles geschlossen.
Wie lange?	Jeweils eine Stunde für Friedhof und Synagoge
Resümee	Zerstört und wieder aufgebaut

»Die Neue Synagoge Rabbiner Remuh seligen Gedenkens« steht in hebräischer Schrift auf dem mit einem Tympanon bedeckten Tor an der ul. Szeroka. Neu ist die dahinterliegende Synagoge freilich nur im Vergleich mit der Alten Synagoge (S. 127) in der gleichen Straße, ansonsten aber ist sie die zweitälteste in Kazimierz. Mitglieder der kaum 200 Köpfe zählenden jüdischen Gemeinde treffen sich hier zum Gottesdienst am Sabbat und an Feiertagen. Der Alte Jüdische Friedhof (Stary cmentarz żydowskiej) direkt dahinter ist gar das Ziel von Juden aus aller Welt, die zum Grab des Rabbiners Moses Isserles, genannt Remuh, pilgern.

Als Lager missbraucht
Israel Isserles Auerbach, ein jüdischer Kaufmann, stiftete 1533 die kleine Synagoge. Nur vier Jahre später geriet das erste hölzerne Gebäude in Brand und wurde 1553 aus Stein wiederaufgebaut. Der ursprüngliche Stil der Spätrenaissance ging bei Um- und Erweiterungsbauten im Jahr 1829 weitgehend verloren. Während des Zweiten Weltkriegs wurde die Synagoge von den Nationalsozialisten verwüstet. Die Einrichtung verschwand und die Räume wurden als Lager für Feuerwehrgeräte und Leichensäcke genutzt.

Bis 1968 wurde die Synagoge saniert. Zu den wenigen original erhaltenen Teilen der Ausstattung gehört der Opferstock am Eingang zum Männersaal, dessen Inschrift »Gold, Silber, Kupfer« die Besucher zu Spenden animieren sollte. Erhalten blieb auch der mit vier Pilastern geschmückte Thoraschrein. Die rechteckige Bima in der Mitte der Bethalle, von der aus die Thorarolle gelesen wird, ist nach historischem Vorbild neu entstanden, eingefasst mit einem hohen schmiedeeisernen Zaun. Farbige Flachreliefes schmücken die hölzerne Doppeltür, die ins Innere führt.

Israel Isserles Auerbach hatte die Synagoge dem Gedenken an seine verstorbene Frau gewidmet und seinem Sohn Moses Isserles (1525–1572) geschenkt, der damals bereits Oberrabbiner der jüdischen Gemeinde war. Moses Isserles hatte nach seinem Studium eine Talmudschule in Krakau gegründet und verfasste zahlreiche religiöse und philosophische Schriften, die unter den aschkenasischen Juden in

Die seit rund 500 Jahren bestehende Remuh-Synagoge ist Pilgerziel für Juden aus aller Welt.

Mittel- und Osteuropa große Verbreitung fanden. Eine Tafel rechts vom Thoraschrein markiert den Platz, an dem er betete, einer der Stühle an der Wand ist nur ihm vorbehalten. Bis heute pilgern gläubige Juden aus aller Welt zu seinem Grab auf dem Alten Jüdischen Friedhof, der sich an die Synagoge anschließt.

Ein Grab für die Ewigkeit

Noch vor dem Bau der Synagoge wurde 1552 der Friedhof auf einer etwa 1 ha großen Fläche angelegt. Im Jahr 1800 geschlossen, befinden sich auf diesem einige der ältesten jüdischen Grabdenkmäler Polens. Ihre letzte Ruhestätte fanden dort zahlreiche Gelehrte und andere bedeutende Persönlich-

Da es im Judentum verboten ist, Gräber aufzulösen, wird auf jüdischen Friedhöfen oft in mehreren Schichten übereinander bestattet. Auch deswegen fanden sich auf dem Friedhof der Remuh-Synagoge jahrhundertealte Grabsteine.

keiten der jüdischen Gemeinde.

Wer heute die langen Gräberreihen sieht, ahnt kaum, dass die Nekropole zur Zeit der deutschen Besatzung Polens fast bis zur Unkenntlichkeit zerstört war und als Müllkippe missbraucht wurde. Zu den wenigen Gräbern, die die Kriegszeit überstanden haben, gehört jenes von Moses Isserles. Fromme Juden sehen das als Beweis für die wundertätige Wirkung des Rabbiners; sie erzählen die Legende, wonach der erste Arbeiter, der das Grab abreißen sollte, vom Blitz getroffen wurde und starb. Remuhs letzte Ruhestätte befindet sich nahe der westlichen Synagogenwand. Der Gelehrte liegt dort im Kreise seiner Angehörigen, darunter sein Vater, zwei Geschwister und seine erste Frau. Das gesamte Familiengrab umgibt ein Zaun. Auf seinem Grabstein steht in hebräischer Schrift: »Von Moses bis Moses gab es keinen anderen solch würdigen Moses.« Viele Pilger hinterlassen Zettel mit Fürbitten an seinem Grab.

Bei Restaurierungsarbeiten in den 1950er-Jahren entdeckte man, dass Hunderte Grabmäler in geringer Tiefe lagerten, nur mit einer dünnen Schicht Erde bedeckt. Mehr als 700 wurden geborgen und wieder aufgerichtet, wenn auch nicht an ihrem ursprünglichen Platz. Fragmente von zerstörten Grabsteinen fanden ihren Platz in der Innenseite der Friedhofsmauer, die zu einer Art Klagemauer gestaltet wurde.

KLEINE PAUSE

Gleich neben dem Eingang zur Synagoge befindet sich das Restaurant und Café **Szara Kazimierz** (S. 134), wo Sie im Sommer entspannt im Garten sitzen können.

✝209 E4 ✉Szeroka 40 ☎12 4 29 57 35 ◑Mai–Okt. So–Fr 9–18, Nov.–April So–Fr 9–16 Uhr 🎫5 Zł 🚋Tram 3, 19, 24, 69 (Miodowa)

❾ ★★ Plac Nowy

Was?	Das farbenfrohe Herz von Kazimierz
Warum?	Hier tobt das Leben, bei Tag und vor allem in der Nacht.
Wann?	Besonders schön ist ein Besuch des samstäglichen Flohmarkts ... und natürlich das abendliche Flanieren über den Platz.
Wie lange?	Entscheiden Sie selbst!
Was noch?	Einmal eine Zapiekanka an der Markthalle essen
Resümee	Kosmopolitisches Krakau

Der Plac Nowy ist für Kazimierz, was der Hauptmarkt für die Krakauer Altstadt ist – der Treffpunkt schlechthin für Einheimische wie für Touristen, belebt vom frühen Morgen bis spät in die Nacht. Äußerlich gibt es allerdings keine Gemeinsamkeiten.

Aus den Fenstern der Markthalle werden für wenige Złoty die berühmten »Zapiekanki« verkauft, mit Käse überbackene Baguettehälften. Besonders in den Abend- und Nachtstunden bilden sich lange Schlangen, denn der Plac Nowy ist heute auch das Zentrum des Nachtlebens von Kazimierz. Die ehemaligen Geschäfte und Handwerksbetriebe in den Häusern ringsum sind nach und nach verschwunden und in die leeren Räume zogen Kneipen, Bars

Vor allem auf dem Flohmarkt gilt: Wer sucht, der findet ... Gegen Abend geht's dann erstmal ins Alchemia.

PLAC NOWY

und Restaurants. Den Anfang machten alternative Studentenlokale wie das Alchemia (S. 134) mit Patina, altem Mobiliar und vielen Kerzen, die ein schummriges Licht verbreiten. Dem folgten neue, immer schicker werdende In-Lokale, in denen junge Krakauer wie auch Touristen die Nacht zum Tag machen.

Frisches Obst und Trödel

Bei der Neuanlage des Platzes entstand 1900 in dessen Mitte ein flacher Ziegelbau (Okrąglak), bestehend aus einem runden Kern und einem Außenring. Zunächst waren dort Marktstände untergebracht, ab 1927 nutzte dann die jüdische Gemeinde das Gebäude zur rituellen Schlachtung von Federvieh. Heute ist der Plac Nowy einer der beliebtesten Marktplätze in ganz Krakau. Im Inneren des Rundbaus bieten Lebensmittelgeschäfte und Metzgereien ihre Waren an und tagtäglich werden an den schon etwas windschiefen Marktständen frisches Obst und Gemüse aus der Region, Blumen, Brot oder Käse, verkauft. Daneben findet man Schmuck, Kunsthandwerkliches oder praktische Haushaltswaren. Und samstags zieht der Flohmarkt zahlreiche Besucher an, die dort nach alten Büchern und CDs, Münzen und Briefmarken, Geschirr, Lampen oder Uhren stöbern. Von 7 bis 15 Uhr werden auch wertvolle Antiquitäten oder Schmuck gehandelt. Sonntags schließlich kann man auf dem Platz schicke Kleidung aus zweiter Hand und allerlei Accessoires erwerben.

Schon seit Jahren wird über eine Umgestaltung des Platzes gesprochen. So sieht ein Wettbewerbsentwurf vor, durch Stufen den Platz von den ihn umgebenden Straßen optisch abzuheben und eine als Bühne nutzbare Empore neben der Markthalle zu errichten. Doch viele Besucher schätzen es gerade, dass hier nicht alles perfekt und durchdesignt ist.

KLEINE PAUSE

Auf dem Plac Nowy haben Sie die Qual der Wahl: Ein bisschen wie in Frankreich dürfen Sie sich bei einem Kaffee und einem Häppchen im Café **Les Couleurs** (S. 135) fühlen.

✚209 D/E3 ●Lebensmittelstände Mo-Sa 6-20 Uhr, Gastronomie in der Markthalle Mo-Sa 6-2 Uhr 🚋Tram 6, 8, 12, 18, 22, 52, 62, 70, 73 (Stradom)

Magischer Moment

Auszeit mit Verwöhn-Garantie

Die Füße und der Rücken schmerzen vom langen Pflastertreten? Reif für eine Auszeit? Dann freuen Sie sich auf ein sanftes Peeling oder eine feuchtigkeitsspendende Gesichtsmaske im Oasis, einer der besten Beauty- und Wellness-Adressen Krakaus. Unter dem zarten Händedruck der Jüngerinnen von Helena Rubinstein löst sich augenblicklich jede Anspannung – und mit einem Lächeln auf den Lippen setzen Sie danach Ihren Spaziergang durch Kazimierz fort.
ul. Dietla 47, Tel. 12 4 21 30 14,
www.salon-oasis.pl

⑩ ★★ Museum der städtischen Ingenieurstechnik
(Muzeum Inżynierii miejskiej Krakowie)

Was?	Technikgeschichtliche Schätze im ehemaligen Straßenbahndepot von Kazimierz
Warum?	Um einen Regentag mit Staunen zu verbringen
Wann?	Besser nachmittags – morgens sind häufig Schulklassen hier.
Wie lange?	Rund eineinhalb Stunden
Was noch?	Anschauliche Physiknachhilfe
Resümee	Technik, die begeistert

Als 1882 die erste Pferde-Tram durch Krakau fuhr, entstand auch das Depot an der ul. św. Wawrzyńca in Kazimierz. Mit den Jahren wuchs das Netz, elektrische Kraft löste die Pferdestärken ab und das Depot dehnte sich immer mehr aus. Garagen und Werkstätten für die Stadtbusse kamen in den 1920er-Jahren hinzu. Erst in den 1960er-Jahren wurde ein neues Depot in Betrieb genommen und das alte verlor nach und nach an Bedeutung.

Mobilität in früheren Zeiten
Bereits 1975, zum 100. Jahrestag des öffentlichen Nahverkehrs in Krakau, entstand die Idee für ein Museum. Es dauerte bis 1994, bevor in der ehemaligen Halle für Schmalspur-Trams die historische Fahrzeugflotte des städtischen Nahverkehrsunternehmens präsentiert werden konnte. In den folgenden zwei Jahrzehnten wuchs die Ausstellungsfläche.

Unter www.muzealna.org gibt es Infos über Sonderfahrten mit Museumsbahnen.

Kern des Museums bildet die Geschichte des öffentlichen Nahverkehrs. Alte Tickets, Fahrkartenautomaten oder Uniformen illustrieren die Entwicklung seit 1882. In einem der Schuppen stehen insgesamt elf historische Trams, alle sorgsam aufgearbeitet, die meisten in den traditionellen Farben Blau und Weiß. Die älteste stammt von 1912 und ist ebenso fahrtüchtig wie alle anderen.

In einer weiteren Halle stehen blank geputzte Zwei-, Drei- und Vierräder, überwiegend Oldtimer aus polnischer Produktion. Zu sehen ist eine Flotte von »Polski Fiat 126p« – die »Małutki« (»Kleiner«) genannten Winzlinge waren für die Volksrepublik Polen das, was der Trabi für die DDR bedeutete. Daneben steht der »Polski Fiat 508«, eine Luxuslimousine aus dem Jahr 1936.

Echte Hingucker sind zwei Prototypen: Beim »Smyk«, einem etwas unförmigen Kleinstwagen für vier Personen von 1957, musste man zum Einsteigen erst das gesamte Vorderteil mit der Windschutzscheibe aufklappen – was sich letztlich nicht durchsetzte. Seiner Zeit weit voraus war hingegen der »Beskid« von 1983, ein sehr moderner Kleinwagen mit geringem Verbrauch, der aus politischen und wirtschaftlichen Gründen nie gebaut wurde. Dass das Fahrzeug heute in dem Museum steht, ist den Ingenieuren zu verdanken, die 1989 die behördliche Anordnung zur Zerstörung der sieben Prototypen ignorierten.

Haushaltsgeräte, Büromaschinen und mehr

Ein batteriebetriebenes Radio von 1929 gehört zu den Schätzen der Abteilung für Unterhaltungselektronik, in der auch alte Plattenspieler, Tonbandgeräte, Kameras sowie Fernsehgeräte aus den Anfangszeiten der Volksrepublik zu sehen sind. In einer weiteren Abteilung werden Haushaltsgeräte, vor allem aus der Zwischenkriegszeit und der Zeit nach dem Zweiten Weltkrieg ausgestellt. Von der Schreibmaschine aus

Einst Depot für Straßenbahnen, heute ein Museum

MUSEUM DER STÄDTISCHEN INGENIEURSTECHNIK

Physikunterricht zum Anfassen – Groß und Klein haben Spaß bei Experimenten »rund ums Rad«.

dem 19. Jh. bis zum ersten tragbaren Computer reicht die Bandbreite der Exponate in der Abteilung für Bürotechnik. Eine weitere Abteilung des Museums widmet sich der städtischen Versorgung mit Strom, Gas und Wasser, eine andere zeigt verschiedene Messinstrumente.

Als Universitätsstadt war Krakau die Wiege der Druckkunst in Polen. In der ehemaligen Halle für die Pferde-Tram wird mit einer umfangreichen Ausstellung die Geschichte des Druckereiwesens in Krakau nachgezeichnet. Zu sehen sind alte Druckmaschinen, gezeigt werden auch die verschiedenen Verfahren zum Druck und der Buchbinderei.

Anfassen ausdrücklich erwünscht

Nicht nur Kinder und Jugendliche halten sich besonders gerne in der Abteilung Rund ums Rad auf. Dort können Besucher an 27 Stationen bei unterhaltsamen Experimenten die Gesetze der Physik kennenlernen und z. B. mit wenig Anstrengung ein mehr als 100 kg schweres Gewicht anheben.

KLEINE PAUSE

Teile des alten Straßenbahndepots wurden in Krakaus größte Hausbrauerei verwandelt. Setzen Sie also den Besuch des historischen Geländes in der **Stara Zajezdnia** (S. 135) fort und genießen ein frisch gezapftes Pils.

---

209 E3 ✉ św. Wawrzyńca 15
☎ 12 4 21 12 42 ⊕ www.mimk.com.pl
🕒 Di 9-16, Mi-So 9-20 Uhr

💰 15 Zł, Di frei 🚋 Tram 3, 19, 24, 69 (św. Wawrzyńca)

㊱ Ulica Szeroka

Was?	Die Straße war einst der Mittelpunkt des jüdischen Viertels.
Warum?	Tagsüber ins Jüdische Museum, abends zum Klezmer
Wann?	Wer's einrichten kann, kommt zum Jüdischen Kulturfestival, das Ende Juni, Anfang Juli stattfindet.
Wie lange?	Für einen Bummel durch die Straße inklusive Museumsbesuch können Sie mindestens zwei Stunden einplanen.
Resümee	Alles ganz koscher!

»Szeroka« bedeutet breit – und tatsächlich ist die Szeroka-Straße die breiteste in Krakau. Einst Mittelpunkt des jüdischen Viertels, bot sie vor der Wende 1989 einen trostlosen Anblick, viele Häuser standen leer, die grauen Fassaden bröckelten. Doch nach und nach wurden sie komplett saniert, und heute ist die ul. Szeroka das Zentrum der jüdischen Kultur in Krakau, in der sich nicht nur die wichtigsten Synagogen befinden, sondern auch mehrere Cafés und Restaurants jüdische Gerichte anbieten und abends Klezmer-Klänge zu hören sind. Besonders vital präsentiert sich das jüdische Krakau beim Jüdischen Kulturfestival, dem größten seiner Art in Mitteleuropa, das beim Abschlusskonzert Anfang Juli Zehntausende Menschen auf die Straße lockt.

Glaube, Geschichte, Alltag

Neben der heute noch von der jüdischen Gemeinde genutzten Remuh-Synagoge (S. 118) und der Alten Synagoge befindet sich in der Straße, direkt neben dem Restaurant Ariel (S. 133), auch die kleine Popper-Synagoge, die 1620 von dem jüdischen Bankier Wolf Popper gestiftet wurde. Die gesamte Inneneinrichtung ging während des Zweiten Weltkriegs verloren, heute wird das Gebäude vom Städtischen Jugendkulturhaus genutzt. Am nördlichen Ende der Straße liegt die ehemalige Mikwe (jüdisches Ritualbad), heute Hotel und Restaurant Klezmer-Hois (S. 133 & 198).

Die Alte Synagoge (Stara Synagoga) gilt in ganz Polen als ältestes noch erhaltenes jüdisches Gotteshaus. Es wurde vermutlich um 1407 im Stil der Spätgotik erbaut und nach ei-

Im Restaurant Ariel gibt's zum leckeren koscheren Menü Klezmer-Musik live.

nem Brand 1557 durch den italienischen Baumeister Matteo Gucci im Renaissancestil wiederaufgebaut; seitdem krönt eine Attika die Außenmauern. Im Jahr 1794 rief der polnische Volksheld Tadeusz Kościuszko in der Synagoge die jüdischen Bürger dazu auf, den Volksaufstand gegen die Teilung des Landes zu unterstützen. Nach Beginn des Zweiten Weltkriegs zerstörten die deutschen Besatzer die Einrichtung des Gotteshauses und nutzten dieses als Lager. Ein Denkmal vor dem Gebäude erinnert an 30 polnische Bürger, die dort 1943 erschossen wurden.

Nach der Restaurierung entstand in der Alten Synagoge 1959 die Abteilung für Jüdische Geschichte und Kultur des Historischen Museums. Während im früheren Gebetsraum der Männer Kultgegenstände gezeigt werden, dreht sich die Ausstellung im kleineren Gebetssaal der Frauen um jüdische Traditionen in den Familien von der Geburt bis zur Beerdigung.

KLEINE PAUSE

Am Café-Restaurant **Ariel** und seiner jüdischen Küche führt (fast) kein Weg vorbei (S. 133).

✟ 209 E4

Stara Synagoga
✉ ul. Szeroka 24 ☎ 12 4 22 09 62

⊕ www.mhk.pl ❶ Mo 10–14, Di–So 9–17 Uhr (im Winter kürzer)
✦ 10 Zł, Mo frei, Audioguide 10 Zł
🚋 Tram 3, 19, 24, 69 (Miodowa)

Nach Lust und Laune!

37 Neuer Jüdischer Friedhof (Nowy cmentarz żydowski)

Der Neue Jüdische Friedhof jenseits eines Bahndamms wurde 1800 angelegt und bedeckt eine Fläche von 19 ha. Nach der Einrichtung des Jüdischen Gettos (S. 152) wurde der Friedhof geschlossen und mit einem Teil der Grabsteine später die Lagerstraße im Konzentrationslager Płaszów (S. 158) gepflastert. Ab 1957 wurde die schwer beschädigte Nekropole erneuert. Bruchstücke zerstörter Grabsteine finden sich in der Friedhofsmauer und in einem Denkmal für die von den Nazis ermordeten Juden neben dem Eingang. Viele der rund 10 000 Grabstellen sind überwuchert, die Inschriften kaum noch erkennbar. Auch neue Gräber sind zu finden, da der Friedhof bis heute von der jüdischen Gemeinde Krakaus genutzt wird.

Denken Sie daran, dass Männer beim Besuch des Friedhofs eine Kopfbedeckung tragen sollen.

✞ 209 F4 ✉ ul. Miodowa 55 ⏰ So–Fr 9–17 Uhr 🚋 Tram 3, 19, 24, 69 (Miodowa)

38 Jüdisch-Galizisches Museum (Żydowskie Muzeum Galicja)

Für ein Buch über die »Ruinen der jüdischen Zivilisation« begab sich der britische Fotograf Chris Schwarz auf Spurensuche ins ehemalige Galizien. Auf mehr als 1000 Fotos zeigt er die Ruinen ehemaliger Stätten des Judentums, Zeugnisse der jüdischen Kultur, die bis heute erhalten blieben, aber auch Orte des Massakers und der Zerstörung. In einem eigenen Museum wollte er den Bildern einen festen Platz geben. Er fand 2004 in Kazimierz eine leere Lagerhalle und schuf in Eigeninitiative einen beeindruckenden Ort der Erinnerung. Schwarz starb nur drei Jahre später, doch die Arbeit wird in seinem Sinne fortgeführt. Neben der Fotoschau widmen sich Sonderausstellungen dem jüdischen Leben in Galizien. Darüber hinaus verfügt das Museum über eine Mediathek und eine umfangreiche Buchhandlung mit Judaika.

✞ 209 F3 ✉ Dajwór 18 ☎ 12 4 21 68 42 🌐 www.galiciajewishmuseum.org ⏰ tägl. 10–18 Uhr 💰 16 Zł 🚋 Tram 3, 19, 24, 69 (św. Wawrzyńca)

39 Isaak-Synagoge (Synagoga Izaaka)

Die von dem Kaufmann Izaak Jakubowski gestiftete und 1644 fertiggestellte frühbarocke Synagoge galt als größte in Kazimierz. Ein prachtvolles Tonnengewölbe bedeckte den großen Männersaal und die Frauenempore. Im Dezember 1939 wurde Maksymilian Redlich, ein Mitarbeiter der jüdischen Gemeinde, von SS-Männern erschossen, weil er sich geweigert hatte, das Gotteshaus anzuzünden. Später wurde die Synagoge verwüstet und ihrer Kunstschätze beraubt. U. a. verschwand

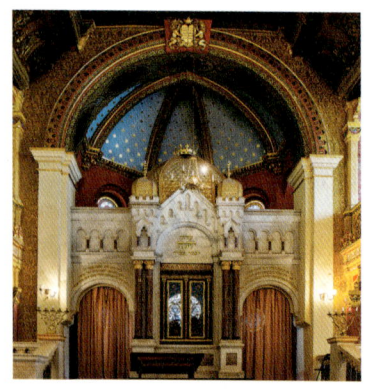

Maurische Ornamente schmücken die Tempel-Synagoge.

die prächtige Bima, von der heute nur noch die Umrandungen zu sehen sind. Das Gebäude stand lange Zeit leer und wurde erst in den 1990er-Jahren umfangreich saniert. Die dabei wiederentdeckten alten Wandmalereien mit liturgischen Texten wurden teilweise rekonstruiert. Heute wird die Synagoge von der chassidischen Gemeinschaft Chabad Lubavitch genutzt und kann besichtigt werden. Im Vorraum finden Sie einen kleinen Laden mit koscheren Lebensmitteln.

209 E3/4 ul. Kupa 16/ul. Jakuba 25 So–Do 8.30-18, Fr 8.30-14.30 Uhr 7 Zł Tram 6, 8, 12, 18, 22, 52, 62, 70, 73 (Stradom)

40 Tempel-Synagoge (Synagoga Tempel)

In der 1862 fertiggestellten und später mehrfach veränderten Synagoge trafen sich die fortschrittlichen Krakauer Juden (daher auch die heute noch gängige Bezeichnung »Fortschrittliche Synagoge«). Der Innenraum ist im maurischen Stil gestaltet. Mit ihren Wandmalereien, aufwendigem Stuck, den hölzernen Emporen und farbenfrohen Glasfenstern ist die Synagoge eine der schönsten des Landes. Gelegentlich bildet sie den Rahmen für festliche Konzerte; u. a. wird dort jedes Jahr das Jüdische Kulturfestival eröffnet.

209 D4 Miodowa 24 So–Fr 10-17 Uhr (im Winter bis 16 Uhr) 10 Zloty Tram 3, 19, 24, 69 (Miodowa)

41 Jüdisches Kulturzentrum (Centrum Kultury Żydowskiej)

In das 1886 errichtete ehemalige Bethaus B'nei Emuna zog nach gründlicher Renovierung Ende 1993 das Zentrum für jüdische Kultur der Stiftung Judaica ein. Es ist eine wichtige Anlaufstelle für polnische und ausländische Besucher, die sich für jüdisches Leben und jüdische Geschichte interessieren. In den Räumen finden Filmvorführungen, Konzerte und Ausstellungen statt.

Im Café Sara können Sie entspannt und unbeeindruckt vom Trubel rund um den Plac Nowy Kaffee und Kuchen genießen.

209 D3 Meiselsa 17 12 43 06 44 49 www.judaica.pl Mo–Fr 10-20, Sa/So 10-14 Uhr Tram 6, 8, 12, 18, 22, 52, 62, 70, 73 (Stradom)

42 Fronleichnamskirche (Kościół Bożego Ciała)

Die Fronleichnamskirche, 1340 von König Kazimierz III. gestiftet, steht der Marienkirche am Hauptmarkt in ihrer Größe kaum nach. Schon von Weitem ist der mächtige Turm sichtbar, den seit Mitte des 17. Jh.s eine Kuppel im Stil der Spätrenaissance schmückt. 1655 bezog der Schwedenkönig Karl X. Gustav hier Quartier und steuerte die Belagerung Krakaus. Seine Soldaten plünderten das dreischiffige gotische Gotteshaus, das später eine umso prächtigere barocke Ausstattung erhielt.

Originell ist die hölzerne Kanzel in Form eines Bootes mit Masten und Segeln, das von zwei Sirenen und Delfinen getragen wird. Durch schöne Glasfenster aus dem 15. Jh. fällt das Licht in den Chorraum mit dem mittelalterlichen Chorgestühl.

✞ 209 D/E3 ✉ Bożego Ciała 26
☎ 12 4 30 59 95 ⊕ www.bozecialo.net
🚋 Tram 6, 8, 70, 73 (Pl. Wolnica)

43 Wolnica-Platz & Ethnografisches Museum (Plac Wolnica & Muzeum Etnograficzne)

Der Marktplatz von Kazimierz, an der Salzstraße von Krakau nach Wieliczka und Bochnia gelegen, war früher ein wichtiger Handelsplatz. Mit einer Fläche von 195 × 195 m war er kaum kleiner als der Krakauer Hauptmarkt, nimmt nach Umbauten im 19. Jh. aber heute nur noch rund ein Viertel des alten Areals ein. Nichtsdestotrotz ist er ein lebendiges Zentrum des Stadtviertels und ein Hotspot des Nachtlebens.

Nachdem im 19. Jh. Teile des Wolnicza-Platzes bebaut wurden, rückte das alte Rathaus von der Mitte an den südwestlichen Rand. Das Gebäude war im 15. Jh. errichtet worden und erhielt 200 Jahre später seine heutige Form mit einer Attika im Stil der Renaissance. Seit dem Ende des Zweiten Weltkriegs beherbergt es die inzwischen rund 8000 Objekte umfassende Sammlung des Ethnografischen Museums. Der Großteil der Exponate widmet sich dem Leben der Menschen in Polen, die ständige Ausstellung zeigt auch Alltagsgegenstände und Volkskunst aus anderen Regionen der Welt.

✞ 209 D2

Ethnografisches Museum
✉ Pl. Wolnica 1 ☎ 12 4 30 55 75
⊕ www.etnomuzeum.eu
🕙 Di-So 10-19 Uhr 🎟 13 Zł (So frei)
🚋 Tram 6, 8, 70, 73 (Pl. Wolnica)

Rund um den Musikantenbrunnen (links) wird auf dem Wolnica-Platz gerne gefeiert.

NACH LUST UND LAUNE!

Nach dem Besuch des Pauliner-Klosters geht's auf eine Ausflugsfahrt auf der Weichsel.

44 Kirche und Kloster der Pauliner auf dem Felsen (Kościół i klasztor paulinów na Skałce)

Die beiden weißen Türme der spätbarocken Kirche erheben sich über dem Ufer der Weichsel. Mit dem benachbarten Kloster bildet sie eine bauliche Einheit. Schon seit dem 11. Jh. befand sich an dieser Stelle ein romanisches Gotteshaus. Eine ausladende Doppeltreppe führt in den prachtvoll ausgestatteten Innenraum. In den mit Jugendstil-Malereien geschmückten Kellergewölben entstand eine »Krypta der Verdienten« als letzte Ruhestätte bedeutender Künstler und Wissenschaftler. Zu finden sind dort die Sarkophage des Malers Stanisław Wyspiański (S. 20), des Komponisten Karol Szymanowski (1882–1937) sowie des Literatur-Nobelpreisträgers Czesław Miłosz (1911–2004).

Verbunden ist die Kirche mit der Legende um den Krakauer Bischof Stanisław Szczepanowski, der dort auf Befehl des damaligen Königs Boleslaus des Mutigen 1079 zu Tode gequält wurde. In einer Seitenkapelle befindet sich als Reliquie ein Baumstumpf, auf den das Blut des Märtyrers getropft sein soll. Den Teich vor der Kirche schmückt eine Statue des Bischofs. In dem Wasser soll seine gevierteilte Leiche auf wundersame Weise wieder zusammengewachsen sein.

2008 wurde auf dem Gelände ein Altar der drei Jahrtausende geweiht, der dem 997 ermordeten heiligen Adalbert, dem hl. Stanisław sowie dem ebenfalls heiliggesprochenen Papst Johannes Paul II. gewidmet ist.

☩ 208 C2 ✉ Skałeczna 15 ⏰ Krypta April-Okt. tägl. 9–17 Uhr 💰 2,50 Zloty 🚋 Tram 6, 8, 70, 73 (Pl. Wolnica)

45 Kupa-Synagoge (Synagoga Kupa)

Die Gebetshalle der an der ehemaligen Stadtmauer errichteten kleinen barocken Synagoge (1643) ist reich mit Wand- und Deckenmalereien dekoriert, die biblische Szenen darstellen. In der ehemaligen Galerie für Frauen im ersten Stock gibt es eine kleine Fotoausstellung. Die Synagoge wird heute auch von der Jüdischen Gemeinde für Gottesdienste genutzt.

☩ 209 E4 ✉ Miodowa 25 ⏰ Krypta So-Fr 9.30–16 Uhr 💰 5 Zloty 🚋 Tram 3, 19, 24, 69 (Miodowa)

Wohin zum ...
Essen und Trinken?

Preise für ein Hauptgericht (ohne Getränke):
€ bis 45 Zł
€€ 45–90 Zł
€€€ über 90 Zł

RESTAURANTS

Ariel €€
Schon seit Ende der 1980er-Jahre serviert man im Restaurant Ariel jüdische Gerichte wie gefilten Fisch und Karpfen auf jüdische Art. In den mit alten Möbeln und Gemälden bestückten Galsträumen scheint die Zeit stehen geblieben zu sein. Abends trifft man sich zu Klezmer-Konzerten.
✚ 209 E3 ✉ Szeroka 18 ☎ 12 4 21 79 20
⊕ www.ariel-krakow.pl ❶ tägl. 10–24 Uhr

Bottigliera 1881 €€
Ein mehr als 100 Jahre alter Weinkeller ist das Herzstück des kleinen, aber feinen Weinrestaurants, in dem man abends ohne Reservierung nur schwer einen Platz findet. Die Karte umfasst mehr als 100 Sorten unterschiedlicher Preisklassen aus Frankreich, Italien und Spanien, aber auch aus exotischeren Lagen. Dazu gibt es entweder Tapas oder ausgewählte Menüs von einer kleinen Karte.
✚ 209 E2 ✉ Bocheńska 5 ☎ 6 60 66 17 56
⊕ www.1881.com.pl ❶ Di–Sa 13–23 Uhr

Dawno Temu na Kazimierzu €
An den Außenwänden hängen alte Schilder von jüdischen Geschäften, das Innere des Restaurants wirkt mit seinen rohen, dunklen Wänden, allerlei Hausrat, einem alten Kanonenofen und schummrigem Kerzenlicht ebenfalls wie aus einer anderen Zeit. »Vor langer Zeit in Kazimierz« heißt der passende Name des Cafés und Restaurants, in dem es traditionelle jüdische Gerichte, aber auch Pirogen gibt. An manchen Abenden treten Klezmer-Musiker auf.
✚ 209 E4 ✉ Szeroka 1 ☎ 12 4 21 21 17
⊕ www.dawnotemu.nakazimierzu.pl
❶ tägl. 10–21.30 Uhr

Hamsa Restobar €€
Hummus & Happiness verspricht das einzige Restaurant mit moderner Küche aus dem Nahen Osten. Die Gerichte sind nicht koscher, aber schmackhaft. Zu empfehlen sind die Mezze-Teller mit kleinen Gerichten wie Hummus, Falafel, verschiedene Dips oder Salate. Neben zwei großen Gasträumen gibt es einen schönen Sommergarten.
✚ 209 E4 ✉ Szeroka 2 ☎ 05 15 15 01 45
⊕ www.hamsa.pl ❶ Mo–Fr 10–24,
Sa & So 9–24 Uhr

Klezmer-Hois €€
Im ehemaligen jüdischen Badehaus erklingt jeden Abend Klezmer-Musik. Dazu werden traditionelle jüdische Gerichte serviert. Die Einrichtung mit Stilmöbeln, gemütlichen Sofas, Spitzendeckchen, Spiegeln und alten Ölbildern versetzt die Besucher zurück in alte Zeiten. Vor allem abends reservieren!
✚ 209 E4 ✉ Szeroka 6 ☎ 12 4 11 12 45
⊕ www.klezmer.pl ❶ tägl. 9–22 Uhr

Nova Krova €
Veganer Burger, das klingt widersprüchlich. Doch der Erfolg des kleinen Lokals zeigt, dass die Kombination passt. Serviert werden diverse Varianten im XXL-Format, gefüllt mit Tofu, Quinoa oder Falafel. Dazu gibt es Suppen, Salate und Kuchen, ebenfalls alles vegan.
✚ 209 D2 ✉ Pl. Wolnica 12 ☎ 05 30 30 53 04
❶ Mo–Do 12–21, Fr/Sa 12–23, So 10–21 Uhr

Pimiento €€
Hervorragende Grillgerichte aus argentinischem Rindfleisch sind das Markenzeichen des Restaurants, das auch eine Filiale in der ul. Stolarska 13 in der Altstadt hat. Dazu passend werden zahlreiche Weine aus Argentinien und anderen lateinamerikanischen Ländern kredenzt. Die Einrichtung ist modern, der Service freundlich und unaufdringlich. Die Speisekarte enthält auch einige Fisch- und Nudelgerichte.
✚ 209 E3 ✉ Józefa 26 ☎ 12 4 21 25 02
⊕ www.pimiento.pl ❶ tägl. 12–23 Uhr

Plac Nowy 1 €€
Das Restaurant in einem Neubau am Plac Nowy mag manchen wegen seiner Größe

abschrecken, es bietet aber einen guten Service und eine überzeugende Qualität der Gerichte von Pizza und Burger bis Entenbrust sous-vide. Dazu gibt es Biere von Regionalbrauereien.
✢ 209 E3 ✉ Pl. Nowy 1 ☎ 12 4 42 77 00 ⊕ www.placnowy1.pl ❶ So–Mi 9–24, Do–Sa 9–2 Uhr

Sasiedzy €€
»Nachbarn« heißt die Übersetzung des Namens – und man darf sich hier wie bei guten Nachbarn fühlen. Serviert werden traditionelle polnische Gerichte im passenden Ambiente. Oben gibt es einen schönen Winter- und Sommergarten, unten stimmungsvolle Räume mit Backsteingewölbe.
✢ 209 E4 ✉ Miodowa 25 ☎ 12 6 54 83 53 ⊕ www.sasiedzi.oberza.pl ❶ tägl. 12–23 Uhr

Studio Qulinarne €€
Das ehemalige Busdepot beim Technikmuseum ist eine der kulinarischen Top-Adressen Krakaus. Die Besitzerin und Designerin Katarzyna Grüning verwandelte die historische Halle mit ihren breiten Fensterfronten in einen stimmungsvollen Ort zum Essen. Das Team um Küchenchef Giacomo Monzali zaubert ungewöhnliche Kreationen mit Fisch oder Fleisch, bei denen die Zutaten sich zum harmonischen Gesamtkunstwerk vereinen.
✢ 209 E2 ✉ Gazowa 4 ☎ 12 4 30 69 14 ⊕ www.studioqulinarne.pl ❶ Mo–Sa 18–22 Uhr

Szara Kazimierz €€
Der Ableger des Restaurants Szara ist von der Speisekarte, dem Service und Ambiente vergleichbar mit dem Stammhaus am Rynek Główny. Empfehlenswert sind die preiswerten Mittagsmenüs aus Suppe und Hauptgericht für 35 Zł. Im Sommer sitzen Sie ruhig und entspannt im Garten.
✢ 209 E4 ✉ Szeroka 39 ☎ 12 4 29 12 19 ⊕ www.szarakazimierz.pl ❶ tägl. 11–23 Uhr

KNEIPEN UND BARS

Alchemia
Eine Institution in Kazimierz. In eine ehemalige Reinigung zog 1999 eine der ersten Szenekneipen. Seitdem versammelt sich dort ein internationales, überwiegend studentisches Publikum bis spät in die Nacht an alten Holztischen im Schein des Kerzenlichts (Abb. S. 122). In den großen Kellerräumen finden Konzerte u. a. während des jährlichen Jazz-Festivals statt. Im benachbarten »Alchemia od Kuchni« gibt es zur Stärkung kleine Gerichte wie Burger oder Falafel.
✢ 209 E4 ✉ Estery 5 ☎ 12 4 21 22 00 ⊕ www.alchemia.com.pl ❶ Mo 10–4, Di–So 9–4 Uhr

BARaWINO
Marek Kondrat, seit Jahren erfolgreich im Weinhandel, hat hier eine schöne Kombination von Weinladen und gemütlicher Bar geschaffen. Sein Sortiment umfasst rund 350 (Schaum-)Weine aus aller Welt, von denen fast 40 auch glasweise ausgeschenkt werden. Es gibt sogar Tropfen aus der Nähe von Stettin, die trotz der nördlichen Anbaulage köstlich munden. Wer eine Grundlage benötigt, kann kleine Käsehäppchen bestellen.
✢ 209 E2 ✉ Mostowa 1 ☎ 6 68 67 17 12 ❶ So–Do 12–22, Fr/Sa 12–24 Uhr

Singer
Seinen Namen hat es von den Nähmaschinentischen, an denen die Gäste sitzen. Das Singer gehörte zu den ersten Studentenkneipen in Kazimierz und hat bis heute allen Trends getrotzt. Der Gastraum ist abends immer gut gefüllt, die Musik ist unaufdringlich, sodass man sich gut unterhalten kann. Zu später Stunde kann es aber lauter werden – dann werden auch mal die Tische zur Seite gerückt, um Platz zum Tanzen zu haben.
✢ 209 E3 ✉ Izaaka 1 ☎ 12 2 92 06 22 ❶ So–Do 9–3, Fr/Sa 9–6 Uhr

Stajnia
In der hübsch begrünten Passage wurden einige Szenen für »Schindlers Liste« gedreht. Im mediterranen Ambiente des früheren Pferdestalls fühlen sich junge Leute wohl, die an den Wochenenden bis spät in die Nacht feiern. Neben dem Pub gibt es eine Trattoria.
✢ 209 E3 ✉ Józefa 12 ☎ 12 4 23 72 02 ⊕ www.pubstajnia.pl ❶ So–Do 9–23, Fr & Sa 9–24 Uhr

Einst Pferdestall und Filmkulisse, heute beliebte Kneipe und Trattoria: das Stajnia

Stara Zajezdnia
Im postindustriellen Ambiente des ehemaligen Straßenbahndepots fließt seit 2012 Bier aus der eigenen Hausbrauerei, u. a. kann man auch Apfel- oder Honigbier ordern. Die langen Tischreihen sind abends gut gefüllt, an großen Bildschirmen verfolgt man Sportsendungen. Ein Restaurant und ein großer Biergarten ergänzen das Ensemble.
✢ 209 E3 ✉ św. Wawrzyńca 12 ☎ 664 32 39 88
⊕ www.starazajezdniakrakow.pl
❶ Mo–Do 14–24, Fr 14–1, Sa 12–1, So 12–22 Uhr

Ulica Krokodyli
Ein Veteran in Kazimierz. Die kleine, eher unscheinbare Kneipe »Straße der Krokodile« ist nach einem Buch von Bruno Schulz benannt. Tagsüber kann man hier Kaffee und leckeren Kuchen genießen, abends entspannt sein Bier trinken. Die Einrichtung mit alten Holztischen ist zeitlos, das Publikum etwas älter als in den hippen Läden ringsum.
✢ 209 E3 ✉ Szeroka 30 ☎ 12 4 31 05 16
❶ tägl. 9–1, Fr 9–3, Sa 9–4 Uhr

Ursa Maior
Wenn Nebel über den dünn besiedelten Bieszczady im Südosten Polens aufsteigen, sagt man, die Bären brauen Bier. Im kleinen Ort Uherce Mineralne heißt die Bärin Agnieszka Lopata – die Braumeisterin kreierte einige der originellsten Craft-Biere Polens. Kleine Kunstwerke zieren als Etiketten die Flaschen. Folgen Sie einfach dem Schild mit dem Bären und testen Sie in der kleinen Bar die eigenwilligen Sorten.
✢ 209 D2 ✉ Pl. Wolnica 10 ☎ 7 30 56 58 88
⊕ www.ursamaior.pl ❶ Mo & Di 16–1, Mi, Do 16–24, Fr & Sa 13–2, So 12–23 Uhr

CAFÉS

Cheder
Die Organisatoren des Jüdischen Kulturfestivals schufen im Erdgeschoss eines ehemaligen Bethauses ein gemütliches Café. Wer hier Zeitung oder ein Buch lesen möchte, läuft nicht Gefahr, böse Blicke der Kellner einzufangen, wenn er eine Stunde lang an seinem Wasser oder Kaffee nippt. Eine Offenbarung ist das selbst gemachte Hummus.
✢ 209 E3 ✉ Józefa 36 ☎ 5 15 73 22 26
⊕ www.jewishfestival.pl ❶ tägl. 10–22 Uhr

Les Couleurs
Das französische Café ist seit Jahren eine feste Größe am Plac Nowy, beliebt zum frühen oder späten Frühstück, für den Kaffee zwischendurch und bis spät in die Nacht auf das eine oder andere Bier.
✢ 209 E3 ✉ Estery 10 ☎ 12 4 29 42 70
❶ Mo–Do 7–24, Fr 7–2, Sa 8–2, So 8–24 Uhr

Mostowa Sztuka Kawa
Junge, hippe Leute treffen sich in dem kleinen Kunstcafé, um bei einem ebenso hippen Bier aus einer kleinen, kaum bekannten Brauerei oder bei einem Kaffee über die neuesten Filme oder Vernissagen zu reden.
✢ 209 E2 ✉ Mostowa 8 ☎ 07 30 48 04 77
❶ So–Do 12–22, Fr/Sa 12–23 Uhr

Wohin zum ... Einkaufen?

Etwas versteckt in den Straßen des Viertels finden sich einige interessante Läden, in denen Sie polnische Designerwaren oder Schmuck finden. Mehrere kleine Geschäfte gibt es in der ul. Józefa.

MODE, KUNST UND DESIGN

Hipster finden die passenden Hemden, Shirts oder Mützen bei The Hive, einem kleinen Modeladen in der ul. Bocheńska 7 (Mo–Fr 12–19, Sa 12–18 Uhr, Tel. 782 89 35 06). Im gleichen Haus bietet Anna Maria Kwiatek in ihrem Concept Store Idea Fix ein Forum für junge polnische Modeschöpfer, Künstler und Designer. Hier finden Sie originelle Kleidung und Schuhe, Schmuck, aber auch Wohnaccessoires, Fotografien und Malerei (Mo–Fr 11–19, Sa & So 12–18 Uhr, Tel. 12 4 22 12 46; www.ideafix.pl).

In der Fotogalerie Trzecie Oko (Drittes Auge) in der ul. Bocheńska 5 können Sie nicht nur Fotokunst an den Wänden bewundern, sondern auch schöne Bildbände kaufen, u. a. über Kazimierz (Mi–Fr 16–19, Sa & So 14–17 Uhr, www.trzecieoko.com).

Aus einer alteingesessenen Krakauer Hutmacherfamilie stammt Józef Chorąży, der in seinem Laden Czapki i Kapelusze in der ul. Krakowska 35a traditionelle Hüte und Mützen für Herren verkauft (Mo–Fr 10–18, Sa 9–14 Uhr, Tel. 608 28 26 31, www.czapki chorazy.prv.pl).

Eine Schatzgrube für Liebhaber alter Schallplatten und CDs ist das Geschäft High Fidelity in der ul. Podbrzezie 6. Der Besitzer sieht seinen Laden eher als Wohnzimmer und liebt es nicht, wenn man sofort nach Betreten des Ladens anfängt zu wühlen (Mo–Fr 12–16, Sa 11–14 Uhr).

Das Team von Boogie Flowear führt hippe Shirts, Schuhe und andere Kleidungsstücke von unabhängigen polnischen Designern, die nicht nur bei Skatern oder Breakdancern Anklang finden (ul. Joselewicza 15, Mo–Fr 11–19, Sa/So 11–17 Uhr, Tel. 694 50 47 27, www.boogieflowear.com).

Postkarten und Poster mit alten Schwarz-Weiß-Motiven aus Krakau, aber auch moderne Fotokunst findet sich in der Galerie LueLue in der ul. Miodowa 22. Auf Wunsch kann man auch eigene Fotos auf Papier oder Stoff drucken lassen (tägl. 11 bis 19 Uhr, Tel. 728 55 10 24, www.luelue.pl).

In der ul. Józefa 11 reihen sich zahlreiche kleine Geschäfte und Galerien. Naiver Kunst widmet sich die gleichnamige Galerie d'Art Naif. Gründer und Sammler Leszek Macak zeigt dort Werke bekannter polnischer Künstler wie Nikifor, aber auch von vielen noch unentdeckten Malern und Bildhauern (Mo–Fr 11–17, Sa–So 11–15 Uhr, Tel. 12 4 21 06 37, www.artnaive.sky.pl).

Frauenkleidung im Retro-Stil der 1940er- bis 1960er-Jahre mit den dazu passenden Accessoires gibt's bei Vintage Classics (Nr. 11, Mo–Sa 11–19, So 10–16 Uhr, Tel. 509 62 68 18, www.vintageclassics.pl).

PAON nonchalant versammelt im gleichen Haus Frauenmode, Schuhe und Accessoires von kleinen polnischen Labels (Mo bis Sa 10–18 Uhr, Tel. 534 48 43 99).

Ebenfalls im Haus Nr. 11 bietet bei Blazko Jewellery der Schmuckdesigner Grzesiek Blażko seine farbenfrohe Schmuck-Kollektion an (Mo–Fr 11–19, Sa–So 11–15 Uhr, Tel. 508 64 62 98; www.blazko.pl).

Junge Mode für Frauen führt die Boutique Nuumi (Nr. 14, tägl. 11–19 Uhr, Tel. 881 76 23 66).

Arbeiten polnischer Designer versammelt der Marka Concept Store in Nr. 5. Das Sortiment umfasst u. a. Textilien, Keramik und Schmuck (Mo–Fr 12–18, Sa 11–17, So 11–16 Uhr, Tel. 12 4 22 29 65; www.marka-concept store.pl).

Grenzenloses Einkaufsvergnügen verspricht die Galeria Kazimierz, ein Shoppingcenter am östlichen Rand von Kazimierz mit rund 150 Geschäften (ul. Podgórze 38, Mo–Sa 10–22, So 10–20 Uhr, Tel. 12 4 33 01 01, www.galeriakazimierz.pl).

KULINARISCHES

Regionale Produkte ohne chemische Zusätze von kleinen Erzeugern finden Sie in dem gut sortierten Lebensmittelgeschäft Bacówka am Plac Wolnica (S. 131). Das Sortiment umfasst Fleisch- und Wurstwaren, Ziegen- und Schafskäse, aber auch Marmelade und Honig (Mo–Fr 8–20, Sa 8–15 Uhr, Tel. 607 42 15 84; www.bacowkatowary.pl).

Die Benediktinermönche in Tyniec verkaufen in ihrem Laden hochwertige Klosterprodukte. Wenn Sie für einen Ausflug nach Tyniec (S. 175) keine Zeit haben, dann schauen Sie einfach bei Produkty Bene-

dyktyńskie in der ul. Krakowska 29 rein. In dem kleinen Laden finden Sie hochwertige Lebensmittel und Kosmetika, Heilkräuter, Tees und Liköre (Mo–Fr 9.30–18, Sa 9.30 bis 14 Uhr, Tel. 12 4 22 02 176; www.produkty benedyktynskie.com.pl).

Wohin zum ... Ausgehen?

Klezmer-Musik erklingt abends rund um den Plac Szeroka im Herzen von Kazimierz. Für viele Reisegruppen gehört ein Konzertbesuch zum Standardprogramm. Junge Leute vergnügen sich derweilen lieber in den Kneipen rund um den Plac Nowy (S. 122).

KLEZMER LIVE

Mehrere Restaurants und Cafés rund um die ul. Szeroka werben nicht nur mit traditionellen jüdischen Gerichten, sondern laden abends auch zu Klezmer-Konzerten ein. Die meist fröhlichen, manchmal auch leicht melancholischen Rhythmen erklingen z. B. allabendlich im **Klezmer-Hois** (S. 133) oder im Restaurant **Ariel** (S. 133).

In der Szeroka-Straße hatte auch die Krakauer Band »Kroke« ihre ersten Auftritte. Mit ihrer jazzigen Klezmer-Version gewinnen die drei Musiker als Botschafter Krakaus inzwischen auch international ihr Publikum.

NACHTLEBEN

Cocon Music Club
2001 gegründet, gilt er als ältester und einer der bekanntesten Gay-Clubs in Polen. Neben dem großen Dancefloor gibt es einen überdachten Wintergarten für Raucher, einen kleinen Saal, eine ruhige Lounge sowie drei Bars. Im Cocon trifft man sich nicht nur an Wochenenden zur Party mit bekannten DJs oder zum Karaoke am Donnerstag, es finden auch Vorträge, Lesungen oder Theateraufführungen statt.
✣ 209 E2 ✉ Gazowa 21 ☎ 503 77 38 44
⊕ www.klub-cocon.pl
❶ Do 21–5, Fr & Sa 22–5 Uhr

Club Cabaret
Von altpolnischen Liedern bis zur Burlesque-Show reicht das Programm. Der im Stil der 1930er-Jahre eingerichtete Club ist aber auch Treffpunkt von Salsa- und Tangotänzern.
✣ 209 D3 ✉ Krakowska 5 ☎ 501 74 74 18
⊕ www.clubcabaret.pl ❶ Di–Do 17–2, Fr & Sa 19–3, So 18–1 Uhr

Club Piękny Pies
Der »Schöne Hund« ist Treffpunkt von lässig gestylten Künstlern und Studenten. Man trifft sich zum Bier oder Cocktail bei Rock, Punk, Independent- oder Elektromusik. Am Wochenende finden häufig Konzerte statt oder es legen DJs im Untergeschoss auf.
✣ 209 D3 ✉ Bożego Ciała 9 ❶ So–Do 16–2, Fr & Sa 16–5 Uhr

LaF
In dem kleinen, etwas versteckten Club treffen sich vor allem Frauen, die andere Frauen treffen wollen, aber auch homosexuelle Männer und Heteros. Getanzt wird zu Klassikern der 1960er- bis 1980er-Jahre sowie zu Hip-Hop. Der Zugang ist im Café Młynek.
✣ 209 D3 ✉ Pl. Wolnica 7 ☎ 607 30 71 21
❶ Fr & Sa 22–4 Uhr

Taawa
Während in den meisten Kneipen ringsum eher Vintage-Stil angesagt ist, setzt man im Taawa mehr auf glänzendes Chrom, Glas und Leder. Ein schickes Ambiente für ein ebenso schickes Publikum.
✣ 209 E3 ✉ Estery 18 ☎ 608 50 30 80
⊕ www.taawa.pl ❶ Fr/Sa 21–5 Uhr

Nomen est omen: Musik im Klezmer-Hois

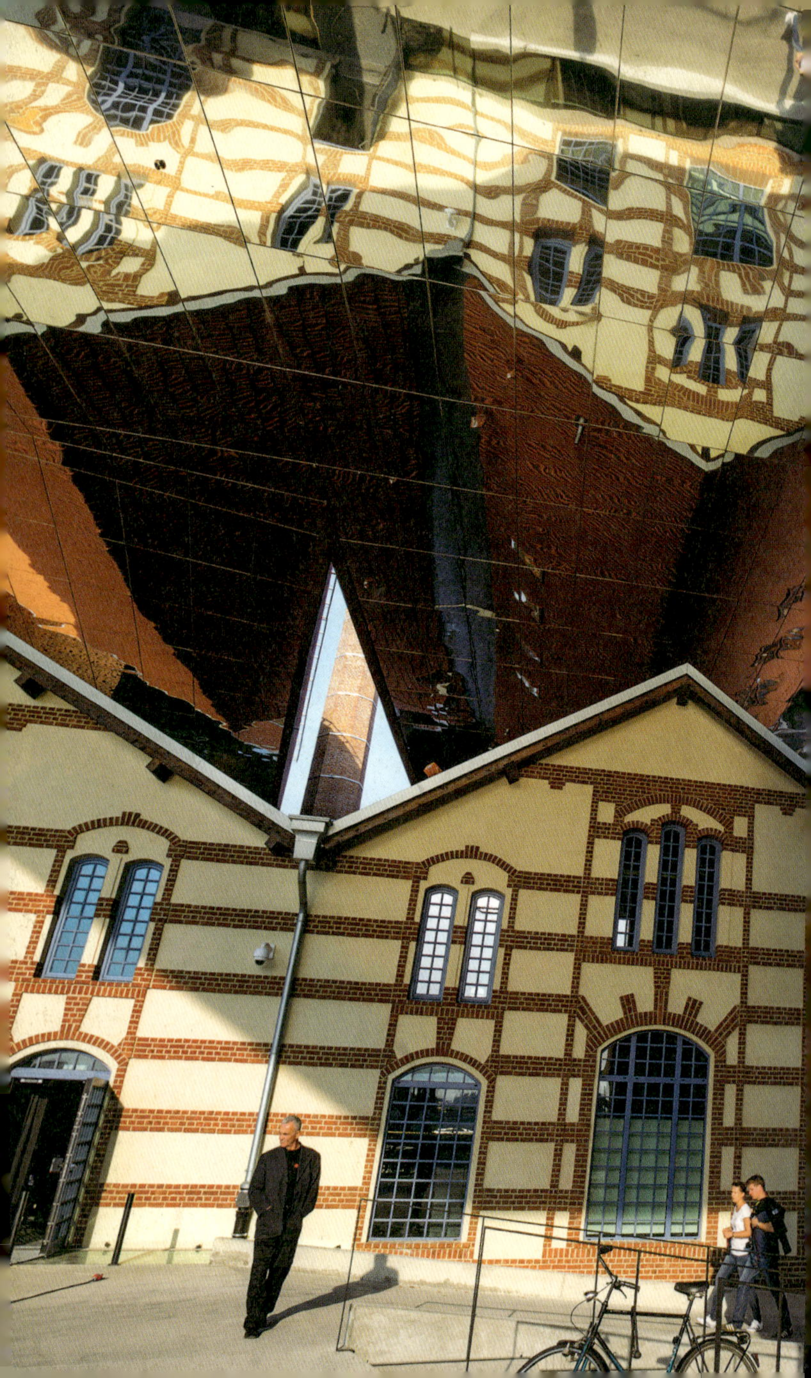

Podgórze & Umgebung

Die berühmte Schindler-Fabrik und Museen, aber auch Bars und Restaurants locken in die neuen Trendviertel südlich der Weichsel.

Seite 138–163

Dramatisches Museum in spektakulärer Architektur: die Cricoteka am südlichen Weichselufer

Erste Orientierung

Podgórze bedeutet Vorgebirge – und tatsächlich schmiegt sich der südlich der Weichsel gelegene Stadtteil an weiße Kalksteinfelsen. Die Habsburger gründeten 1784 dort die nach Kaiser Joseph II. benannte Josephstadt.

Erst seit 1915 ist Podgórze ein Stadtteil von Krakau. Die Nationalsozialisten richteten dort ein Getto für die jüdische Bevölkerung Krakaus ein und später im südlich gelegenen Płaszów ein Konzentrationslager. In der ehemaligen Emaillefabrik von Oskar Schindler erinnert heute eine Ausstellung an diese Zeit der deutschen Besatzung. Dort entstand auch Krakaus erste Adresse für zeitgenössische Kunst, das MOCAK.

Podgórze ist ein Stadtviertel im Umbruch. Straßenzüge mit baufälligen Gebäuden sind immer häufiger unterbrochen von frisch sanierten historischen Wohnbauten oder neuen Apartmenthäusern. Besonders nahe der Weichsel entstehen immer mehr Luxuswohnungen. Für das moderne Krakau stehen der Neubau der Cricoteka, , das weiter westlich gelegene neue Kongress- und Veranstaltungszentrum ICE Kraków oder das Museum Manggha für fernöstliche Kunst.

Seit eine Fußgängerbrücke Podgórze mit Kazimierz verbindet, entwickelt sich das Viertel südlich der

TOP 10

❺ ★★ Schindler-Fabrik
(Fabryka Schindlera)

Nicht verpassen!

㊻ Cricoteka

㊼ Krakauer Getto
(Getto krakowskie)

Nach Lust und Laune!

㊸ Museum der japanischen Kunst und Technik Manggha (Muzeum Sztuki i Techniki Japońskiej Manggha)

㊾ ICE Kraków Congress Centre

㊿ Weichselufer (Brzeg Wisły)

㉛ Podgórza-Museum (Muzeum Podgórza)

㉜ Kirche und Fort St. Benedikt (Kosciół i fort św. Benedykta)

㉝ Galeria Starmach

㉞ Marktplatz von Podgórze (Rynek Podgórski)

㉟ Krak-Hügel (Kopiec Krakusa)

㊱ Deutsches nationalsozialistisches Konzentrationslager Płaszów (Niemiecki nazistowski obóz koncentracyjny Płaszów)

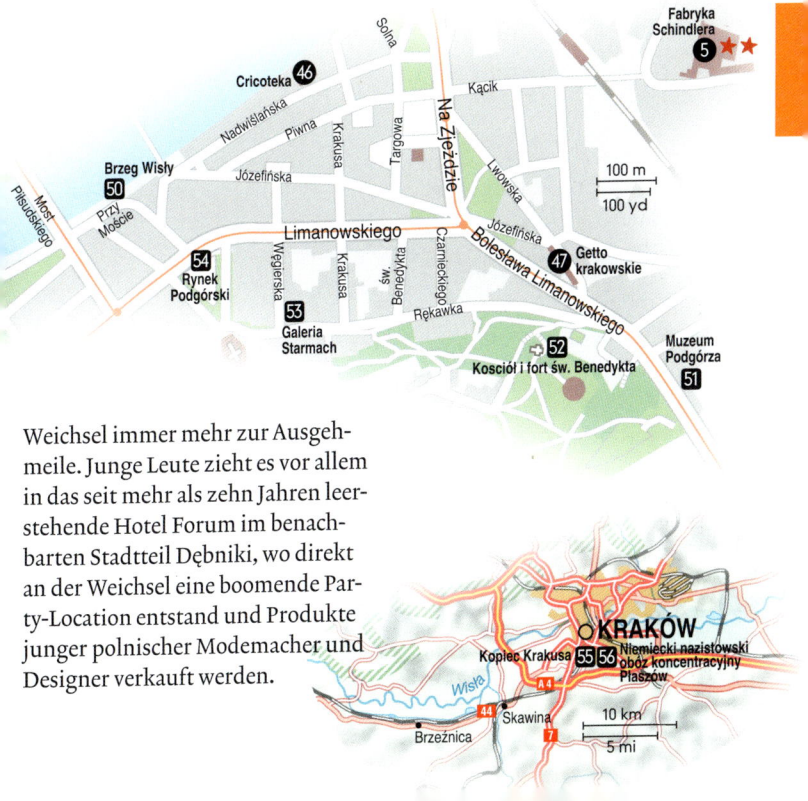

Weichsel immer mehr zur Ausgehmeile. Junge Leute zieht es vor allem in das seit mehr als zehn Jahren leerstehende Hotel Forum im benachbarten Stadtteil Dębniki, wo direkt an der Weichsel eine boomende Party-Location entstand und Produkte junger polnischer Modemacher und Designer verkauft werden.

Mein Tag
mit Kunst und Architektur

Moderne Kunst in alten Industrievierteln? Das passt! Südlich der Weichsel sind die touristischen Pfade nicht so ausgetreten. Doch die Kombination aus Fabrikgebäuden früherer Zeiten und moderner Kunst und Architektur zieht immer mehr Besucher in ihren Bann.

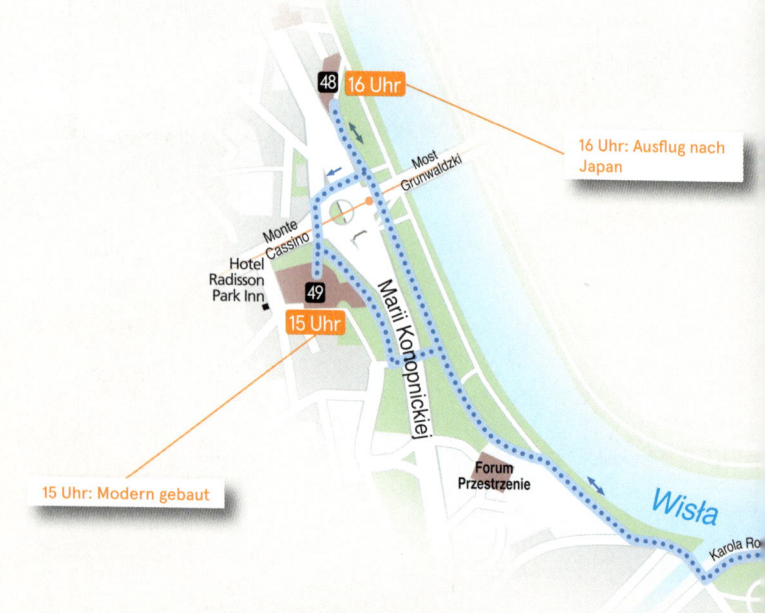

48 16 Uhr

16 Uhr: Ausflug nach Japan

Most Grunwaldzki

Monte Cassino

Hotel Radisson Park Inn

49

15 Uhr

Marii Konopnickiej

15 Uhr: Modern gebaut

Forum Przestrzenie

Wisła

Karola Ro...

PODGÓRZE & UMGEBUNG

9.30 Uhr: Tempel der modernen Kunst

Den Auftakt Ihrer Entdeckungstour macht die ehemalige ❺ ★★ Schindler-Fabrik (Fabryka Schindlera), in der das wohl interessanteste Museum für zeitgenössische Kunst Polens entstanden ist. Bei Ihrem Rundgang durch das großzügig gestaltete MOCAK (S. 148) gewinnen Sie einen ausgezeichneten Einblick in die zeitgenössische Kunst des Landes. Sie begegnen aber auch international bekannten Künstlern wie dem Chinesen Ai Weiwei. Trends von morgen sehen Sie schon heute in der Galerie Re im ehemalige Pförtnergebäude, wo Arbeiten polnischer Nachwuchskünstler ausgestellt werden. Zwischendurch können Sie bei einem Heißgetränk auf den bequemen Sofas des Cafés MOCAK das Gesehene Revue passieren lassen.

12 Uhr: Kochkunst aus Bio-Zutaten

Bei einem Abstecher ins gegenüberliegende Centrum Szkła i Ceramiki (Zentrum für Glas und Keramik, S. 162) werden Sie sicher ein schönes Mitbringsel finden. Genießen

18 Uhr: Ausklang ohne Eile

9.30 Uhr: Tempel der modernen Kunst

13.30 Uhr

Hier lässt's sich wunderbar flanieren: Am südlichen Weichselufer führt ein Weg meist unmittelbar am Wasser entlang und unter der Bernatka-Brücke hindurch.

Sie danach eine gesunde, regionale Küche im nahe gelegenen Bistro Zielonym Do Góry (S. 161), das preiswerte Mittagsmenüs serviert.

13.30 Uhr: Im Rampenlicht

Nur wenige Schritte sind es von dort zum 50 Weichselufer. An der ulica Nadwiślasńka entstand hier neben schicken Apartmenthäusern das neue Museum 46 Cricoteka, dessen Fassade aus perforiertem Stahl ein echter Hingucker ist. Innen tauchen Sie in die faszinierende Welt des Theaterkünstlers Tadeusz Kantor ein. Die Räume sind gestaltet wie große Bühnen und ausgestattet mit Requisiten aus seinen Aufführungen – als Besucher stehen Sie im Rampenlicht!

Die fotogene geschwungene Fußgängerbrücke Bernatka (Kładka Bernatka) einige Schritte flussaufwärts ist mit unzähligen Liebesschlössern behangen. Von der Mitte genießen Sie einen schönen Blick auf Polens längsten Fluss. Legen Sie danach eine kleine Pause im gemütlichen Café Cawa (S. 162) ein.

15 Uhr: Modern gebaut

Schlendern Sie noch ein wenig am Südufer der Weichsel entlang. Nahe der Grunwaldzki-Brücke (Most Grunwaldzki) taucht links die markante Fassade des Kongresszentrums 49 ICE Kraków auf, einer der interessantesten Neubauten der Stadt. Eine weitere Architekturikone erhebt sich gleich dahinter an der ulica Monte Cassino 2. Der Berliner Architekt Jürgen Mayer H. entwarf den Bau des Hotels Radisson Park Inn mit seiner dynamisch gestreiften Aluminiumfassade.

144   PODGÓRZE & UMGEBUNG

Leider nicht zum Ausleihen gedacht – vor dem MOCAK befindet sich die Installation »Surrogat City Bike Station« des in Wien lebenden Künstlers Leopold Kessler.

Städtebaulicher Akzent im Süden Krakaus: das ICE Kraków

16 Uhr: Ausflug nach Japan

Am Ende Ihres Spaziergangs entlang der Weichsel treffen Sie auf ein architektonisches Highlight, das kurz nach dem Ende des Sozialismus entstanden ist: Das Dach des 48 Manggha-Museums ist den Wellen der Weichsel nachempfunden. Wenn Sie noch Energie für ein weiteres Museum haben, machen Sie es wie einst Japans Kaiser Akihito und schauen Sie sich die berühmte Sammlung fernöstlicher Kunst an.

18 Uhr: Ausklang ohne Eile

So oder so haben Sie sich ein wenig Relaxen verdient. Auf dem Rückweg bietet sich daher ein Zwischenstopp beim ehemaligen Hotel Forum an. Das einstige sozialistische Vorzeigehotel ist heute als Forum Przestrzenie (S. 161) ein Hotspot für junge Leute. Tun Sie es ihnen gleich und machen Sie es sich mit einem Drink im Liegestuhl gemütlich.

Kehren Sie danach zurück zur abends illuminierten Bernatka-Brücke. Beim Bummel durch die Gassen ringsum werden Sie merken, dass sich Podgórze zu einem neuen Ausgehviertel entwickelt. Eine gute Wahl für den Abend ist das Bistro ZaKładka (S. 160) mit seiner feinen französischen Küche.

Länge: ca. 6 km

MEIN TAG

❺ ★★ Schindler-Fabrik
(Fabryka Schindlera)

Was?	Junge Kunst und Erinnerungen an ein dunkles Kapitel der Geschichte Krakaus
Warum?	Hier schlägt das kulturelle Herz Süd-Krakaus.
Wann?	Gegen Ende der Öffnungszeiten ist es meist etwas ruhiger.
Wie lange?	Je eine Stunde ist das Minimum für beide Museen.
Resümee	»Kunst macht frei.«

Bereits kurz nach dem Beginn der deutschen Besatzung Polens hatte Oskar Schindler die 1890 erbaute kleine Emaillefabrik an der ul. Lipowa 4 im Industrieviertel Zabłocie übernommen. Dort ließ er zunächst Geschirr herstellen, das er vor allem an die Wehrmacht verkaufte, später dann Granathülsen und andere Rüstungsgüter. Durch Schwarzhandel schuf er sich rasch ein Vermögen, mit Bestechungen sicherte er sich seinen Einfluss – beides nutzte er später, um Juden vor der Vernichtung zu schützen.

Vom Lebemann zum Lebensretter
Schindlers Fabrik beschäftigte schon nach wenigen Monaten 250 Mitarbeiter und wuchs bis Ende 1942 auf 800 Arbeits-

Dokumentation des Grauens: Das Historische Museum von Krakau dokumentiert in der Schindler-Fabrik das Leben im Generalgouvernement, dessen Hauptstadt Krakau war.

kräfte an, fast zur Hälfte Juden aus dem Getto in Podgórze. Als dieses im März 1943 aufgelöst wurde, erhielt Schindler die Erlaubnis, seine jüdischen Arbeiter in einem eigenen Lager auf dem Fabrikgelände unterzubringen. Obwohl das Fabriklager als Außenkommando des Konzentrationslagers Płaszów geführt wurde, waren die jüdischen Mitarbeiter dort besser versorgt und vor der Willkür der SS-Wachmannschaften geschützt.

Oskar Schindler, der aus Opportunismus 1939 in die NSDAP eingetreten war, wandelte sich vom Lebemann und Kriegsprofiteur zum Retter zahlreicher Juden. Als im Sommer 1944 bekannt wurde, dass das Lager in Płaszów aufgelöst werden sollte, erreichte er es, dass er seine Fabrik nach Mähren verlagern konnte. Er erhielt die Erlaubnis, rund 1100 jüdische Arbeiter aus seiner Fabrik und dem Konzentrationslager Płaszów dorthin mitzunehmen und rettete sie so vor dem sicheren Tod im Vernichtungslager.

Schindler selbst floh kurz vor Kriegsende nach Deutschland und lebte in der Nachkriegszeit in bescheidenen Verhältnissen. Durch Steven Spielbergs Film »Schindlers Liste« (1993) wurde sein Engagement und sein Schicksal auch einem breiten Publikum bekannt. In Israel ehrte man ihn als »Gerechten unter den Völkern«.

Schindlers einstige Emaillefabrik wurde nach 1945 verstaatlicht und produzierte bis zur Wendezeit Telekommunikationsanlagen. Danach stand sie leer, bis die Stadt Krakau im Jahr 2005 das Gelände übernahm und mit dem Umbau der einstigen Fabrik zum Museum begann.

Krakau zur Zeit der Okkupation 1939 bis 1945

In dem dreistöckigen Verwaltungsgebäude öffnete 2010 eine neue Dependance des Historischen Museums, die sich der Geschichte der Stadt und dem Alltag der Menschen in den Jahren 1939 bis 1945 widmet. Am Anfang ist die Welt noch in Ordnung – Fotos zeigen einen Sommertag im Krakau des Jahres 1939, ausgelassene Menschen bevölkern die Straßen. Was folgt, ist ein bedrückender Spaziergang durch die Geschichte in 45 Stationen: erste Anordnungen der deutschen Besatzer, Umbenennungen von Straßen, erste Einschränkungen für die jüdische Bevölkerung, erste Gräueltaten.

Die Besucher werden auf ihrem Weg Zeuge von Willkür und Unterdrückung, erleben den Alltag der Bevölkerung unter den Bedingungen der Besatzung. Sie sind dabei, als das Getto in Podgórze eingerichtet wird, und begleiten die jüdische Bevölkerung später auf dem Weg ins Lager nach Płaszów. Sie bekommen einen Eindruck von den unmenschlichen Bedingungen dort, hören aus Lautsprechern die Kommandos bei der späteren Räumung, Hundegebell und Schüsse. Am Ende des Wegs: das letzte Aufbäumen der deutschen Besatzer, der Abzug und der Einmarsch der sowjetischen Armee, ein Porträt von Stalin und der Hinweis, dass für Polen erneut eine schwere Zeit begann.

Das ehemalige Büro von Oskar Schindler, dessen Ausstattung erhalten blieb, ist in den Rundgang einbezogen, eine Installation zeigt die Namen der von ihm geretteten Juden.

Kunst der Moderne

Größer könnte der Kontrast kaum sein: Schreitet man in der Dependance des Historischen Museums noch durch die düstersten Jahre der Krakauer Geschichte, so steht das benachbarte Museum of Contemporary Art Kraków (MOCAK) mit Glasfassade und seinen lichtdurchfluteten offenen Räumen als Sinnbild für Gegenwart und Zukunft. Es zeigt eine der umfangreichsten Sammlungen polnischer und internationaler Gegenwartskunst im Lande. Zu diesem Zweck wurden sechs Hallen der ehemaligen Emaillefabrik von dem italienischen Architekten Antonio Nardi umgebaut und um einen modernen Anbau erweitert. Sein Entwurf gibt der nüchternen Industriearchitektur eine mediterrane Leichtigkeit.

»Kunst macht frei« – mit dieser provokativen Installation des polnischen Künstlers Grzegorz Klaman im Eingangsbereich der Ausstellungsräume nahm das Museum nicht nur Bezug auf die jüngere Geschichte, der man sich am historischen Ort nicht entziehen kann und will, sondern verdeutlichte zugleich den Anspruch, ein Ort für die Freiheit der Kunst zu sein. Und so bieten einige der ausgestellten Arbeiten immer wieder auch Stoff für teils heftig geführte Diskussionen, wie etwa die Installation von Tomasz Bajer, die eine Zelle im Gefangenenlager Guantanamo darstellt, oder das Foto-Triptychon von Katarzyna Górna unter dem Titel

Zur Ausstellung des MOCAK gehört auch diese Foto-Installation des Schweizer Künstlers Beat Streuli.

»Fuck me, fuck you, peace«, das nackte Frauen in unterschiedlichen Lebensphasen und eindeutigen Posen zeigt. Zu den inzwischen auf mehr als 4000 Werke angewachsenen Sammlung gehören Arbeiten von hoch gehandelten polnischen Künstlern wie Paweł Althamer, Katarzyna Kozyra oder Wilhelm Sasnal, aber auch von internationalen Größen wie dem Chinesen Ai Weiwei. In wechselnden Ausstellungen werden Teile der Sammlung präsentiert, daneben sind mehrere temporäre Ausstellungen zu sehen.

Auch ein Gang in den Museumsshop lohnt. Zwar sind dort die meisten Bücher nur in polnischer oder englischer Sprache verfügbar, eine Ausnahme ist jedoch das Buch »Wilhelm Brasse. Fotograf«. Es zeigt Aufnahmen, die Brasse im Auftrag der Gestapo ab 1940 von den Häflingen für die Lagerkartei anfertigen musste.

KLEINE PAUSE

Relaxen können Sie nach dem Museumsrundgang auf bequemen Sofas im modern eingerichteten **Café Mocak** oder zwischen Requisiten und Dokumenten aus dem Film »Schindlers Liste« im **Filmcafé** des Historischen Museums.

✚ 210 C2/3 ✉ ul. Lipowa 4 🚊 Tram 3, 19, 24 (Pl. Bohaterów Getta); Tram 6, 11, 13, 23 (ul. Limanowskiego); Tram 9, 20, 50 (Zabłocie)

Fabryka Schindlera
☎ 12 2 57 10 17 🌐 www.mhk.pl ⏰ April bis Okt. Mo 10–16, Di–So 9–20, Nov.–März Mo 10–14, Di–So 10–18 Uhr 💰 24 Zł, Mo frei

MOCAK
☎ 12 2 63 40 00 🌐 www.mocak.pl
⏰ Di–So 11–19 Uhr 💰 14 Zł, Di frei

SCHINDLER-FABRIK

㊻ Cricoteka

Was?	Museum und Dokumentationszentrum zum Theaterschaffen von Tadeusz Kantor
Warum?	Die kühne Architektur gehört zu Krakaus Top-Fotomotiven.
Wann?	Richtig voll ist es dort selten.
Wie lange?	Eine knappe Stunde
Was noch?	Aus dem Café im 4. Stock den Weichselblick genießen
Resümee	Wow!

Ein mächtiges Objekt aus Stahlbeton, von korrodiertem und perforiertem Stahl ummantelt, legt sich über das alte Gebäude eines E-Werks am Weichselufer. Trotzig reckt sich der Turm des kleinen Fabrikgebäudes zwischen den beiden Flügeln des Neubaus hindurch. Sonnenlicht strahlt tagsüber durch viele Tausend Löcher nach innen, abends lässt das Licht aus den Innenräumen die Hüllen des Baukörpers erstrahlen.

Zwei Krakauer Architekturbüros haben sich bei ihrem Museums-Entwurf von einer Bleistiftzeichnung Tadeusz Kantors – ein gebückter Mann transportiert einen Tisch – inspirieren lassen. Den imaginären Tisch ritzten sie an einer Seite ein und luden das nun V-förmige Konstrukt dem alten E-Werk auf den Rücken. In den beiden langen Armen des Stahlkörpers sind die Ausstellungshallen untergebracht, die über das Foyer im Untergeschoss erreichbar sind.

Würdigung eines großen Dramatikers

Die neue Cricoteka wurde Ende 2014, rechtzeitig vor dem 100. Geburtstag von Tadeusz Kantor, eröffnet und widmet sich dessen künstlerischem Werk. Kantor, 1915 in einem kleinen galizischen Dorf geboren, leitete zur Zeit der deutschen Besatzung ein Untergrundtheater in Krakau und gründete dort 1955 sein Theater »Cricot 2«. Seine experimentellen und bildgewaltigen Theaterstücke dirigierte und variierte er selbst auf der Bühne. Kantor wurde zu einem der wichtigsten Theatermacher Polens, von den Herrschenden kritisch beäugt und im Ausland gefeiert. Auch als Maler und Theaterkritiker trat Tadeusz Kantor hervor. Kurz vor der Uraufführung seines letzten Stückes, »Heute ist mein Geburtstag«, starb er im Dezember 1990 während einer Probe.

Schon 1980 hatte Kantor die Cricoteka als Sitz seines Theaters und als Archiv für seine zahlreichen Bühnenobjekte und Requisiten in der Altstadt gegründet. Diese umfangreiche Sammlung hat jetzt ihren Platz in dem Ausstellungszentrum an der Weichsel gefunden. Besucher dürfen sich in den großzügig gestalteten Räumen selbst wie auf einer Bühne fühlen und können so die Wirkung der Requisiten hautnah erleben. Zu sehen sind Hunderte von Objekten und Kostümen, Film- und Videoaufnahmen sowie Skizzen und theoretische Entwürfe Kantors. In sieben Stationen wird sein künstlerisches Leben nacherzählt – vom Untergrundtheater bis zum »Theater des Todes«.

Das Kulturzentrum bietet auch Raum für wechselnde Ausstellungen zeitgenössischer Kunst, wird für Theateraufführungen genutzt und beherbergt ein Bildungszentrum sowie eine Bibliothek.

Von außen ein spektakulärer Hingucker, bietet die Cricoteka im Innern großzügige Ausstellungsflächen, auf denen auch ganze Bühnenkulissen Kantors präsentiert werden.

KLEINE PAUSE
Eine schöne Aussicht genießen Sie vom **Crico Café** im vierten Stock der Cricoteka. Durch die perforierte Außenhaut des Gebäudes fällt der Blick Richtung Weichsel und zum Wawel.

✝210 A2 ✉Nadwiślańska 2–4
☎12 4 42 77 70 ⊕www.news.cricoteka.pl
🕒Di–So 11–19 Uhr ₽10 Zł, Di frei

🚋Tram 3, 19, 24 (Pl. Bohaterów Getta);
Tram 6, 8, 11, 13, 19, 23 (Korona)

CRICOTEKA   151

㊼ Krakauer Getto
(Getto krakowskie)

Was?	Ein Ort des Martyriums
Warum?	Um im Gedenken an die ermordeten Juden die wenigen Spuren zu finden, die vom Getto übrig geblieben sind.
Wann?	Jederzeit
Wie lange?	Ein Spaziergang durchs Viertel dauert etwa eine Stunde.
Resümee	Gegen das Vergessen

Nachdem die deutschen Truppen Krakau am 6. September 1939 erobert hatten, gaben die Nationalsozialisten schnell das Ziel aus, Krakau »judenfrei« zu machen. Schon ab Mitte 1940 mussten Zehntausende Juden zwangsweise die Stadt verlassen. Am 6. März 1941 wurde die Einrichtung eines Gettos im Stadtteil Podgórze verfügt. Es entstand auf einer Fläche von etwa 400 × 600 m zwischen dem Rynek Podgórsky und dem Plac Zdody, dem heutigen Plac Bohaterów Getta (»Platz der Getto-Helden«). Wo früher etwa 3000 Menschen lebten, wurden nun bis zu 18 000 Juden eingepfercht. Die nicht jüdischen Bürger mussten das Gebiet verlassen.

Eine Mauer in Form von Grabsteinen
Eine hohe Mauer, die an die Form jüdischer Grabsteine erinnerte, umgab das Getto. Es zu verlassen, war unter Androhung der Todesstrafe verboten. Die Menschen wurden zur Arbeit in Fabriken innerhalb oder außerhalb des Gettos gezwungen, Lebensmittel waren streng rationiert, für Ordnung sollte ein Judenrat sorgen. Ab Mai 1942 wurden Tausende Menschen, vor allem Alte, Kranke, Frauen und Kleinkinder, in das Vernichtungslager nach Belzec transportiert. Hunderte Bewohner fanden bei Massakern durch die SS den Tod. Am 13. und 14. März 1943 wurde das Getto liquidiert. Die Arbeitsfähigen wurden ins Lager Płaszów (S. 158) gebracht, die übrigen nach Auschwitz deportiert oder vor Ort erschossen.

Kaum etwas erinnert heute noch an diese entsetzliche Geschichte. Hinter einer Grundschule in der ul. Limanowskiego

Das Mahnmal »Scheinbar leere Stühle« von Piotr Lewicki gedenkt der Krakauer Juden, die vom Plac Bohaterów Getta aus in die Vernichtungslager transportiert wurden.

62 blieb ein kleiner Rest der ehemaligen Gettomauer erhalten, ebenso an der ul. Lwowska 25 bis 29. Seit 1983 erinnert dort eine Gedenktafel an die Getto-Bewohner: »Hier haben diese gelebt und gelitten und sind von den Nazi-Henkern ermordet worden.« Schilder an Gebäuden weisen darauf hin, dass sich zur Zeit des Gettos dort jüdische Einrichtungen befanden. So gab es in der ul. Józefińska Nr. 12 ein jüdisches Waisenhaus und gleich daneben in Nr. 14 das Jüdische Krankenhaus. Eine Gedenktafel am Haus ul. Piwna 27 erinnert seit 1948 daran, dass sich dort Mitglieder der »Żydowska Organizacja Bojowa«, der »Jüdischen Kampforganisation«, trafen, die verschiedene Sabotageakte ausführten. Viele ihrer Mitglieder wurden von der Gestapo gefasst und ermordet.

Der Regisseur und der Apotheker
Seit Ende 2005 stehen 70 Stühle auf dem Plac Bohaterów Getta für das Schicksal der vielen Tausend Juden, die von dort in die Vernichtungslager transportiert wurden. Zu den ersten Spendern für die Installation von Piotr Lewicki gehörte der Regisseur Roman Polański, der mit seinen Eltern selbst im Getto von Podgórze lebte. Polańskis Mutter wurde in Auschwitz ermordet, sein Vater überlebte den Krieg im Konzentrationslager Mauthausen, er selbst konnte bei der Liquidierung des Gettos fliehen und sich bei polnischen Familien bis Kriegsende verstecken.

Der einzige nicht jüdische Bürger, der zur Zeit des Gettos dauerhaft in Podgórze leben durfte, war Tadeusz Pankiewicz. Er riskierte sein Leben, um den jüdischen Bewohnern zu helfen und schrieb später ein Buch über die Gräueltaten, die er erlebte. In seiner Apteka pod Orłem, der Apotheke zum Adler, erinnert eine kleine Ausstellung an sein Engagement und an das Schicksal der jüdischen Bürger Krakaus.

KLEINE PAUSE
Der vielfältigen Küche des ehemaligen Vielvölkerstaats Galizien widmet sich das kleine Restaurant **Galicja Po Kolei** in der ul. Lwowska 4 (S. 160).

✢ 210 B/C1 ✉ Pl. Bohaterów Getta 18
☎ 12 6 65 56 25 ⊕ www.mhk.pl
❶ Mo 10–14, Di–So 9–17 Uhr

✦ 10 Zł (Mo frei)
🚋 Tram 3, 19, 24 (Pl. Bohaterów Getta)

Nach Lust und Laune!

48 Museum der japanischen Kunst und Technik Manggha (Muzeum Sztuki i Techniki Japońskiej Manggha)

Den Wellen des Flusses ist das Dach des 1994 entstandenen Kunstmuseums an der Weichsel nachempfunden. Es beherbergt die umfangreiche Sammlung japanischer Kunst, die Feliks »Manggha« Jasieński 1920 dem Krakauer Nationalmuseum gestiftet hatte. Rund 70 Jahre später wurde der Wunsch des Stifters erfüllt, dafür einen besonderen Platz zu schaffen. Finanziell gefördert wurde das Projekt durch den Filmemacher Andrzej Wajda, der als junger Mann über die Sammlung von Jasieński erstmals mit japanischer Kunst in Berührung kam. Wajda überließ später auch sein eigenes umfangreiches Archiv dem Museum. Gezeigt werden dort wechselnde Ausstellungen zu Kunst und Design aus Fernost. Auf dem Museumsgelände befindet sich

Organische Formen prägen das Manggha-Museum.

auch die einzige japanische Schule Polens. Von der Terrasse des Café Manggha können Sie bei Sushi und japanischem Tee den Blick auf den Wawel genießen (Di–So 10–17 Uhr).

> 208 A3 M. Konopnieckiej 26
> ☎ 12 2 67 27 03 www.manggha.pl
> Di–So 10–18 Uhr 20 Zł, Di frei
> Tram 6, 8, 18, 70, 73 (Wawel; 10 Min. Fußweg); Bus 124, 144, 164, 169, 173, 179, 194, 229, 304, 424, 608 (Konopnieckiej)

49 ICE Kraków Congress Centre

Der moderne Bau des ICE Kraków (Abb. nächste Seite) setzt mit seiner geschwungenen und gepixelten Fassade sowie seinen großen Fensterfronten einen städtebaulichen Akzent im Süden Krakaus.

Das nahe der Weichsel gelegene und Ende 2014 eröffnete Gebäude erwies sich als Magnet, entstanden doch in seinem direkten Umfeld mehrere neue Business-Hotels. Das neue Gebäude bietet nicht nur Platz für große Konferenzen, sondern wird auch für Konzerte, Modenschauen, Messen, Ausstellungen oder große Banketts genutzt.

> 208 A2 M. Konopnieckiej 17
> ☎ 12 3 54 23 00 www.icekrakow.com
> Tram 12, 18, 22, 52, 62 (Centrum Kongresowe)

50 Weichselufer (Brzeg Wisły)

Für einen entspannten Spaziergang bieten sich die Boulevards beiderseits der Weichsel an. Am südlichen

Der Glaspalast des ICE entwickelte sich rasch zum Publikumsmagneten.

Ufer geht es eher ruhiger zu als im Bereich des Wawels. Eine Ausnahme ist der belebte Bereich am Forum Przestrzenie (S. 161). Der 2013 entstandene Club ist einer der In-Plätze der Krakauer Studenten. Ein paar Schritte weiter kann man wieder die Ruhe genießen. Wer mit dem Fahrrad unterwegs ist, kann den Ausflug am Fluss entlang bis zum Stadtrand und weiter bis zum Kloster von Tyniec (S. 175) fortsetzen.

> ✞ 209 E1 🚋 Tram 6, 8, 11, 13, 19, 23 (Korona); Tram 12, 18, 22, 52, 62 (Centrum Kongresowe)

51 Museum Podgórza (Muzeum Podgórza)

Eine neue Filiale des Krakauer Historischen Museums widmet sich seit 2018 der Geschichte des Stadtteils Podgórze. In einer Dauerausstellung wird gezeigt, wie aus einer ehemaligen landwirtschaftlichen Siedlung zur Zeit der Habsburger eine eigenständige Stadt und diese später ein Teil von Krakau wurde. Der im späten 18. Jh. erbaute Gasthof von St. Benediktem wurde für die Zwecke des Museums umgebaut.

> ✞ 210 C1 ✉ Limanowskiego 51
> ☎ 12 4 22 42 19 ⊕ www.mhk.pl
> 🚌 3, 6, 11, 13, 24 (Cmentarz Podgórski)

52 Kirche und Fort St. Benedikt (Kosciół i fort św. Benedykta)

Auf dem Krzemionki-Höhenzug, der Podgórze nach Süden begrenzt, erbauten Benediktiner-Mönche im 12. Jh. eine kleine romanische Kirche.

Über ihre Anfangszeit ist wenig bekannt, die ursprüngliche Form ging durch spätere Umbauten teilweise verloren. Der heute barock gestaltete Innenraum ist nur einmal im Jahr zu sehen, wenn dort am Dienstag nach Ostern eine Messe stattfindet. Wenige Schritte entfernt ließen die Habsburger Mitte des 19. Jh.s eines von drei Forts errichten. Das Fort St. Benedikt blieb als einziges erhalten; der polygone Ziegelbau steht jedoch schon lange leer.

210 B1/2 Tram 3, 6, 11, 23, 24, 69, 73; Bus 127, 158, 174, 178, 643, 669 (Powstańców Wielkopolskich)

53 Galeria Starmach

Das Ende des 19. Jh.s erbaute kleine Backsteingebäude mit seinen drei Giebeln und großen Fensterfronten war einst ein jüdisches Bethaus, wurde zur Zeit der deutschen Besatzung in ein Kaufhaus umgewandelt und diente später als Fabrik. Seit 1996 nutzen es die Kunstsammler Teresa und Andrzej Starmach als Galerie. In dem großen Ausstellungsraum werden in wechselnden Ausstellungen zeitgenössische polnische und internationale Künstler präsentiert. Jedes Jahr im Mai wird dort der »Krakauer Fotomonat« eröffnet.

210 A1 Węgierska 5
12 6 56 49 15 www.starmach.com.pl
Mo-Fr 9–18 Uhr frei Tram 6, 8, 11, 13, 19, 23 (Korona); Tram 6, 11, 13, 23 (ul. Limanowskiego)

54 Marktplatz von Podgórze (Rynek Podgórski)

Märkte finden auf dem dreieckigen, gepflasterten Platz nur noch selten statt, z. B. vor Weihnachten. Sehenswert ist das ehemalige Magistratsgebäude am Rynek Podgórski 13. Dort war das stattliche Wohnhaus Pod Czarnym Orłem (»Zum Schwarzen Adler«) 1844/45 im Stil des Historismus zum Sitz des Magistrats der damals selbstständigen Stadt ausgebaut worden. Während der Zeit des Gettos hatte dort der Judenrat seinen Sitz. Heute beherbergt es Teile der Krakauer Stadtverwaltung. An der Südseite des Platzes erhebt sich die 1905 bis 1909 im Stil der Neogotik errichtete St.-Josephs-Kirche (Kościół św. Józefa).

209 E/F1 Rynek Podgórski
Tram 6, 8, 11, 13, 19, 23 (Korona)

55 Krak-Hügel (Kopiec Krakusa)

Der 16 m hohe Hügel mit 57 m Durchmesser ist verbunden mit den Legenden um den mystischen König Krak, den Urvater Krakaus. Sogar nach dessen Grab suchte man dort schon. Nach seriösen archäologischen Forschungen soll der künstliche Hügel spätestens zwischen dem 7. und 10. Jh. entstanden sein. Der mystische Ort wird nachts zum beliebten Treffpunkt junger Leute, die bei einer Pause zwischen den Partys den Blick auf die leuchtende Stadt genießen.

NACH LUST UND LAUNE!

⛪ 210 südl. C1 🚋 Tram 3, 6, 11, 23, 24, 69, 73; Bus 127, 158, 174, 178, 643, 669 (Powstańców Wielkopolskich)

56 Deutsches nationalsozialistisches Konzentrationslager Płaszów (Niemiecki nazistowski obóz koncentracyjny Płaszów)

Im Sommer 1940 entstand in Płaszów im Süden Krakaus ein Zwangsarbeiterlager, das später in ein Konzentrationslager umgewandelt wurde. Zeitweise lebten hinter den schwer bewachten Hochspannungszäunen bis zu 25 000 Menschen. Tausende kamen durch Hunger, schwere Arbeit, Misshandlungen oder Hinrichtungen ums Leben, viele wurden in andere Vernichtungslager deportiert. Nur etwa 2000 Menschen überlebten die Evakuierung des Lagers, an das heute wenig erinnert. Die hölzernen Baracken sind verschwunden, Reste der Zäune und die mit Grabsteinen gepflasterte Lagerstraße waren lediglich Requisiten von Filmaufnahmen für »Schindlers Liste« (S. 147). Nachbarn führen ihre Hunde hier aus.

Der für seine Grausamkeit berüchtigte Lagerkommandant Amon Göth wurde 1946 in Krakau hingerichtet. Seine inzwischen aufwendig umgebaute Villa steht zwischen anderen Wohnhäusern in der ul. Heltmana 22. Auch das benachbarte »Graue Haus« in der ul. Jerozolimska 3, dessen Kellerräume einst als Gefängnis und Folterstätte dienten, blieb erhalten und dient als normales Wohnhaus. Auf dem Gelände des ehemaligen KZ erinnern mehrere Denkmale und ein großes Holzkreuz an den früheren Terror.

⛪ 210 südl. C1 🚋 Tram 3, 6, 11, 13, 23; Bus 107 143, 243, 643, 669 (Dworcowa; 10 Min. Fußweg durch die ul. Abrahama zur ul. Hetmana)

Vom legendenumwobenen Krak-Hügel eröffnet sich ein weiter Blick auf Krakau.

Magischer Moment

Ein Tag am See

Fast kerzengerade fallen die Kalksteinwände herab, unten wechselt das Wasser zwischen sanftem Türkis und sattem Blau. Nur wenige Tram-Stationen vom Zentrum entfernt wirkt Krakau plötzlich unendlich weit weg. Der ehemalige Steinbruch von Zakrzówek ist ein beliebtes Naherholungsgebiet. Doch selbst im Hochsommer finden Sie ein ruhiges Fleckchen. Genießen Sie ein schönes Stück Krakau abseits der ausgetretenen Touristenpfade, während die Sonne Ihren Körper und Ihr Herz erwärmt.
Tram 11 und 23 ab Podgórze bis Norymberska

Wohin zum ... Essen und Trinken?

Preise für ein Hauptgericht (ohne Getränke):
€ bis 45 Zł
€€ 45–90 Zł
€€€ über 90 Zł

RESTAURANTS

Emalia Zabłocie €€
Das moderne Café und Bistro befindet sich unweit von Schindlers Fabrik in einem alten Fabrikgebäude. Kleine Karte mit Burger, Pasta und Salaten.
✢210 östl. C3 ✉Romanowicza 5/9a
☎578 36 43 76 @www.emaliazablocie.pl
● Mo-Fr 9.00-22.00, Sa/So 10.00-22.00 Uhr

Euskadi €€
Das kleine Restaurant mit spanisch-baskischer Küche serviert fantasievolle Tapas mit guter Auswahl an Fisch und Meeresfrüchten. Dazu gibt's die passenden spanischen Weine.
✢209 E1 ✉Brodzińskiego 4 ☎535 48 40 56
● So-Do 12-22, Fr/Sa 12-22.30 Uhr,
Sa & So 12-22 Uhr

Galicja Po Kolei €
Das eher unscheinbare Restaurant hat sich auf traditionelle Gerichte aus dem ehemaligen Habsburger Reich spezialisiert. Neben Wiener Schnitzel gibt es Nationalgerichte aus Ungarn, Rumänien, der Ukraine und Polen zu einem fairen Preis.
✢210 B2 ✉Lwowska 4 ☎12 2 96 24 13
@www.galicjapokolei.pl ● Mo-Fr 11-21,
Sa & So 12-22 Uhr

Makaroniarnia €
Mit rohen Wänden und alten Fotos aus Bella Italia wirkt das Makaroniarnia einladend und gemütlich. So unaufdringlich wie die Einrichtung und der Service sind auch die Gerichte: preisgünstige Pizza oder Pasta sowie eine Auswahl von Fisch- und Fleischgerichten.
✢209 E1 ✉Brodzińskiego 3
☎12 4 30 01 47 @www.makaronarnia.com
● So-Do 10-22, Fr/Sa 10-23 Uhr

Manzana €
Tex-Mex und Pizza, preiswert und gut in einem Teil der ehemaligen Schokoladenfabrik Optima. Schöner Sommergarten.
✢210 A1 ✉Krakusa 11 ☎514 78 68 13
● Di-Fr 10-22, Sa & Mo 12-22, So 12-21 Uhr

Restauracja Ogniem i Mieczem €€
Der Name »Mit Feuer und Schwert« verweist auf einen Roman des Literaturnobelpreisträgers Henryk Sienkiewicz, der im 17. Jh. spielt. Aus dieser Zeit stammen auch die Rezepte der deftigen Gerichte, die dort serviert werden. Wie die Kulisse für einen Historienfilm wirken die Galerieräume mit massiven Holzbalken, langen Holztischen und großem offenen Kamin. Unbedingt den Honigwodka probieren.
✢209 südl. D1 ✉Pl. Serkowskiego 7
☎12 6 56 23 28 @www.ogniemimieczem.pl
● Mo-Sa 12-23.30, So 12-22 Uhr

Tao €€
Suchen Sie eine Abwechslung zu polnischen Gerichten und der allgegenwärtigen Pizza? Dann probieren Sie die traditionellen japanische Teppanyaki-Gerichte, Sushi oder Thai-Curry im Restaurant Tao, alles frisch und köstlich zubereitet. Im Sommer genießt man den Abend im Garten, im Winter vor dem Kamin. Tipp: Entspannen Sie vorher bei einer Thai-Massage im Tao Spa.
✢209 E1 ✉Józefińska 4 ☎725 88 03 04
@www.taogarden.pl ● So-Do 12-22,
Fr & Sa 12-23 Uhr

Zabłocie 13 €€
Ein Kleinod im Industrieviertel Zabłocie ist das gleichnamige Restaurant. Das kleine Gebäude mit seinen hölzernen Fensterläden und Dachgauben wirkt gemütlich, die Einrichtung ist zeitlos modern. Die Speisekarte lädt Sie ein zu einer Reise um die Welt und umfasst polnische Speisen ebenso wie mediterrane Gerichte oder Burger.
✢210 B3 ✉Zabłocie 13 ☎509 21 50 38
@www.zablocie13.pl ● tägl. 10-22 Uhr

ZaKładka Food & Wine €€
Das Bistro mit drei Galerieräumen ist in einem der schönsten Barockbauten des Viertels

untergebracht. Die Atmosphäre ist entspannt, der Service gut und auf der Karte finden sich Klassiker der französischen Küche wie Weinbergschnecken oder Gänseleberpastete. Dazu gibt es mehrere Sorten Champagner sowie rund 100 gut ausgewählte Weine aus allen Teilen der Welt, die man auch an der Bar genießen kann.
208 F1 ✉ Józefińska 2 ☎ 12 4 42 74 42 ⊕ www.zakladkabistro.pl ❶ Mo 17–23 (Sommer), So–Do 7–22, Fr & Sa 7–23 Uhr

Zielonym Do Góry €€
Man setzt in dem neuen Restaurant auf frische regionale Produkte. Gemüse spielt auf der ambitionierten Karte die Hauptrolle, es gibt aber auch Fisch und Fleisch.
210 B2 ✉ Lwowska 1 ☎ 572 50 34 21 ❶ Mo 17–23 (Sommer), Di–Do 12–23, Fr & Sa 12–24, So 12–22 Uhr

Zayka €
Ein modernes, unaufgeregtes Restaurant mit authentischer indischer Küche. Fisch, Fleisch und vegetarische Gerichte präsentieren sich mit angenehmer Schärfe. Werktags gibt es einen preiswerten Mittagstisch, wahlweise mit oder ohne Fleisch.
210 B1 ✉ Limanowskiego 46 ☎ 5 08 78 68 55 ⊕ www.zayka.pl ❶ Mo–Do 12–21, Fr & Sa 12–22 Uhr

KNEIPEN UND BARS

Forum Przestrzenie
Als sozialistisches Vorzeigehotel geplant und 1989 eröffnet, stand das Luxushotel Forum an der Weichsel ab 2002 mehrere Jahre leer und diente nur noch als riesige Reklamefläche. Heute ist es ein Hot Spot für hippe junge Leute in Krakau: Café, Kneipe und Club in einem. Auf schicken Sofas in der ehemaligen Lobby genießt man angesagte Softdrinks oder einen Wein, der in klassischen Bierflaschen serviert wird; im Sommer sind die Liegestühle vor dem Haus begehrt. Es gibt Frühstück bis 16 Uhr und bis spät in die Nacht Pizza; abends legt ein DJ auf.
208 B1 ✉ Marii Konopnieckiej 28 ☎ 515 54 40 97 ⊕ www.forumprzestrzenie.com ❶ tägl ab 10 Uhr

Ein Klassiker der polnischen Küche ist der deftige Barszcz (Rote-Bete-Suppe/Eintopf).

Krako Slow Wines
Wenn Ihnen zu Mittel- und Osteuropa bisher nur süßer Amselfelder einfällt, dann testen Sie einmal die edlen Tropfen aus Armenien, Georgien, Rumänien, Tschechien, der Slowakei oder aus Polen. Einige sind gar aus ökologischem Anbau. Krako Slow Wines ist Weinladen und gemütliche Bar in einem. Stärken kann man sich mit ungarischer Salami oder polnischem Bigos. Gelegentlich gibt es abends Live-Musik.
210 C2 ✉ Lipowa 6 F ☎ 669 22 52 22 ⊕ www.krakoslowwines.pl ❶ So & Mo 10–21, So–Mo 10–21, Di–Do 10–22, Fr & Sa 10–24 Uhr

Orzo €€
Pizza, Pasta und XXL-Burger gibt es in dieser angesagten ehemaligen Industriehalle gleich neben dem Museum MOCAK (S. 148). Ab 18 Uhr legt ein DJ auf, ab 23 Uhr kosten die Cocktails nur noch den halben Preis.
210 C2 ✉ Lipowa 4 a ☎ 12 2 57 10 42 ⊕ www.orzo.pl ❶ So–Do 9–24, Fr & Sa 9–1 Uhr

CAFÉS

Bal
Das Café in einer alten, etwas nüchtern eingerichteten Industriehalle im ehemaligen Industriegebiet Zabłocie ist vor allem bei jungen Kreativen der umliegenden Start-ups angesagt. Neben Kaffee und Frühstück gibt es Mittagsmenüs mit und ohne Fleisch. Beliebtes Brunchbuffet am Wochenende.
210 C3 ✉ Ślusarska 9 ☎ 7 34 41 17 33 ❶ Di–Fr 8–22, Sa 9–22, So 9–21, Mo 8–21 Uhr

Boulevard 11 Bistro & Wine
Das kleine, moderne Café im neuen Apartmentblock an der Weichsel ist bei den Angestellten der umliegenden Büros und Besuchern der Cricoteka geschätzt. Schon früh am Morgen gibt es guten Kaffee und eine kleine, aber feine Auswahl an Speisen zum Frühstück, mittags Suppen, Salate und andere kleine Speisen sowie hausgemachten Kuchen.
✣ 210 A2 ✉ Nadwiślańska 11 ☎ 512 43 73 77 ⏰ Mo-Do 8-20, Fr 8-21, Sa & So 9-21 Uhr

Cawa
Ein gemütliches Café mit Außenterrasse. Morgens wird ein gutes Frühstück serviert, tagsüber einige wenige, aber umso leckerere Gerichte und am Abend gibt es eine gute Auswahl an offenen Weinen oder etwas Prickelndes. Vor allem junge Leute hängen bei chilliger Musik dort gerne ab.
✣ 210 A2 ✉ Nadwiślańska 1 ☎ 12 6 56 74 56 🌐 www.cawacafe.pl ⏰ Mo-Fr 8.30-22, Sa & So 9.30-23 Uhr

Cinema Paradiso
Im wenig spektakulären Ambiente serviert das freundliche polnisch-mexikanische Besitzerpaar sehr guten Kaffee. Neben einem kleinen Frühstücksangebot gibt es ganztags Tortillas und Nachos. Abends werden im Kinosaal kostenlos Filme gezeigt, oft auf Englisch oder Spanisch oder mit englischen Untertiteln.
✣ 209 südl. E1 ✉ Pl. Niepodległości 1 ☎ 12 2 96 36 96 ⏰ So-Mi 12-1, Do 12-2, Fr 12-3, Sa 8-3 Uhr

Klubokawiarnia Kącik 6
Das kleine alternative Café ist ein guter Stopp auf dem Weg zur Schindler-Fabrik (S. 146). Neben verschiedenen Kaffeespezialitäten gibt es kleine Gerichte wie Wraps, Burger oder Piroggen.
✣ 210 B2 ✉ Kącik 6 ☎ 6 02 76 10 54 ⏰ tägl. 10-24 Uhr

Nad&Greg
In französisch-belgischer Gemeinschaftsarbeit wird alles mit frischen Zutaten selbst gemacht – von Croissants über Macarons bis zu den Kuchen. Schöne Adresse fürs Frühstück oder den Nachmittagskaffee.
✣ 209 E1 ✉ Rynek Podgórski 11 ☎ 506 33 96 83 ⏰ Mo-Fr 7.30-20, Sa & So 8.30-20 Uhr

Stopkladka
Das hübsche Café ist besonders bei Kindern beliebt, die hier u. a. an regelmäßig angebotenen Schokoladenworkshops teilnehmen können. Erwachsene schätzen den guten Kaffee und den vorzüglichen Apfelkuchen.
✣ 209 E1 ✉ Brodzińskiego 8 ☎ 796 05 20 70 ⏰ Mo-Fr 8.30-22, Sa/So 9-22 Uhr

Wohin zum … Einkaufen?

Die südlichen Stadtviertel haben keine typischen Bummel- und Shoppingmeilen. Es gibt verstreut einige Perlen, die man gezielt ansteuern muss – um dann mit Unikaten von polnischen Designern oder Modemachern im Gepäck wieder abzureisen.

GLAS UND PORZELLAN

Im Centrum Szkła i Ceramiki (Zentrum für Glas und Keramik, ul. Lipowa 3, www.lipowa3.pl, Mo-Fr 9-17, Sa 10-15 Uhr) gegenüber der Schindler-Fabrik (S. 146), können Sie Glasbläsern bei der Arbeit zuschauen, Glas- und Keramikausstellungen besichtigen sowie Mitbringsel aus Glas und Keramik erwerben.

Was auf den ersten Blick wie ein eingedrückter Pappbecher wirkt, ist aus Porzellan gefertigt und gehört zum Repertoire der Manufaktura Porcelany (Porzellanmanufaktur, ul. Węgierska 7/2, www.manufaktura porcelany.pl). Dort gibt es auch originelle Tassen, Schalen oder Salzstreuer sowie Ohrsticker aus Porzellan. Besichtigung nach Anmeldung bei der Besitzerin Liliana Sztybel unter Tel. 880 50 94 14.

KULINARISCHES

Auf dem Targ Pietruszkowy (ul. Kalwaryjska 9-15; Tram Korona, www.targpietruszkowy.pl) bieten samstags von 8-13 und mittwochs von 14–18 Uhr kleine regionale Produzenten, darunter auch zahlreiche Öko-Betriebe, ihre Lebensmittel an. Verkauft werden Fleisch und Wurst, Obst und Gemüse sowie Käse, Wein, Säfte und Marmeladen.

Suchen Sie eine Alternative zu Weinen aus Italien oder Spanien? Dann stöbern Sie doch mal im Weinladen Winnacja von Paweł Woźniak (ul. Lipowa 6 e, www.winnacja.pl, Mo-Fr 10–19, Sa bis 17 Uhr). Er bietet eine große Auswahl von Qualitätsweinen meist von kleineren Betrieben in Armenien, Georgien, Moldawien, Rumänien, Polen sowie aus weiteren Ländern Mittel- und Osteuropas. Die Weine können Sie dort auch probieren.

MODE UND DESIGN

Schicke Damenmode und Acessoires von bekannten polnischen Modedesignern werden im Showroom an der ul. Solna 1 präsentiert (www.solna1.pl, Tel. 8 83 77 32 51, Mo-Fr 10-20, Sa 10-16 Uhr).

Auf polnisches Design hat sich Rzecy Same spezialisiert. In der ul. Nadwiślańska 11 finden Sie Produkte aus Glas oder Porzellan, Schmuck, Textilwaren und Spielzeug (Mo-Fr 11-20, Sa 10-20 Uhr).

Wohin zum ... Ausgehen?

Am südlichen Weichselufer gab es wenig Orte für abendliche Unterhaltung. Das hat sich mit der Eröffnung des modernen ICE Kraków (S. 155) geändert.

MUSIK

Centrum Kultury Podgórza

Das Kulturzentrum von Podgórze organisiert Ausstellungen und Konzerte. Fester Programmpunkt sind Klassikkonzerte, die mittwochs, in der Regel ab 18 Uhr, am Hauptsitz in der ul. Sokolska 13 stattfinden. Das Kulturzentrum organisiert auch die Sommerkonzerte, die im Juli und August immer sonntags ab 16 Uhr in der Kirche św. Józefa in der ul. Zamojskiego 2 stattfinden.

✢ 209 E1 ✉ Sokolska 13 ☎ 12 6 56 36 70
⊕ www.ckpodgorza.pl

Drukarnia

Die Drukarnia ist Trendsetterin in Krakau. Ursprünglich in einer alten Druckerei in der Altstadt gegründet, gehörte sie später zu den ersten Adressen in Kazimierz und zog danach ans andere Ufer der Weichsel nach Podgórze. Das Konzept ist geblieben: tagsüber ein gemütliches Café, abends eine gänzlich unaufgeregte Kneipe. Im großzügigen Kellergeschoss wird vorzugsweise Jazzmusik gespielt, an Wochenenden gibt es Tanzpartys.
✢ 209 F1 ✉ Nadwiślańska 1 ☎ 12 6 56 65 60
⊕ www.drukarniaclub.pl ⊙ tägl. ab 10 Uhr

ICE Kraków

Seit seiner Eröffnung Ende 2014 ist das ICE Kraków auch zu einem der wichtigsten Veranstaltungsorte avanciert. In dem für seine gute Akustik geschätzten Hauptsaal standen Stargeiger Nigel Kennedy, der Tenor Roman Vargas oder die Fado-Sängerin Mariza auf der Bühne. Opern, Ballette und Musicals werden vor bis zu 1800 Zuschauern aufgeführt. Außerdem finden dort Konzerte im Rahmen des Sommer-Jazz-Festivals oder des Festivals Sacrum Profanum statt.
✢ 208 A2 ✉ Marii Konopnieckiej 17
☎ 12 3 54 23 00 ⊕ www.icekrakow.pl
🚋 Tram 12, 18, 22, 52, 62 (Centrum Kongresowe)

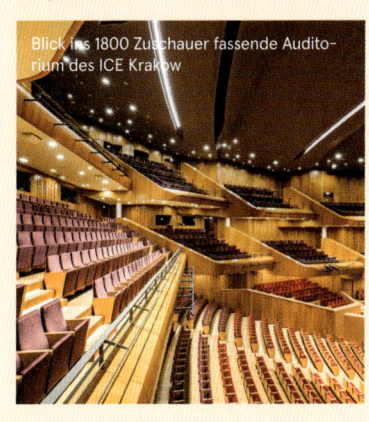

Blick ins 1800 Zuschauer fassende Auditorium des ICE Kraków

Der Besuch von Kloster Tyniec lässt sich wunderbar mit einer Bootsfahrt auf der Weichsel und einem Ausflug ins Grüne verbinden.

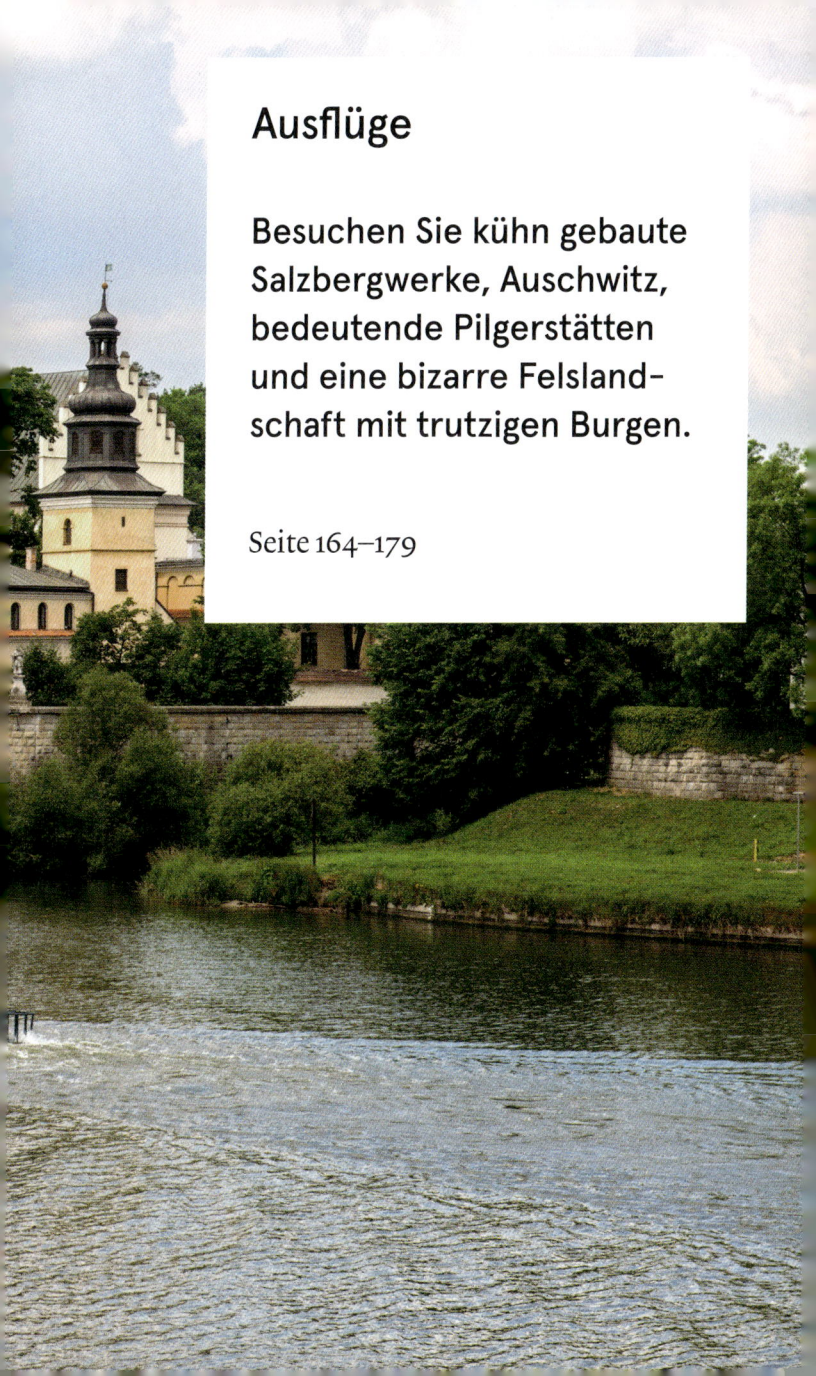

Ausflüge

Besuchen Sie kühn gebaute Salzbergwerke, Auschwitz, bedeutende Pilgerstätten und eine bizarre Felslandschaft mit trutzigen Burgen.

Seite 164–179

Ausflüge

Gleich mehrere Welterbestätten befinden sich in der Woiwodschaft Małopolska (Kleinpolen). Vor den Toren Krakaus erstreckt sich zudem der kleinste Nationalpark Polens mit ungewöhnlichen Felsformationen.

Jahrhundertelang wurden in den Salzbergwerken von Wieliczka und Bochnia das weiße Gold der Woiwodschaft abgebaut. Heute zeugen die zum UNESCO-Weltkulturerbe vom Erfindergeist und Ehrgeiz früherer Generationen. Die Schattenseiten menschlicher Existenz erlebt man hingegen im früheren nationalsozialistischen Konzentrationslager Auschwitz-Birkenau, das ebenso zum Welterbe gehört wie der Kalvarienberg von Kalwaria Zebrzydowska.

Mit dem Rad oder einem Gondelboot gelangen Sie zum Benediktinerkloster von Tyniec an der Weichsel, wo Sie die leckeren Klosterprodukte probieren können. Mittelalterliche Burgen erleben Sie auf der »Route der Adlerhorste« durch das Krakau-Tschenstochauer Jura. Die Natur formte dort außergewöhnliche Kalkstein-Formationen, die Kletterer magisch anziehen.

Salzbergwerke von Wieliczka und Bochnia

Was?	Denkmäler der Industriegeschichte
Warum?	Um zu verstehen, warum Salz einst so wertvoll war.
Wann?	Jederzeit ... der Andrang ist gleichbleibend groß, in Bochina geht es meistens etwas ruhiger zu.
Wie lange?	Die Führung entlang der Touristenroute von Wieliczka dauert rund drei Stunden.
Resümee	Die Jagd nach dem weißen Gold

In den Untergrund von Wieliczka und Bochnia gruben die Menschen seit dem 13. Jh. unzählige Kammern und endlose Gänge und förderten Salz, das einst so wertvoll war wie Gold, aus einer Tiefe von bis zu 340 m mühsam nach oben. Sie hinterließen dabei eine bizarre unterirdische Welt, in der Besucher heute feiern und sogar übernachten können.

Mit einem »Szczęść Boże« (»Grüß Gott«) empfängt der Guide in Bergmannsuniform seine Gäste, dann geht es gemeinsam die ersten 380 Stufen hinab. Auf verschlungenen Wegen führt die rund 3 km lange Tour immer tiefer, vorbei an unterirdischen Seen, alten Bergbaugerätschaften und

Generationen von Bergleuten schufen die prachtvolle, vollständig aus Salz bestehende Kinga-Kapelle.

Skulpturen, die Bergleute im Laufe der Jahrhunderte aus dem Salz gehauen haben. Manchmal wechseln sich die Gruppen dabei in einzelnen Kammern im Minutentakt ab, denn das Salzbergwerk Wieliczka wird jährlich von fast 2 Mio. Menschen besucht und ist damit eine der größten Touristenattraktionen Polens.

Schon Goethe war in Wieliczka

Seit 1978 gehört das Bergwerk zum Weltkulturerbe der UNESCO. Doch schon zuvor war es eine Attraktion. Im Jahr 1790 kam Johann Wolfgang von Goethe zu Besuch. Eine aus Salz geformte Statue des Dichterfürsten vor der Kammer Weimar erinnert daran. Die schönste der unterirdischen Kammern ist die Kapelle der heiligen Kinga (Kunigunde), 54 m lang, 18 m breit und 12 m hoch ist sie. Vom Fußboden über die kunstvoll gestalteten Altäre bis zu den prächtigen Kronleuchtern ist alles aus reinem Salz. Salzreliefs zeigen Szenen aus dem Alten und Neuen Testament, auch Leonardo da Vincis »Letztes Abendmahl« wurde detailgenau nachgebildet. Bis heute werden in der Kapelle heilige Messen gefeiert, Trauungen abgehalten und Konzerte veranstaltet.

Am Ende der Bergmannsroute können Sie selbst erfahren, wie schwer es ist, aus dem Salzstein eine Figur zu formen und sich dabei ein kleines Andenken herstellen.

Wer es abenteuerlich mag und nicht auf Schritt und Tritt anderen Gruppen begegnen mag, wählt statt der Touristen- die Bergmannsroute. Dabei schlüpfen Sie in Bergmannskluft und erleben hautnah, wie beschwerlich die Arbeit unter Tage früher war. Im Schein der Grubenlampen bewegen Sie sich durch enge Stollen, müssen auf Leitern klettern oder durch Tunnel kriechen, riechen einen gerade ausgebrochenen Schwelbrand und erleben auf einer Vibrationsplattform, wie die Erde zu beben beginnt.

Auch Bochnia wurde Weltkulturerbe

Obwohl das nahe gelegene Salzbergwerk von Bochnia noch ein paar Jahre älter ist – schon seit 1248 wurde dort das »weiße Gold« abgebaut –, stand es lange Zeit im Schatten von Wieliczka. Das ändert sich langsam, seit auch Bochnia 2013 den UNESCO-Welterbe-Status erhielt. Zwar steht heute auch in Bochnia ein Teil der unterirdischen Gänge für Besucher offen, doch noch geht es dort etwas ruhiger zu. Wie in Wieliczka gibt es eine Tour zu den schönsten Kammern. Bunt, kurzweilig und multimedial wird die Geschichte des Steinsalzabbaus erzählt. Einen Teil der Strecke legt man in der Grubeneisenbahn oder im Boot zurück; eine recht abenteuerliche Route führt bis in die ältesten Teile des Bergwerks.

Fußballspiele und Staffelläufe unter der Erde

Mit ihren gigantischen Ausmaßen ist die Kammer Ważyn in 250 m Tiefe die größte Attraktion von Bochnia. Sie ist Sportplatz, Konferenzzentrum und Schlafstätte in einem und wahlweise über eine Treppe oder eine 140 m lange unterirdische Rutsche zu erreichen. Die 2500 m² große Kammer ist das Ziel vieler Jugendgruppen. Sie spielen dort Fußball oder Basketball, tanzen unter der blinkenden Discokugel und ziehen sich dann in den Schlafsaal mit mehr als 200 Betten zurück. Auch Firmenevents und Sportveranstaltungen finden dort statt. In dem unterirdischen Salzreich gab es bereits einen Halbmarathon und jedes Jahr im März treten dort rund 60 Teams in einem zwölfstündigen Staffellauf gegeneinander an.

Tief unter der Erde finden in Bochnia und Wieliczka auch Klassikkonzerte und rauschende Silvesterbälle statt. Und weil die Luft dort besonders rein ist und das Mikroklima Hautkrankheiten oder Atemwegsbeschwerden lindert, werden in den Bergwerken Kuren angeboten. Sogar unterirdische Restaurants und Übernachtungsmöglichkeiten gibt es.

Bochnia und Wieliczka können Sie per Regionalzug bequem von Krakau aus erreichen; per Pkw benötigen Sie nach Bochnia (50 km östl.) ca. 45 Min., nach Wieliczka (ca. 15 km südöstl.) rund 30 Min.

Kopalnia Soli Wieliczka (Salzbergwerk Wieliczka)
ul. Danilowicza 10, 32-020 Wieliczka
12 278 73 02 ⊕ www.salzbergwerk
wieliczka.de ❶ tägl. 7.30-19.30, Nov. bis März 8-17 Uhr ✦ 59, Sommer 64 Zł; fremdsprachige Führung 89/94 Zł

Kopalnia Soli Bochnia (Salzbergwerk Bochnia)
ul. Campi 15, 32-700 Bochnia
14 615 24 60 ⊕ www.salzbergwerk
-bochnia.eu ❶ Mo-Fr 9.30-15.30, Sa & So 10.15-16.15 Uhr, englischsprachige Touren tägl. 13 & 15 Uhr ✦ 41 Zł, Sommer 49 Zł, englischsprachige Führung 75 Zł

Achten Sie auf festes Schuhwerk und wärmere Kleidung. Unter Tage liegen die Temperaturen zwischen 14 und 16 °C.

Ehemaliges Konzentrationslager Auschwitz-Birkenau

Was?	Das KZ ist ein Zeugnis für die mörderische Politik der Nationalsozialisten, aber auch ein Denkmal für die Stärke des menschlichen Geistes.
Warum?	Um – wenn auch nur ansatzweise – das Leid der hier ermordeten Menschen zu erahnen
Wann?	Empfehlenswert ist generell eine Online-Reservierung.
Wie lange?	Mindestens einen halben Tag
Resümee	Ein Blick in die Abgründe menschlicher Existenz

»Arbeit macht frei« steht über dem Tor zum Stammlager I, das die Nationalsozialisten im Mai 1940 in einer früheren Kaserne in der Stadt Oświęcim (Auschwitz) einrichteten. Ein zynischer Spruch – denn tatsächlich sollten die Insassen dort durch unmenschliche Arbeits- und Lebensbedingungen vernichtet werden. Mit den ersten Transporten brachte man politische Gefangene aus Polen dorthin, später vor allem Juden aus vielen Ländern Europas, aber auch Sinti und Roma sowie sowjetische Kriegsgefangene.

Für die Massendeportationen der Juden entstand ab 1941 3 km vom Stammlager entfernt das Vernichtungslager Birkenau. Wer dort nach seiner Ankunft nicht gleich in den Gaskammern ermordet wurde, musste unter härtesten Bedingungen Zwangsarbeit leisten. Mehr als 1 Mio. Menschen verloren ihr Leben. Nur rund 5800 kranke und entkräftete Häftlinge konnten im Januar 1945 von Soldaten der Sowjetarmee aus dem Lager befreit werden.

Besucher aus aller Welt werden in Auschwitz-Birkenau an die Grausamkeiten des Naziregimes erinnert.

Das Stammlager
Die bedrückende Ausstellung im Stammlager Auschwitz I zeigt die Geschichte des Lagers und

Zynische Parole am Eingang zum Stammlager I

seiner Häftlinge. Koffer, Schuhe und andere persönliche Gegenstände stehen für das Schicksal der vielen Häftlinge. Künstlerische Arbeiten, die illegal im Lager oder nach der Befreiung entstanden sind, symbolisieren Leid, Hoffnung und den Lebenswillen der Menschen. Ein Film zeigt Aufnahmen, die unmittelbar nach der Befreiung des Lagers am 27. Januar 1945 entstanden sind. Und ein Rundgang führt zu ehemaligen Zellen, zur »Todeswand«, an der die Erschießungen stattfanden, und zur ersten Gaskammer, in der die systematische Ausrottung der Juden geprobt wurde.

Das Vernichtungslager Birkenau

Von den Gaskammern und Krematorien im Vernichtungslager Birkenau blieben nur Ruinen. Die SS hatte die Anlagen vor ihrem Abzug gesprengt. Beim Gang über das riesige, von Stacheldraht und Wachtürmen umgebene Gelände lässt sich das Ausmaß der Vernichtungsmaschinerie allenfalls erahnen. Gleise führen zu der Rampe, an der die Insassen selektiert wurden; ein einsamer Viehwaggon steht dort. Das weitere Geschehen spielt sich in den Köpfen der Besucher ab.

Ins frühere Schtetl
Mehr als 2 Mio. aus aller Welt besuchen jährlich das ehemalige KZ. Nur wenige von ihnen machen einen Abstecher in die Stadt Oświęcim, die dem Lager ihren Namen gab und heute Wohnort für 40 000 Menschen ist. Vor dem Zweiten Weltkrieg lebten dort überwiegend Juden. Von ehemals 20 jüdischen Gotteshäusern blieb nur die 1913 gegründete Chevra-Lomdei-Mishnayot-Synagoge erhalten. Heute ist sie Teil des Jüdischen Museums (Muzeum Żydowskie), dessen Ausstellung die Zeit des Schtetls erlebbar werden lässt.

Die Ausstellung im »Stammlager Auschwitz I« zeigt das grausame Schicksal der Lagerhäftlinge.

KLEINE PAUSE
Im Haus von Szymon Kluger, dem letzten jüdischen Bewohner der Stadt, befindet sich heute das **Café Bergson**.

Café Bergson: Plac Jana Skarbka 2, Tel. 573 08 64 36, tägl.11-19 Uhr

---

ℹ️ Vom Hauptbahnhof in Krakau fahren Regionalzüge ins westlich gelegene Oświęcim (Fahrtzeit knapp 2 Std.). Von dort verkehren Busse zum Lager. Mit dem Pkw benötigen Sie etwa 1,5 Std. für die knapp 70 km. Zwischen dem Stammlager und dem Vernichtungslager Birkenau verkehren kostenlose Shuttlebusse.

Państwowe Muzeum Auschwitz-Birkenau
✉ ul. Wieźniów Oświęcimia 20, 32-603 Oświęcim ☎ 33 844 80 99
🌐 www.auschwitz.org 🕐 April, Mai, Sept. Einlass tägl. 7.30-18, Juni-Aug. bis 19, März & Okt. bis 17, Feb. bis 16, Jan. & Nov. bis 15, Dez. bis 14 Uhr (April bis Okt. 10-15 Uhr kann das Stammlager Auschwitz I nur in Gruppen besucht werden, Einzelreisende können sich Gruppen anschließen; Infos über die Zeiten deutschsprachiger Führungen finden Sie auf der Website; außerhalb der Zeiten für Führungen sind auch individuelle Besichtigungen im Stammlager Auschwitz I möglich, das Lager Birkenau ist frei zugänglich) 🎫 frei, 4-stündige Führung 50 Zł (Einzelreisende müssen vorab eine personalisierte Eintrittskarte erwerben)

Jüdisches Museum (Muzeum Żydowskie)
✉ Pl. Jana Skarbka 5, 32-600 Oświęcim ☎ 33 8 44 70 02 🌐 www.ajcf.pl 🕐 So-Fr 10-18, Winter bis 17 Uhr 🎫 10 Zł

Kalwaria Zebrzydowska & Wadowice

Was?	Zwei bedeutende katholische Wallfahrtsstätten
Warum?	Um sich Polens tiefer Frömmigkeit zu nähern
Wann?	Jederzeit … nachmittags munden die Cremetörtchen von Wadowice.
Was noch?	Einen halben Tag
Resümee	Not macht erfinderisch.

Weil sich die meisten Polen im 17. Jh. keine Pilgerfahrten nach Jerusalem leisten konnten, ließ 1601 der Krakauer Woiwode Mikołaj Zebrzydowski auf den malerischen Hügeln bei Lanckorocka südwestlich von Krakau eine Kapelle nach dem Vorbild der Golgatha-Kapelle errichten. Drei Jahre später begann dort der Bau eines Klosters mit einer Kirche, die der Jerusalemer Grabeskirche nachempfunden war. Den Bau eines Kalvarienbergs setzten seine Nachfahren fort. So entstand ein 7 km langer Weg mit 42 Kapellen, der den Leidensweg Christi nachstellt.

Passionsspiele
Ein besonderes Erlebnis sind die Passionsspiele, die jedes Jahr eine Woche lang in der Osterzeit vor Zehntausenden

Die Taufkirche Karol Wojtyłas, die Bazylika Mariacka in Wadowice, ist heute Ziel von Pilgern aus aller Welt.

Besuchern aufgeführt werden. Deren Tradition reicht bis ins Jahr 1608 zurück. Ein zweiter jährlicher Höhepunkt ist vom 13. bis 15. August, wenn symbolisch Maria zu Grabe getragen wird und gen Himmel fährt. Doch auch zu anderen Zeiten wird der Kalvarienberg von vielen Menschen besucht, die hier ein spirituelles Erleben mit dem Spaziergang durch die grüne Vorgebirgslandschaft verbinden.

Unweit des Kalvarienbergs liegt das sehenswerte Städtchen Lanckorona (Landskron) mit schönen Holzhäusern aus dem 19. Jahrhundert.

Geburtshaus des Papstes

Häufiger Gast des Kalvarienbergs war Johannes Paul II., der am 18. Mai 1920 im 15 km entfernt gelegenen Wadowice geboren wurde und dort seine ersten 18 Lebensjahre verbrachte. Schon als Kind hatte er mit seinem Vater mehrmals die Pilgerstätte besucht; in den Jahren 1979 und 2002 kehrte er als Papst dorthin zurück.

In seinem Geburtshaus in Wadowice, in dem die Familie eine kleine Wohnung besaß, öffnete bereits 1984 eine Ausstellung, 2014 wurde daraus ein Museum, das sich auf vier Etagen dem Leben und Wirken des polnischen Papstes widmet. Die multimediale Ausstellung präsentiert nicht nur den Theologen, sondern auch den Menschen Karol Wojtyła, der in seiner Freizeit ein passionierter Wanderer und Skifahrer war. Nur ein paar Schritte weiter erhebt sich die Bazylika Mariacka (Marienkirche), in der er getauft wurde.

KLEINE PAUSE

Es heißt, der junge Karol Wojtyła habe liebend gerne Kremówki, mit Vanillecreme gefüllte Blätterteigschnitten, gegessen. Heute heißen sie deswegen Kremówka Papieska (Papstschnittchen) und sind z. B. in der **Cukiernia Wadowice** zu bekommen.

Cukiernia Wadowice: ul. Kościuszki 21, tägl. 9–19, Winter bis 18 Uhr

---

Vom Hauptbahnhof können Sie (mit Umstieg in Kraków-Płaszów) nach Kalwaria Zebrzydowska und Wadowice fahren (Fahrtzeit 70 bzw. 90 Min.). Mit dem Pkw dauert die Fahrt bis Wadowice (ca. 50 km südwestl.) eine gute Stunde.

Bernardiner-Kloster in Kalwaria Zebrzydowska (Klasztor oo. Bernardynów)
✉ ul. Bernardyńska 46, Kalwaria Zebrzydowska ☎ 33 876 63 04
🌐 www.kalwaria.eu

Museum im Haus der Familie von Johannes Paul II. (Muzeum Dom Rodzinny Jana Pawła II)
✉ ul. Kościelna 7, Wadowice
☎ 33 823 35 65 🌐 www.homejp2.pl
🕐 tägl. 9–19, April & Okt. bis 18, Nov.–März bis 16 Uhr 🎫 20 Zł, Di frei

AUSFLÜGE

Tyniec

Was?	Benediktinerabtei an der Weichsel
Warum?	Um Klosterkultur mit einem Ausflug ins Grüne zu verbinden
Wann?	An einem Sonnentag
Wie lange?	Einen halben Tag
Resümee	Tausend Jahre Klosterleben

Auf einem Kalkfelsen hoch über der Weichsel, knapp 15 km südwestlich von Krakau, thront die Abtei Tyniec (Opactwo Benedytynów w Tyńcu). Benediktinermönche aus dem Rheinland begannen schon Mitte des 11. Jh.s mit dem Bau von Kloster und Kirche. Die gotische Klosterkirche mit ihrem Doppelturm wurde dann im 17. und 18. Jh. barock umgestaltet; gegen Ende des 19. Jh.s erhielt sie drei Glasfenster des Jugendstilkünstlers Stanisław Wyspiański (S. 20).

Die 1831 durch einen Brand zerstörten Klostergebäude – bei der Klosterkirche war nur der Dachstuhl betroffen – wurden erst nach 1947 wiederaufgebaut. Älteste Spuren der Abtei stammen noch aus der Zeit der Romanik. Im südlichen

Wie eine Insel ragt der Kalksteinfelsen von Tyniec aus der Uferlandschaft empor. Stolz thront auf diesem seit fast 1000 Jahren die Benediktinerabtei.

Der idyllische Radweg folgt dem südlichen Weichselufer. Auf der anderen Flussseite erkennt man rund 5 km vor Tyniec das Kamaldulenserkloster von Bielany (S. 185).

Flügel des Kreuzgangs, der 1989 rekonstruiert wurde, erzählen Gedenktafeln die Geschichte des Klosters, angefangen von der Gründung im Jahr 1044 bis zur Rückkehr der Benediktiner in das verlassene Kloster im Jahr 1939. Das Klostermuseum zeigt u. a. liturgische Geräte und Schriften aus früheren Jahrhunderten.

Der Weg ist das Ziel
Die Abtei ist Ziel vieler Touristen, die einen Ausflug in die grüne Umgebung Krakaus unternehmen möchten. Entscheiden Sie dabei selbst, ob Sie lieber bequem mit dem Gondelboot anreisen, das direkt unterhalb des Wawels in Krakau startet, oder ob Sie in die Pedale treten und eine Radtour unternehmen wollen. Diese führt Sie über einen Abschnitt des 2013 begonnenen Weichsel-Radwegs: Von der Fußgängerbrücke Kładka Bernatka folgen Sie stets dem linken, südlichen Flussufer westwärts bis zum Klosterfelsen, den Sie nach gut einer Stunde erreicht haben.

KLEINE PAUSE
Im täglich von 12 bis 18 Uhr geöffneten Klosterrestaurant können Sie Gerichte nach traditionellen Rezepten der Benediktiner probieren.

✉ ul. Benedytyńska 37, Krakau
☎ 12 6 88 54 50 ⊕ www.tyniec.benedyktyni.pl ❶ Museum tägl. 10 bis 16 Uhr; Laden tägl. 9.30–18 Uhr;

Klosterführungen Mo–Fr stündl. 9–12, 14 & 15, Sa 9–12, 14, So 10.15, 12–15 Uhr
✦ 10 Zł (Kombiticket für Klosterführung und Museumsbesuch)

Krakau-Tschenstochauer Jura

Was?	Gebirgszug mit bizarrer Felslandschaft
Warum?	Um die von Menschenhand geschaffenen »Adlerhorste« zu erklimmen und die hiesige Fauna und Flora zu erkunden
Wann?	An einem Sonnentag
Wie lang?	Je nach Besichtigungsprogramm sollten Sie einen halben bis ganzen Tag einplanen.
Resümee	Wie Perlen an einer Kette reihen sich die weißen Burgen auf ebenso weißen Felsen aneinander.

Nordwestlich von Krakau erstreckt sich eine bizarre Felslandschaft in Richtung des polnischen Pilgerzentrums Częstochowa (Tschenstochau). In Jahrmillionen haben hier Wind und Wetter dem Kalkstein zugesetzt und originelle Felsformationen geschaffen. Am bekanntesten ist die Maczuga Herkulesa (Herkuleskeule), ein rund 12 m hoher Monolith, der sich unweit des Renaissanceschlosses von Pieskowa Skała befindet. Auf der gesamten Hochebene gibt es zudem rund 1000 Höhlen. Einige von ihnen boten schon den Menschen der Steinzeit Schutz.

Das 2016 renovierte Schloss von Pieskowa Skała wurde im 14. Jh. als Grenzfeste errichtet und im 16. Jh. im Stil der Renaissance ausgebaut. Sein Arkadenhof erinnert an das Krakauer Wawelschloss. Das Schloss beherbergt heute einen Teil der Sammlung des Krakauer Wawelmuseums, vor allem Kunstwerke aus dem 15. bis 19. Jahrhundert.

Unterwegs auf der »Route der Adlerhorste« zur Burgruine von Olsztyn

Geschützte Natur

Die wertvollsten Naturlandschaften des Juras gehören zu dem bei Ojców gelegenen Ojców-Nationalpark

Die Burgruine von Ogrodzieniec ist einer der imposantesten »Adlerhorste« im Krakau-Tschenstochauer Jura.

(Ojcówski Park Narodowy), der nur rund 16 km nördlich der Stadtgrenze von Krakau beginnt. Polens kleinster Nationalpark wartet nicht nur mit landschaftlichen Schönheiten auf, sondern auch mit einer ungeheuren Artenvielfalt: Rund 11 000 Tierarten sind dort heimisch, darunter allein 17 verschiedene Fledermausarten.

Route der Adlerhorste

Die Felsformationen des Krakau-Tschenstochauer Hochlandes boten den Menschen seit Jahrhunderten Schutz. König Kazimir der Große (poln.: Kazimierz Wielki) ließ im 14. Jh. auf bis zu 30 m hohen Felsen Grenzfestungen erbauen, die heute auf der 163 km langen Touristenroute Szlak Orlich Gniazd (»Route der Adlerhorste«) zu besichtigen sind. Sie sollten die Grenzen Polens zum damals böhmisch gewordenen Schlesien und die wichtige Handelsroute zwischen Krakau und Breslau sichern.

Beeindruckende Burgruinen

Von vielen ehemaligen Befestigungsanlagen blieben nur Ruinen erhalten, die gleichwohl durch ihre Größe und Lage beeindrucken. Zu den bekanntesten gehört die Burgruine von Ogrodzieniec, einst die zweitgrößte Burg Europas, deren Mauern mit den umliegenden Felsen verschmelzen. Modern, aber nicht minder perfekt in die Felslandschaft eingepasst ist das nahe gelegene Designhotel Poziom 511 mit seiner Glas-Beton-Fassade (www.poziom511.com). Beeindruckend sind auch die Ruinen von Mirów und Olsztyn.

Von einfach bis anspruchsvoll – die Kletterberge im Krakau-Tschenstochauer Jura bieten Hunderte von Touren.

Kletterrevier

Das Krakau-Tschenstochauer Jura ist das beliebteste Kletterrevier in Polen. Zahlreiche Routen unterschiedlicher Schwierigkeitsgrade wurden dort mit Kletterhaken präpariert. Allein rund um das Dorf Podzamcze, das wichtigste Kletterzentrum des Höhenzugs, gibt es rund 500 markierte Routen. Besucherziele sind zudem mehrere kleine Tropfsteinhöhlen, zum Beispiel die 320 m lange Grota Łokieta bei Ojców (www.grotalokieta.pl).

Ein Ausflug in das Krakau-Tschenstochauer Jura mit öffentlichen Verkehrsmitteln gestaltet sich schwierig.

Bildungszentrum und Museum des Ojcówski-Nationalparks (Centrum Edukacyjno-Muzealnym OPM)
✉ Ojców 9, Sułoszowa ☎ 12 3 89 20 05
⊕ www.ojcowskiparknarodowe.pl
🕑 Sommer Mo–Fr 9–16, Sa & So 10–16, Winter Mo–Fr 9–15 Uhr

Zamek Pieskowa Skała (Schloss Pieskowa Skała)
✉ Sułoszowa ☎ 12 3 89 60 04
⊕ www.pieskowaskala.pl;
www.pieskowaskala.eu 🕑 Jan.–April Di–Do 11–13, Fr 11–12, Sa. & So 9–15, Mai–Sept. Di–Do 9–17, Fr 9–13, Sa & So 10–18, Okt. Di–Do, Sa & So 10–16, Nov.–Dez. Di–Fr nur Gruppen ab 15 Pers., Sa & So 9–15 Uhr; Einlass jeweils stündl. 🎫 11 Zł.

KRAKAU-TSCHENSTOCHAUER JURA

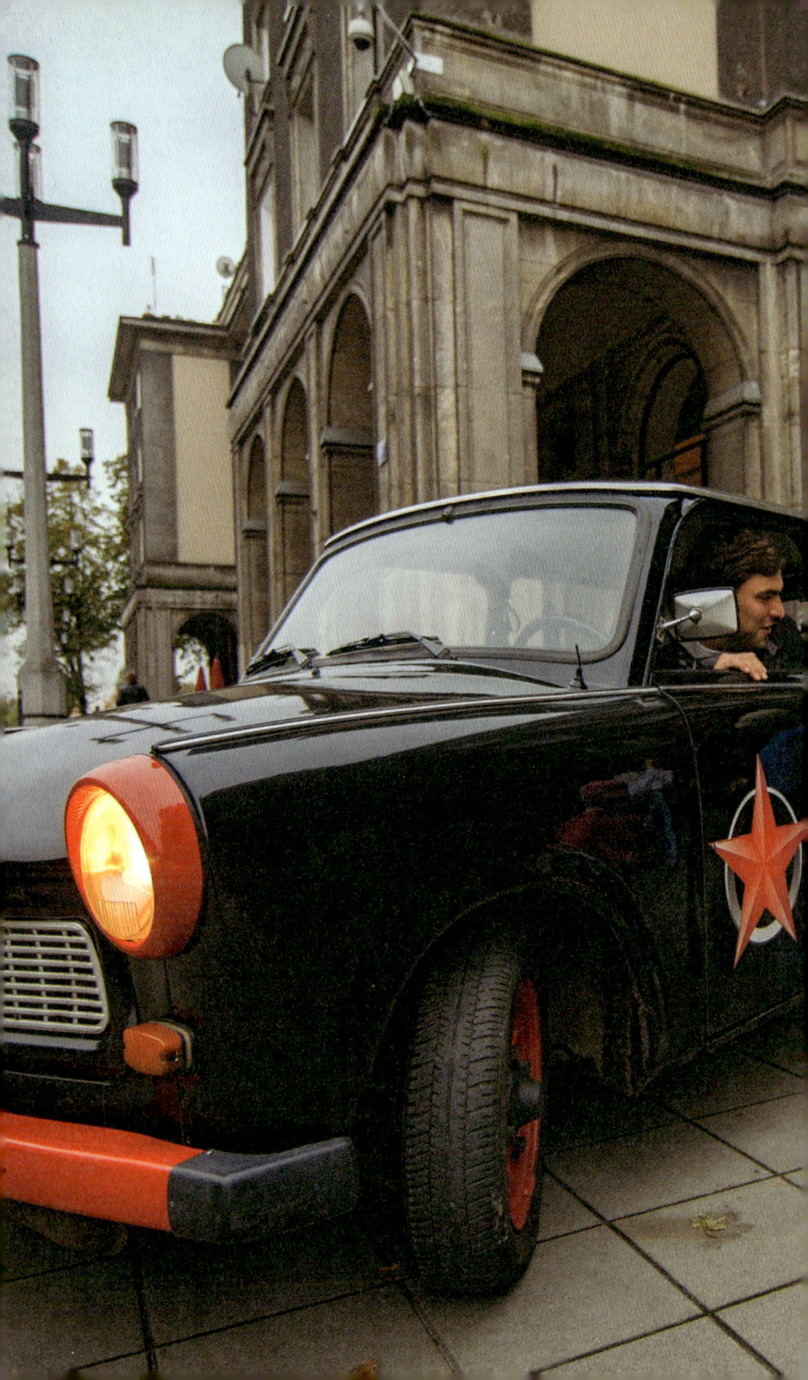

Spaziergänge & Touren

Viel Grün mit Kloster und Zoo sowie eine sozialistische Musterstadt lohnen Abstecher in die äußeren Stadtbezirke Krakaus.

Seite 180–189

Ein Hauch von real existierendem Sozialismus erleben Sie bei einer Trabi-Tour mit den Crazy Guides durch Nowa Huta.

Durch den grünen Westen

Was?	Radtour von der Altstadt in den grünen Westen von Krakau
Wann?	An einem Sonnentag
Länge	ca. 18 km
Dauer	ca. 5 Std.
Start/Ziel	Rynek Główny +207 D3

Lassen Sie die Stadt hinter sich und begeben Sie sich ins Grüne! Schon bald weicht die Bebauung der Natur – und Sie genießen die traumhafte Aussicht vom Kościuszko-Hügel oder erleben den mitten im Wald gelegenen Zoo. Aufgrund der Länge empfiehlt es sich, den Ausflug per Rad zu unternehmen. Sie können ihn aber auch abkürzen und zu Fuß gehen.

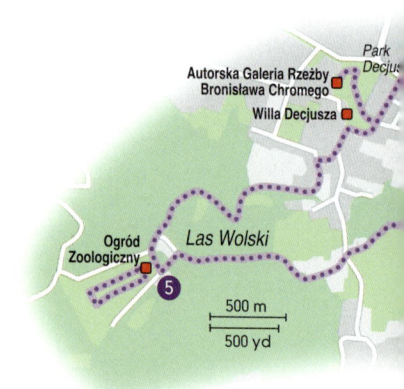

1–2

Wenn Sie aus Richtung Altstadt kommen, fahren Sie zunächst westwärts über die ul. Krupnicza, überqueren die breite al. Mickiewicza und setzen die Tour auf der ul. Romana Ingardena fort, vorbei an Gebäuden der Jagiellonen-Universität. Sie erreichen den Park Jordana, der 1889 auf Initiative des Stadtrats und Arztes Henryk Jordan (1842–1907) angelegt wurde. Jordan war der Ansicht, dass körperliche Bewegung zur Gesundheit beiträgt, und schuf den ersten europäischen Aktiv-Park. Umgeben von Grün entstanden 14

Plätze für Mannschaftssport, Leichtathletik und Gymnastik. Bis heute gibt es in der 22 ha großen Grünanlage Sport- und Spielplätze, einen Skaterpark, einen Rodelberg und Radwege. Insgesamt 36 Denkmäler erinnern an berühmte Polen von Fryderyk Chopin bis Johannes Paul II.

2–3

Vorbei an einem kleinen Teich mit Ruderbooten gelangen Sie zur al. 3 Maja und setzen auf der anderen Seite Ihre Tour auf der Błonia-Wiese fort. Die ehemalige Kuhweide ist ein beliebtes Naherholungsgebiet der Krakauer. Papst Johannes Paul II. predigte dort während seiner Polenreisen vor Hunderttausenden Gläubigen. Ein 26 t schwerer Granitstein aus der Tatra nahe der al. 3 Maja erinnert an ihn. Er trägt auf Polnisch die Aufschrift »Du bist ein Fels«. Die Błonia-Wiese war auch einer der Schauplätze beim großen Weltjugendtag

der katholischen Kirche, auf dem 2016 Papst Franziskus vor Hunderttausenden Gläubigen predigte.

3–4

Auf der ul. Focha überqueren Sie die Rudawa, einen kleinen Zufluss zur Weichsel, und fahren auf kleinen Straßen durch den grünen Stadtbezirk Zwierzyniec. Die ul. Focha geht in die ul. Krolowej Jadwiga über, von der nach etwa 300 m links die ul. Hofmana abgeht. Folgen Sie dieser Straße, die schließlich in die al. Małeckiego übergeht.

DURCH DEN GRÜNEN WESTEN

Schon von Weitem sichtbar ist der 34 m hohe Kościuszko-Hügel (Kopiec Kościuszki), der bis 1823 nach dem Vorbild des prähistorischen Krak-Hügels entstand und an den Nationalhelden Tadeusz Kościuszko erinnert. Viele Krakauer Bürger haben mitgeholfen, ihn zu errichten. Die Habsburger ließen am Fuß des Hügels Mitte des 19. Jh.s ein Fort errichten, das teilweise erhalten geblieben ist. Dort sind u. a. eine Radiostation sowie zwei Cafés und ein Restaurant untergebracht. Teil der Festungsanlagen ist eine der Seligen Bronisława gewidmete neugotische Kapelle. Der Aufstieg zur Spitze des Hügels lohnt sich: Bei klarem Wetter bietet sich eine gute Sicht auf die Stadt und bis ins Tatragebirge.

Drachen steigen lassen auf der Błonia-Wiese; im Hintergrund erhebt sich der Kościuszko-Hügel.

4-5

Vom Kościuszkio-Hügel fahren Sie eine knapp 4 km lange Strecke westwärts durch den hügeligen Stadtforst Las Wolski zum Zoologischen Garten (Ogród Zoologiczny) von Krakau. Der 1929 eröffnete Zoo liegt mitten im Wald und beherbergt auf 15 ha Fläche rund 1300 Tiere aus allen Teilen der Welt. Etwa 100 der dort gehaltenen Arten sind vom Aussterben bedroht, darunter Schneeleoparden und indische Elefanten. Erst 2016 entstand ein neues Bassin für die ebenfalls gefährdeten Humboldt-Pinguine. Zur Anlage gehört ein Mini-Zoo, in dem Kinder die Tiere streicheln und füttern dürfen.

5-1

Vom Zoo aus fahren Sie in nordöstlicher Richtung durch den Wald in den Park Decjusza. Im nördlichen Teil findet sich an der ul. Krańcowa 4 die Autorengalerie von Bronisław Chromy, der u. a. den Wawel-Drachen (Abb. S. 86) schuf. Dort spazieren Sie durch einen märchenhaften Skulpturengarten. Rund 200 m Luftlinie weiter südlich liegt die in den Jahren 1530 bis 1535 nach Plänen von Bartolomeo Berrecci errichtete Villa Decius (Willa Decjusza), einer der schönsten Renaissancebauten der Stadt. Im 19. Jh. lud die vielseitig gebildete Fürstin Marcelina Czartoryska dort zu ihren literarischen Salons ein; heute ist die Villa ein internationaler Treffpunkt für Künstler und Wissenschaftler.

Von dort geht es über die ul. Krolowej Jadwigi und die ul Korzeniowskiego zur Błonia-Wiese und weiter auf der ul. Piłsudskiego in die Altstadt.

Abstecher gefällig?

Wenn Sie die Fahrt verlängern möchten, machen Sie vom Zoologischen Garten einen Abstecher nach Westen zum Kamaldulenserkloster (Klasztor Kamedułów) von Bielany am Silberberg (Srebrna Góra). In dem leuchtend weißen barocken Kloster leben einige Mönche fast wie Eremiten nach den strengen Regeln des Ordens. Frauen haben dort nur an zwölf Feiertagen Zugang.

An den Hängen rund um das Kloster wächst auf 12 ha Fläche Wein des Gutes Srebrna Góra (ca. 4,2 km; 30 Min. ohne Besichtigung).

KLEINE PAUSE

Im **Panorama-Café** am Fuß des Kościuszko-Hügels können Sie Kleinigkeiten wie Suppen oder Salate sowie Kaffee und Kuchen mit Blick ins Grüne genießen. Etwas umfangreicher ist die Speisekarte im Restaurant **Pod Kopcem** gleich nebenan. Sehr gediegen ist das Restaurant **Villa Decius** im gleichnamigen Haus.

Panorama-Café: Tel. 12 6 62 20 30, April bis Okt. Mo–Fr ab 11, Sa &So ab 10 Uhr

Pod Kopcem: Tel. 12 662 20 29; www.restauracjapodkopcem.pl, Mo bis Fr 9–19, Sa & So 11–20 Uhr

Villa Decius: ul. 28 Lipca 1943 17A, Tel. 12 4 25 33 90, www.vd-restauracja.pl, tägl. 12–22 Uhr

---

Besichtigungen
Galeria Bronisława Chromego
✉ ul. Krańcowa 4 ☎ 603 79 36 50
⊕ www.bronislawchromy.pl
❶ Sommer Di–So 11–18 Uhr ✦ frei

Zoo (Ogród Zoologiczny)
✉ al. Żubrowa ☎ 12 425 35 51

⊕ www.zoo-krakow.pl ❶ Sommer tägl. 9–18, Winter bis 15 Uhr ✦ 18 Złoty

Klasztor Kamedułów
✉ al. Konarowa 1 ☎ 12 429 76 10
⊕ www.kameduli.info ❶ Türöffnung tägl. 8–11 und 15 bis 16 Uhr zu jeder halben Stunde

Retro-Tour durch Nowa Huta

Was?	Spaziergang durch das als sozialistische Modellstadt geplante Nowa Huta, aus dem aber schon bald ein »Hort der Unruhe« entstand.
Wann?	Jederzeit
Länge	ca. 8 km
Dauer	ca. 3 Std.
Start	ul. Ujastek 1 (Tram 4 oder 22 bis Kombinat; ca. 10 km nordwestl. der Altstadt)
Ziel	ul. Obronczów Krzyża 1 (Tram 5 bis Teatr Ludowy)

1–2

Von der Straßenbahnhaltestelle »Kombinat« sind es nur wenige Schritte zur ul. Ujastek 1. Dort steht das Verwaltungsgebäude der Stahlhütte, die einst nach Lenin benannt war. Früher arbeiteten in dem riesigen Werk fast 40 000 Menschen, die in Spitzenzeiten über 6 Mio. t Stahl pro Jahr produzierten – und die Umwelt stark belasteten. Heute gehört das Werk zu ArcelorMittal und zählt kaum ein Zehntel der ehemals hier Beschäftigten. Das riesige Verwaltungsgebäude, 1952 bis 1955 erbaut, ist typisch für den Stil von Nowa Huta, der den sozialistischen Realismus mit der Krakauer Renaissancearchitektur kombiniert. So erinnert die Attika an die Tuchhallen.

Breite Grünanlagen säumen die al. Solidarności. Folgen Sie dieser etwa 1 km nach Westen und biegen dann nach rechts in die beschauliche ul. Wańkowicza ein. Lange bevor die neue Musterstadt entstand, befand sich dort ein altes Gutshaus (Nr. 25). Es gehörte u. a. dem Maler Jan Matejko (S. 20), der sich dorthin aus der Hektik der Stadt zurückzog. Im kleinen Museum (Dworek Jana Matejki) sind Malereien von Matejko sowie weitere Erinnerungsstücke früherer Bewohner zu sehen.

Kurz bevor Sie das Gutshaus erreichen, sehen Sie auf der linken Seite der Wańkowicza-Straße eine alte Holzkirche aus dem 17. Jh. (Kościół św. Jana Chrzciciela). Das nur zu den Gottesdiensten geöffnete Kirchlein stand bis 1985 im knapp 30 km südlich von Krakau gelegenen Dörfchen Jawornik.

2–3

Gehen Sie vom Gutshof ein paar Schritte auf der Wańkowiczka-Straße zurück und biegen dann nach rechts ab. Nach knapp 200 m gelangen Sie zur Dłubnia, einem kleinen Nebenfluss der Weichsel, die dort einen kleinen Stausee speist. Der in den späten 1950er-Jahren angelegte See bildet mit dem umgebenden Park Zalew Nowohucki ein beliebtes Naherholungsgebiet dieses Stadtviertels.

Durchqueren Sie den Park bis zur al. Solidarności. Gehen Sie südwärts durch die ul. Bulwarowa und die ul. Klasztorna zum Zisterzienserkloster von Mogiła (Klasztor Mogiła), dessen Ursprünge ins frühe 12. Jh. zurückreichen. Bedeutend sind die im 16. Jh. entstandenen Wandmalereien, die die Klosterkirche und die Bibliothek schmücken. Als wundertätig gilt das Kruzifix von Mogiła, das 1447 einen Brand überstand.

3–4

Einige Schritte westlich des Klosters entstand im Stil des sozialistischen Realismus das nach dem Schriftsteller Stefan Żeromski (1864–1925) benannte Krankenhaus, das man über eine imposante Treppe erreicht.

Daran schließt sich die mehr als 50 ha große Grünanlage Łąki Nowohuckie an einem Altarm der Weichsel an. Dank ihrer artenreichen Flora und Fauna wurde sie zum Natura-2000-Gebiet erklärt.

4-5

Vom Żeromski-Krankenhaus gehen Sie in nördlicher Richtung durch die ul. Zachemskiego und biegen links in die al. Jana Pawła II ein. Nach etwa 150 m kommen Sie zum ehemaligen Kino »Światowid«, in dem sich heute das Muzeum PRL-u der Zeit Polens unter dem kommunistischen Regime widmet.

5-6

Weiter auf der al. Jana Pawła gelangen Sie zum Plac Centralny. Von dem heute nach dem ehemaligen US-Präsidenten Ronald Reagan benannten Platz zweigen breite Alleen sternförmig ab. Der sowjetische Baustil des Sozialistischen Realismus mischt sich auch hier mit Anklängen an die Zeit der Renaissance und des Barocks.

6-7

Folgen Sie der al. Róż nordwärts und biegen dann nach links in die ul. Żeromskiego ein, gelangen Sie zum Teatr Ludowy (Volkstheater), das zu sozialistischen Zeiten für avantgardistische Projekte stand und auch heute noch durch innovative Theaterprojekte auf sich aufmerksam macht.

Das Muzeum PRL-u widmet sich der Geschichte und dem Alltag des sozialistischen Polens.

Nur wenige Schritte weiter erreichen Sie die kleine, 2001 erbaute Herz-Jesu-Kirche (Kościół Najświętszego Serca Pana Jezusa). Direkt daneben steht ein Holzkreuz, mit dem 1960 die Bewohner des Viertels dagegen protestiert hatten, dass sich die Behörden nicht an ihre Zusage zum Bau eines Gotteshauses für Nowa Huta hielten. Dabei war es zu heftigen Auseinandersetzungen zwischen Polizei und Demonstranten gekommen.

7-8

Nach anhaltenden Protesten wurde schließlich 1967 bis 1977 etwas weiter nördlich an der ul. Obrońców Krzyża 1 die Kirche Arka Pana (»Arche des Herrn«) begonnen. Für das futuristische Bauwerk kam Unterstützung aus aller Welt. Papst Paul VI. schickte einen Stein aus dem Grab Petri als Grundstein und Astronauten der Apollo 11 brachten einen Kristall für das Tabernakel vom Mond mit. Zu Zeiten des Kriegsrechts (1981 bis 1983) war die Kirche ein Zentrum des Widerstands.

»Verrückte« Alternative: Im Trabi durch Nowa Huta

Wenn Sie nicht allein durch Nowa Huta spazieren möchten, können Sie sich den Retro-Touren der Crazy Guides anschließen. Stilecht geht es mit Trabis durch die frühere sozialistische Musterstadt mit Besuch einer ehemaligen Arbeiterwohnung der 1970er-Jahre, Mittagessen in einer alten Milchbar und einem Gläschen Wodka

KLEINE PAUSE

Das passende Ambiente für eine Pause auf Ihrer Retro-Tour bietet Ihnen das Restaurant **Stylowa**, das älteste Haus in Nowa Huta, das noch ganz im Stil der 1970er-Jahre eingerichtet ist. Die Preise sind angepasst, aber immer noch ausgesprochen günstig. Freitags bis sonntags gibt es abends Musik und Tanz im Stil der früheren Jahrzehnte.

Stylowa: Osiedle Centrum C3, nahe Park Ratuszowy, Tel. 12 6 44 26 19, stylowa-krakow.pl, tägl. 10–23 Uhr

---

Crazy Guides
☎ 5 00 09 12 00 ⊕ www.cracyguides.pl

Dworek Jana Matejki
✉ ul. Wańkowicza 25 ☎ 12 6 44 56 74
❶ Mo-Fr 8.15–18, Sa & So 10–18 Uhr
✦ 10 Zł

Muzeum PRL-u
✉ Osiedle Centrum E1 ☎ 12 4 46 78 21
⊕ www.mprl.pl ❶ Di–So 10–17 Uhr
✦ 10 Złoty (Di frei)

Rund um den Hauptmarkt und die ulica Grodzka schlägt abends das touristische Herz Krakaus.

Praktische Informationen

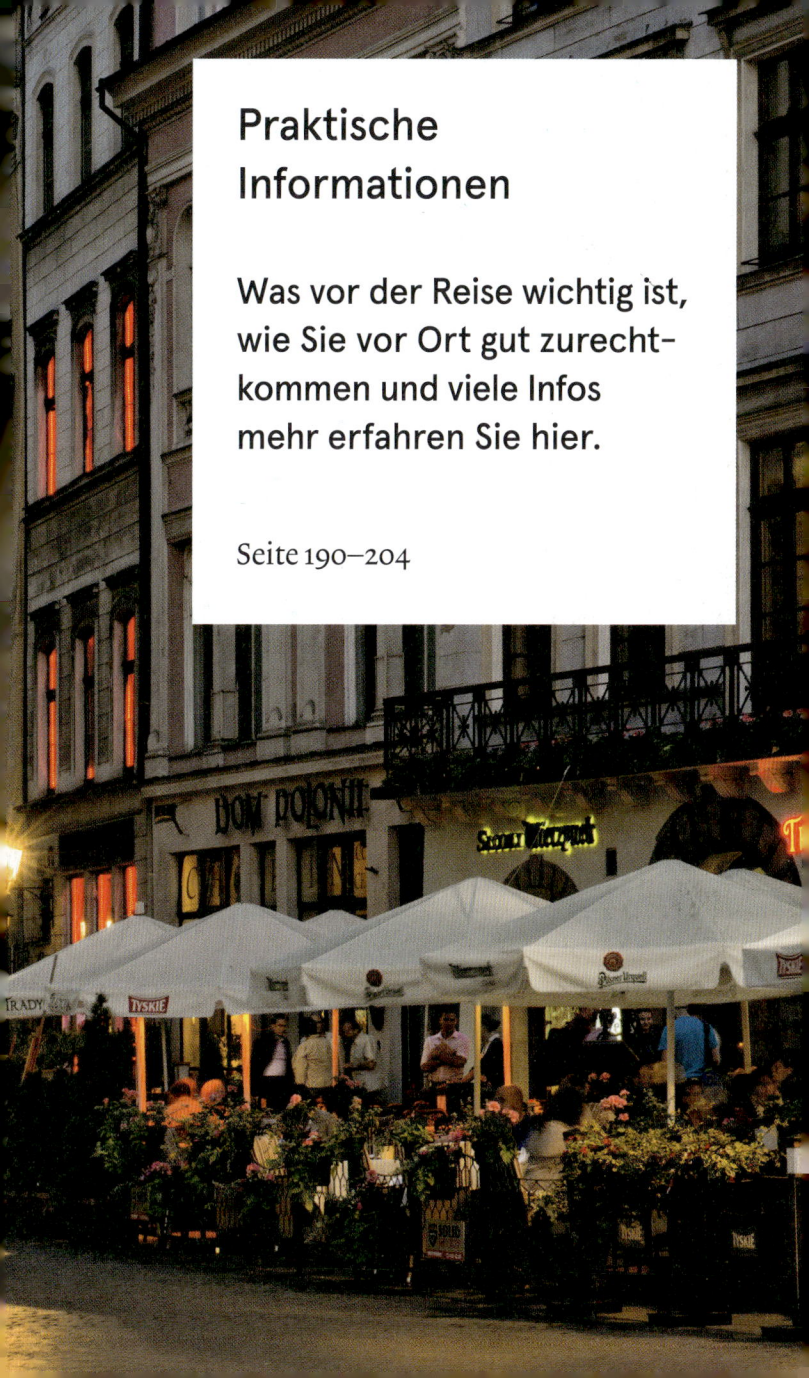

Was vor der Reise wichtig ist, wie Sie vor Ort gut zurechtkommen und viele Infos mehr erfahren Sie hier.

Seite 190–204

VOR DER REISE

Auskunft
Polnisches Fremdenverkehrsamt in Deutschland: ✉Hohenzollerndamm 151, 14199 Berlin ☎030 2 10 09 20 ⊕www.polen.travel/de
Polnisches Fremdenverkehrsamt in Österreich (auch für die Schweiz zuständig): ✉Fleischgasse 34/2a, 1130 Wien ☎015 24 71 91 12 ⊕www.polen.travel/at
InfoKraków:
✉Rynek Główny (Tuchhallen) ◐tägl. 9–19, Winter bis 17 Uhr
✉Flughafen ◐tägl. 9–19 Uhr
✉Pl. Wszystkich Świętych 2 ◐tägl. 9–17 Uhr
✉ul. Józefa 7 (Kazimierz) ◐tägl. 9–17 Uhr
☎0048 12 6 16 18 86
Infos im Web: Die offizielle deutschsprachige Seite der Krakauer Tourismusorganisation **www.krakau.travel** enthält zahlreiche nützliche Tipps und Adressen. Unter **www.en.biurofestiwalowe.pl** (auf Englisch) gibt es Informationen zu den wichtigsten Festivals in Krakau. Und **www.karnet.krakow.pl/en** informiert ebenfalls auf Englisch über diverse Kulturveranstaltungen in Krakau.

Botschaften und Konsulate
Generalkonsulat der Bundesrepublik Deutschland in Krakau: ✉ul. Stolarska 7 ☎012 4 24 30 10 ⊕www.polen.diplo.de
Österreichisches Generalkonsulat in Krakau: ✉ul. Armii Krajowej 19/3. Stock ☎012 4 10 56 41 ⊕www.konsulataustrii.com
Schweizer Botschaft in Warschau: ✉al. Ujazdowskie 27 ☎022 6 28 04 81 ⊕www.eda.admin.cz

Elektrizität
Die Netzspannung beträgt wie in Deutschland 220/230 V Wechselstrom.
Euroflachstecker z. B. für Handyladekabel passen in der Regel in polnische Steckdosen; für die runden Stecker Typ F (»Schuko-Stecker«) wird ein Adapter benötigt.

Ermäßigungen
Studenten, Jugendliche, Senioren: Inhaber des Internationalen Studentenausweises (ISIC) oder der Euro-26-Karte erhalten Ermäßigungen beim Eintritt in Museen bzw. Kultureinrichtungen und auf Fahrpreise. Dies gilt ebenfalls für Personen über 65 Jahre.
Museen: Viele Museen gewähren einmal die Woche kostenlosen Eintritt für jedermann. Infos auf deren Webseiten.
KrakowCard: Die Karte für ein entspanntes Krakau-Erlebnis. Es gibt sie für zwei oder drei Tage mit freiem Eintritt in rund 40 Museen und andere Einrichtungen, wahlweise mit oder ohne kostenlose Nutzung des öffentlichen Nahverkehrs. Wer online bucht, kann sie auch schon für den Transfer vom Flughafen nutzen (www.krakowcard.com). Drei Tage inklusive des öffentlichen Nahverkehrs kosten 120 Zł.

Feiertage
1. Jan.	Neujahr
6. Jan.	Hl. Drei Könige
März/April	Ostern
1. Mai	Tag der Arbeit
3. Mai	Tag der Verfassung
Mai/Juni	Fronleichnam
15. Aug.	Mariä Himmelfahrt
1. Nov.	Allerheiligen
11. Nov.	Unabhängigkeitstag
25./26. Dez.	Weihnachten

Geld
Währung: In Polen ist der Złoty (Zł) offizielles Zahlungsmittel; 1 Zł entspricht 100 Groszy. In Umlauf sind Banknoten zu 10, 20, 50, 100, 200 und 500 Zł. Münzen gibt es zu 1, 2, 5, 10, 20 und 50 Groszy sowie 1, 2 und 5 Zł.
Wechselkurse: 1 € = 4,29 Zł/1 Zł = 0,23 €; 1 SFr = 3,77 Zł/1 Zł = 0,27 SFr
Kreditkarten: Kreditkarten werden in den meisten Geschäften, Restaurants oder Hotels akzeptiert. Achten Sie beim Bezahlen – und auch beim Abheben am Geldautomaten (»bankomat«) – darauf, dass die Abrechnung auf Złoty-Basis erfolgt; das ist günstiger.
Sperrnummern: Deutsche Bürger können unter Tel. 0049 11 61 16 Kredit-, Bank- und Handykarten sowie die Identitätsfunktion des Personalausweises bei Verlust sperren lassen. Österreich: Tel. 0043 1 204 88 00. Die wichtigsten Notfallnummern in der

Schweiz sind: 0041 44 659 69 00 (Swisscard); 0041 8 48 88 86 01 (UBS Card Center); 0041 58 9 58 83 83 (VISECA); 0041 44 8 28 32 81 (PostFinance).

Gesundheit

Mit der Europäischen Krankenversicherungskarte (EHIC) haben gesetzlich versicherte Deutsche und Österreicher Anspruch auf eine notwendige ärztliche Hilfe. Dennoch empfiehlt sich der Abschluss einer privaten Auslandsreisekrankenversicherung, z. B. für den Krankenrücktransport.

Mehrere zahnärztliche Notdienste haben rund um die Uhr geöffnet haben, u. a. **Denta-Med** mit Praxen in der ul. św. Gertrudy 4 am Rande der Altstadt, der ul. Augustiańska 13 in Kazimierz und der ul. Na Zjeździe 13 in Podgórze (www.denta-med.com.pl).

Die Versorgung mit Apotheken (»apteka«) ist in Krakau sehr gut; ein Notfalldienstplan hängt in der Regel aus. Rund um die Uhr ist z. B. die Apotheke in der ul. Mogilska 21, östlich der Altstadt, geöffnet.

In Kontakt bleiben

Post: Überall in der Stadt gibt es die roten Briefkästen der Poczta Polska. Die Hauptpost befindet sich an der Ecke ul. Starowiślna/ul. Westerplatte (Mo–Fr 8–20, Sa 8–14 Uhr, Tel. 12 4 21 03 48). Das Porto für einen Standardbrief bis 20 g bzw. eine Postkarte in ein EU-Land beträgt 5 Zł. Etwas schneller geht der Versand als Prioritetowa-Brief oder Postkarte für 6 Zł.

Telefonieren: Krakau und Umgebung sind sehr gut mit Mobilfunk abgedeckt. Ihr Handy wählt sich automatisch in eines der Netze ein, sofern die Roaming-Funktion aktiviert ist. Roaming-Gebühren fallen innerhalb der EU – bei mobilem Internet bis zu einer bestimmten Obergrenze – nicht mehr an.

Internationale Vorwahlen:
Deutschland ☎ 00 49
Österreich ☎ 00 43
Schweiz ☎ 00 41

WLAN und Internet: Fast alle Hotels in Krakau bieten ihren Gästen freies WLAN an. Auch in vielen Restaurants und Cafés oder an Raststätten kann man sich kostenlos einwählen. Im Zentrum von Krakau gibt es außerdem zahlreiche Hot Spots mit freiem WLAN.

Notrufe

Allgemeiner Notruf ☎ 112
Polizei ☎ 997
Feuerwehr ☎ 998
Krankenwagen ☎ 999
ADAC-Notruf ☎ 0049 89 22 22 22
Notruf für ausländische Touristen
☎ 0048 22 278 77 77 oder
0048 60 85 99 99 9 (Juni–Sept.)

Reisedokumente

Deutsche, Österreichische und Schweizer Staatsbürger benötigen für die Einreise nach Polen einen gültigen Personalausweis oder Reisepass. Da Polen Mitglied des Schengen-Raums ist, entfallen für Besucher aus Deutschland oder Österreich die Passkontrollen am Grenzübergang. Wer mit dem Auto einreist, benötigt den nationalen Führerschein und einen Fahrzeugschein sowie – sofern es nicht das eigene Auto ist – eine Bestätigung des Eigentümers, dass er das Auto nutzen darf.

Reisezeit

Krakau lohnt zu allen Jahreszeiten einen Besuch. Im Frühling locken die vielen Parks mit ihrem satten Grün. Sobald die Sonne kräftiger wird, füllen sich die Terrassencafés rund um den Rynek Główny und auf vielen anderen idyllischen Plätzen. Der Sommer ist die Zeit der großen Open-Air-Festivals; viele jüngere und jung gebliebene Krakauer zieht es in dieser Zeit abends in die Strandbars an der Weichsel. Wenn der Herbst die Blätter färbt, wird ein Spaziergang entlang der Planty zu einem besonderen Erlebnis. Und wer im Winter nach Krakau reist, sollte sich Zeit nehmen für einen Ausflug zu den schneebedeckten Gipfeln der Tatra oder Beskiden.

In Krakau müssen Sie nicht mit extremer Kälte rechnen, und falls doch, laden zum Aufwärmen zahlreiche Cafés ein. Der historische Marktplatz verwandelt sich im Dezember in einen der schönsten und größten Weihnachtsmärkte des Landes. Sehr beliebt sind bei Polen die langen Wochenenden, z. B. rund um den 1. Mai, zu Fronleichnam oder Maria Himmelfahrt. In dieser Zeit kann es in Krakau sehr voll werden.

Sicherheit

Krakau ist eine sehr sichere Stadt. Auf Straßen und Plätzen, die von vielen Touristen besucht werden, gibt es eine umfangreiche Videoüberwachung.

Die Kriminalität ist im Vergleich mit europäischen Großstädten ähnlicher Größe bedeutend geringer; dennoch sollten Sie übliche Vorsichtsmaßnahmen beachten und z. B. keine Wertgegenstände sichtbar im geparkten Auto zurücklassen. Wenn Sie Opfer eines Verbrechens wurden, wenden Sie sich an eine Polizeistation, z. B. am Rynek Główny 29 oder in Kazimierz in der ul. Szeroka 35. Von Juli bis Oktober gibt es auch einen **Tourist Service Point** der Polizei in der Touristeninformation beim Wawel (ul. Powiśle 11).

Zollbestimmungen

Für die Einfuhr von Waren aus Polen gelten die **EU-Richtmengen**, z.B. bis zu 800 Zigaretten oder bis zu zehn Liter Spirituosen. Kunstwerke, Bücher oder Antiquitäten aus der Zeit vor 1949 dürfen nur mit Genehmigung des Denkmalkonservators der Woiwodschaft oder der Nationalbibliothek in Warschau ausgeführt werden.

ANREISE

Krakau ist per Flugzeug von vielen deutschen Städten aus erreichbar, außerdem gibt es regelmäßige Verbindungen mit dem Fernbus. Bahnreisende müssen einen Umweg in Kauf nehmen; mit dem eigenen Auto gelangt man auf der gut ausgebauten Autobahn A4 in die Stadt.

... mit dem Flugzeug

Der nach Papst Johannes Paul II. benannte Flughafen (www.krakowairport.pl) liegt in Balice, etwa 12 km westlich des Stadtzentrums. Er erhielt in den vergangenen Jahren ein modernes Terminal und eine direkte Bahnverbindung ins Stadtzentrum. Er wird von mehreren Fluggesellschaften aus Deutschland direkt angeflogen.

Für den **Transfer vom Flughafen in die Stadt** stehen Ihnen mehrere Optionen zur Verfügung. Die teuerste und bequemste Variante ist die Nutzung des offiziellen **Taxi-Service des Flughafens**. Eingesetzt werden dafür gepflegte Limousinen mit mehrsprachigen Fahrern. Festpreise gelten für unterschiedliche Entfernungszonen; für die Fahrt ins Stadtzentrum muss man mit ca. 70 Zł rechnen. Etwas preiswerter kann es werden, wenn man sich bei einer anderen Taxi-Gesellschaft einen Wagen bestellt. Allerdings läuft der Taxameter bei denen auch dann weiter, wenn der Wagen im Stau feststeckt – was in Krakaus Rushhour leicht passieren kann.

Günstiger sind Sie mit dem **Bus** unterwegs. Die **Linien 208** (stündlich) und **292** (alle 20 Min.) sowie die **Nachtlinie 902** (stündlich) verbinden den Flughafen mit dem Krakauer Hauptbahnhof. Die Fahrt dauert etwa 30 bis 40 Minuten, in der Hauptverkehrszeit auch etwas länger. Die Einzelfahrt kostet 4 Zł; wer danach mehrmals umsteigen muss, wählt beispielsweise ein 90-Minuten-Ticket für 6 Zł oder gleich eine 24-Stunden-Karte für 20 Zł. Tickets gibt es am Automaten in der Haupthalle oder vor der Haltestelle; für die Linie 292 auch direkt im Bus. Wer bereits online die KrakowCard inklusive ÖPNV erworben hat, fährt kostenlos (S. 192).

Zu guter Letzt geht es auch mit dem Zug vom Flughafen in die City: Die Züge der Gesellschaft **Koleje Małopolskie** fahren im Halbstundentakt mit Ausnahme der Nachtstunden über den Hauptbahnhof und weiter bis zum Salzbergwerk von Wieliczka. Die Fahrtzeit zwischen Bahnhof und Flughafen beträgt knapp 20 Minuten. Tickets kosten einfach 9 Zł, hin und zurück 16 Zł (www.malopolskiekoleje.pl).

... mit dem Zug

Zugreisen von Deutschland nach Krakau sind eher umständlich und nur zu empfehlen,

wenn man noch andere Ziele in Polen ansteuern möchte. Da es keine Direktverbindungen gibt, müssen Sie z. B. in Poznań (Posen) oder Warszawa (Warschau) umsteigen. Vom modernen Krakauer Hauptbahnhof bestehen gute Verbindungen in alle Teile Polens.
Deutsche Bahn: Tel. 0800 1 50 70 90 (kostenlose Fahrplanauskunft); Tel. 0180 6 99 66 33 (Buchung); www.bahn.de
Österreichische Bundesbahnen: Tel. 05 17 17; www.oebb.at
Schweizerische Bundesbahnen: Tel. 0900 30 03 00; www.sbb.ch

... mit dem Auto
Die Autobahn A4 führt vom Grenzübergang bei Görlitz über Wrocław (Breslau) direkt nach Krakau. Sie ist zu großen Teilen mautpflichtig. Die Gebühren können an den Mautstellen in Złoty oder Euro gezahlt werden. Die Maut für die gesamte Strecke (Pkw) beträgt 36,20 Zł.

Denken Sie daran: Als **Tempolimits** gelten in geschlossenen Ortschaften von 5 bis 23 Uhr 50 km/h, von 23 bis 5 Uhr 60 km/h. Außerhalb geschlossener Ortschaften beträgt die zulässige Höchstgeschwindigkeit 90 km/h, auf Landstraßen mit zwei Fahrspuren 100 km/h und auf Autobahnen 140 km/h. In Polen müssen Sie ganztags **Licht** eingeschaltet haben. Die **Alkoholgrenze** liegt bei 0,2 Promille; Bußgelder müssen an Ort und Stelle bezahlt werden.

... mit dem Bus
Flixbus bietet Direktverbindungen u. a. von Berlin, München und Wien nach Krakau (www.flixbus.de); über Busverbindungen aus anderen Städten kann man sich bei Eurolines informieren (www.eurolines.de).

UNTERWEGS IN KRAKAU

Krakau ist wie geschaffen für einen entspannten Stadtbummel. Die touristischen Attraktionen konzentrieren sich auf die Altstadt sowie die Stadtteile Kazimierz und Podgórze. Und für weitere Strecken gibt es ein gut ausgebautes Netz an Straßenbahnen und Bussen.

... mit dem Öffentlichen Nahverkehr
Straßenbahnen verkehren tagsüber auf rund zwei Dutzend Strecken, nachts sind drei Linien im Einsatz (62, 64, 69). Überwiegend werden moderne Niederflurbahnen eingesetzt. Dazu gibt es ein dichtes Busnetz. Buslinien, die auch ins Krakauer Umland fahren, beginnen mit einer 2 oder 3, die übrigen sind auf das Stadtgebiet begrenzt. Dank übersichtlicher Bildschirme in den Fahrzeugen und elektronischer Anzeigen an vielen Haltestellen ist die Orientierung einfach. Infos über Fahrpreise und Strecken auf der deutschsprachigen Website **www.mpk.krakow.pl**.

Angesichts der **Ticketpreise** macht Bus- und Bahnfahren Spaß. Wenn Sie nicht bereits eine KrakowCard mit ÖPNV-Nutzung gekauft haben, empfiehlt sich für mehrtägige Aufenthalte eine preiswerte Zeitkarte. Diese gibt es für einen, zwei, drei oder sieben Tage, wahlweise nur für die City oder auch mit der näheren Umgebung einschließlich des Flughafens. Die 24-Stunden-Karte (»24-godzinny«) nur für das Stadtgebiet kostet z. B. 15 Zł, eine Sieben-Tage-Karte (7-dniowy) mit Umgebung und Flughafen 62 Zł. Noch mehr sparen können Sie am Wochenende. Die Wochenendkarte für Familien (»weekendowy rodzinny«), gültig samstags und sonntags auch in der Umgebung, kostet nur 16 Zł. Für Gelegenheitsfahrer gibt es auch Einzelfahrscheine (ohne Umsteigen, 3,80 Zł) sowie Zeitkarten für 20 bis 90 Minuten (mit Umsteigen, 2–6 Zł).

Tickets sind mit Bargeld (Münzen und Scheine) oder Bankkarte an **Fahrkartenautomaten** erhältlich, die sich an vielen Haltestellen befinden. Es gibt auch Automaten in neueren Straßenbahnen und Bussen; dort ist die Zahlung allerdings nur mit Münzen möglich. Einzelfahrscheine können Sie auch an vielen Kiosken kaufen.

... mit Sightseeing-Touren
Überall in der Stadt sind die kleinen Melex-Busse unterwegs: lautlose, wendige Elektrofahrzeuge, die bis zu acht Personen Platz bieten. Sie bringen Touristen zu den wichtigsten Sehenswürdigkeiten. Buchbar sind unterschiedliche Themenrouten mit mehr-

sprachiger Erklärung vom Band. Die Preise richten sich nach Dauer und Teilnehmerzahl. Rechnen muss man mit rund 200 Zł für eine einstündige Tour mit bis zu vier Personen. Da Preise und Leistungen sehr unterschiedlich sind, empfiehlt sich ein Preisvergleich. Veranstalter sind z. B.:
Krakow Guide: Tel. 500 82 05 33, www.guide-krakow.com
Cracow Tours: ul. Krupnicza 3, Tel. 12 430 07 26, www.cracowtours.pl

... mit dem Taxi
Es gibt in Krakau mehr als ein Dutzend verschiedene Taxiunternehmen. Diese legen, anders als z. B. in Deutschland, ihre Preise selbst fest. In der Regel kostet der Grundpreis für den ersten Kilometer 7 Zł, für jeden weiteren Kilometer kommen tagsüber im Stadtgebiet 2–3 Zł hinzu. Die Zahlung des Fahrpreises ist auch mit Karte möglich, ein Zahlungsbeleg (»paragon«) ist üblich. Nicht alle Gesellschaften haben moderne Fahrzeuge und nicht immer sprechen die Fahrer eine Fremdsprache. Empfehlenswert sind:
Barbakan Radio-Taxi: Tel. 196 61
Megataxi: Tel. 196 25
MPT Radio Taxi: Tel. 196 63
Da es in Krakau auch einige schwarze Schafe gibt, die Touristen ausnehmen möchten, sollten Sie bei Taxen immer auf Folgendes achten: Stadtwappen und Taxi-Nummer, gegebenenfalls auch das Logo der Taxi-Gesellschaft, sollten gut erkennbar am Fahrzeug angebracht sein. Und im hinteren Fenster auf der Beifahrerseite sollten ein Schild über die Preise des Anbieters informieren.

... mit dem Auto
Die Altstadt ist nur für Fahrzeuge mit Sondergenehmigung befahrbar. Darüber hinaus ist der größte Teil des Stadtzentrums als Parkzone ausgewiesen, wo das Parken Mo–Fr 10–18 Uhr gebührenpflichtig ist (1. Stunde 3 Zł, 2. Stunde 3,50 Zł).

... mit der Pferdedroschke
Auf dem Rynek Główny warten glänzend weiße Kutschen, die von zwei stattlichen Pferden gezogen und oft von einer Frau gelenkt werden. Fünf Personen haben darin Platz. Das romantische Vergnügen ist mit rund 400 Zł pro Stunde nicht gerade preiswert.

... mit dem Fahrrad
Krakau hat ein sehr gut ausgebautes **Fahrradverleihsystem** mit mehr als 1500 Rädern an 150 Mietstationen. Einfach online anmelden, losfahren und an einer anderen Station wieder abgeben. Für Vielfahrer lohnt sich die Tagespauschale – bis zu zwölf Stunden Nutzungsdauer kosten 29 Zł. Gelegenheitsfahrer zahlen pro Minute 0,19 Zł. Infos und Anmeldung auf der englischsprachigen Website www.en.wavelo.pl.

ÜBERNACHTEN

Krakau gehört zu den beliebtesten Städtereisezielen in Mitteleuropa und zählt jährlich rund 10 Mio. Besucher aus dem In- und Ausland. Das Angebot an Unterkünften ist in den vergangenen Jahren stark gewachsen und reicht vom preiswerten Hostel mit Schlafsaal bis zum luxuriösen Fünf-Sterne-Hotel. Da viele Hotels noch sehr neu sind, ist die Ausstattung und Einrichtung meist entsprechend gut.

Preise für das jeweils günstigste Doppelzimmer pro Nacht (ohne Frühstück):
€   bis 220 Zł
€€   220–440 Zł
€€€   440–650 Zł
€€€€   über 650 Zł

Eine interessante Alternative, gerade für längere Aufenthalte, sind Apartments. Es finden sich darunter dunkle Zimmer mit Möbeln aus Omas alter Wohnung, aber auch viele schicke, geräumige Designerwohnungen. Entsprechend variieren die Preise von unter 100 bis fast 1000 Zł pro Nacht. Prüfen Sie neben der Ausstattung vor allem die Lage – einige der Ferienwohnungen liegen mitten in den Ausgehvierteln oder an stark befahrenen Straßen. Eine große Auswahl an privaten Apartments bieten folgende Online-Vermieter:

Sleeping in Krakow:
www.sleepinginkrakow.de
Old City Apartments:
www.oldcityapartments.eu
Hamilton Suites:
www.krakow-apartments.biz

Wenn Sie eine Unterkunft im Zentrum der Altstadt oder im jüdischen Viertel von Kazimierz wählen, sind Sie mittendrin im Geschehen, sollten aber nicht zu geräuschempfindlich sein. Das Nachtleben geht insbesondere in den Sommermonaten und an den Wochenenden bis zum frühen Morgen. Entsprechend laut kann es auf einigen Straßen werden. Etwas ruhiger nächtigt man beispielsweise im nördlich der Altstadt gelegenen Viertel Kleparz oder südlich der Weichsel in Podgórze und Umgebung; je nach Lage des Hotels gelangen Sie von dort rasch ins Zentrum. Aber es gibt auch an den Rändern der Altstadt einige ruhigere Straßen.

Art & Garden Residence €€
Das Hotel entstand in einem renovierten Gebäude im ca. 1 km von der Altstadt entfernten Stadtteil Kleparz. Es bietet helle, freundliche Zimmer mit Backsteinwänden, Holzfußboden und modernem Design. Im Restaurant gibt es ein gutes Frühstück mit Blick auf den Garten.
✢207 nördl. D5 ✉ Krowoderska 71
☎12 3 54 20 00
⊕ www.artgardenresidence.pl

Bonerowski Palace €€€€
Besser geht es von der Lage kaum. Das Boutiquehotel mit 16 Zimmern und Suiten sowie einem kleinen Wellnessbereich befindet sich in einem Stadtpalast aus dem 16. Jh. direkt am Marktplatz. Die Zimmer sind mit Stilmöbeln und Parkett ausgestattet. Im Salon mit Blick zum Markt finden regelmäßig Konzerte mit Musik von Fryderyk Chopin statt.
✢207 E3 ✉ Rynek Główny 24
☎12 3 74 13 00
⊕ www.palacbonerowski.com

Ekosamotnia €€
Die ungewöhnliche Pension liegt im westlichen Vorort Zwierzyniec, mitten im Grünen und etwa 6 km vom Stadtzentrum entfernt. Der frühere Bewohner und Künstler Roman Husarski hat in dem verwunschenen Park mit Obstbäumen, Sträuchern und Fischteich seine Skulpturen hinterlassen. Gäste können die Früchte des Biogartens und Eier von glücklichen Hühnern genießen.
✢208 westl. A4 ✉ Żywiczna 10
☎12 4 31 74 55 ⊕ www.ekosamotnia.com

Farmona Hotel Business & SPA €€
Das Wellnesshotel mit großem Garten liegt am südlichen Stadtrand; ideal für Gäste, die einen Besuch in Krakau mit einem Ausflug in die Tatra verbinden wollen. Das Hotel gehört zum Naturkosmetik-Unternehmen Farmona, das die eigenen Produkte im balinesischen Spa des Hotels verwendet.

Unser besonderer Tipp
Hotel Copernicus €€€€
Ein Stadtpalast aus dem 15. Jh., der später im Renaissancestil umgebaut wurde, beherbergt Polens einziges Mitglied der exklusiven Vereinigung Relais & Chateaux. Prince Charles und der spanische König Felipe haben dort schon genächtigt. Ein Traum ist der Pool im gotischen Gewölbekeller. Nicht minder beeindruckend ist der Blick von der Dachterrasse zum nahe gelegenen Wawel.
✢210 C5 ✉ Kanonicza 16
☎12 4 24 34 21
⊕ www.copernicus.hotel.com.pl

✈ 208 südl. D1 ✉ Jugowiecka 10 c
☎ 12 2 52 70 70 ⊕ www.hotelfarmona.pl

Grand Hotel €€€
Das Grand Hotel gehört seit 1887 zu den ersten Häusern Krakaus. Einst Treffpunkt der bekanntesten Künstler, fiel es zu sozialistischen Zeiten in einen Dornröschenschlaf und knüpft heute nach umfangreicher Renovierung wieder an die großen Zeiten an. Beeindruckend ist das von einem Glasdach im sezessionistischen Stil bedeckte Restaurant im Spiegelsaal.
✈ 207 E4 ✉ Sławkowska 5/7
☎ 12 4 24 08 00 ⊕ www.grand.pl

Green Garden Residence €
Die geräumigen und modernen Studios in Podgórze, unweit der Schindler-Fabrik, bieten Platz für bis zu vier Personen. Dank Küchenzeile mit Wasch- und Spülmaschine sind sie auch gut für längere Aufenthalte geeignet.
✈ 210 C1 ✉ J. Dąbrowskiego 30
⊕ buchbar über www.booking.com

Hotel Eden €€
Das in Kazimierz gelegene kleine Mittelklassehotel wird von vielen jüdischen Gästen besucht. Es besitzt neben einer Sauna auch eine Mikwe (jüdisches Badehaus).
✈ 209 E3 ✉ Ciemna 15 ☎ 12 4 30 65 65
⊕ www.hoteleden.pl

Hotel Gródek €€€
Das Boutiquehotel befindet sich in einem ruhigeren Teil der Altstadt. Die Zimmer des mittelalterlichen Stadtpalasts sind allesamt individuell gestaltet: So gibt es einen Renaissanceraum oder ein chinesisches Zimmer. Ein romantischer Platz für warme Sommerabende ist die Dachterrasse des Hotelrestaurants Ambasada Pacyfiku.
✈ 207 F3 ✉ Na Gródku 4 ☎ 12 4 31 90 30
⊕ www.donimirski.com

Hotel Pod Różą €€€
Das älteste Hotel Krakaus ist in einem Renaissancepalast aus dem 17. Jh. untergebracht. Die Zimmer sind mit stilvollem Mobiliar eingerichtet. Restaurant mit überdachtem Wintergarten und Fitnessraum mit Panoramablick über die Altstadt.
✈ 207 E4 ✉ Floriańska 14 ☎ 12 4 24 33 00
⊕ www.podroza.hotel.com.pl

Hotel Wentzl €€€
Charmantes Boutiquehotel mit eleganten Zimmern in einem Wohnhaus aus dem 16. Jh. an der Südseite des Hauptmarkts. Bis ins späte 18. Jh. reicht die Geschichte des gleichnamigen Feinschmeckerrestaurants zurück. Kostenlose Leihräder für Gäste.
✈ 207 D3 ✉ Rynek Główny 19 ☎ 12 4 30 26 64
⊕ www.wentzl.pl

Klezmer-Hois €€
In einem früheren jüdischen Badehaus am Ende der Szeroka-Straße untergebrachtes kleines Mittelklassehotel. Im Restaurant finden täglich Klezmer-Konzerte statt (S. 133).
✈ 209 E4 ✉ Szeroka 6 ☎ 12 4 11 12 45
⊕ www.klezmer.pl

PURO Hotel Kraków €€€
Das Hotel liegt nahe des Hauptbahnhofs und der Altstadt. Die kleine polnische Hotelkette bietet zu moderaten Preisen hochwertiges, frisches Design. Die Zimmer sind mit High-tech und ausgefeiltem Beleuchtungskonzept ausgestattet; den Cappuccino gibt es kostenlos aus dem Automaten.
✈ 207 östl. F5 ✉ Ogrodowa 10 ☎ 12 3 14 21 00
⊕ www.purohotel.pl

Sheraton Kraków Hotel €€€€
Der moderne Bau entstand nur einen Steinwurf vom Wawel entfernt direkt an der Weichsel. Ein Traum ist die Lounge-Bar auf der Aussichtsterrasse mit Flussblick. Mediterrane Gerichte und eine dazu passende Atmosphäre prägen das unter einem großen Glasdach im Atrium eingerichtete Restaurant.
✈ 208 A5 ✉ Powiśle 7 ☎ 12 6 62 10 00
⊕ www.sheraton.pl/krakow

ESSEN UND TRINKEN

Immer mehr junge Köche nehmen den traditionellen Gerichten ihre Schwere und kombinieren gekonnt alte polnische Rezepte mit mediterranen oder fernöstlichen

Zutaten. Das passende Ambiente stellt sich wie von selbst ein, denn in der wärmeren Jahreszeit verlagert sich das Geschehen auf die Straßen und Plätze, wo man bis spät am Abend noch im schummrigen Kerzenlicht speist. Auch internationale Restaurantkritiker haben die moderne polnische Küche entdeckt. Im Michelin-Guide für Europas wichtigste Städte und im Polen-Restaurantführer von Gault & Millau sind zahlreiche Restaurants aus Krakau aufgeführt.

Preise für ein Hauptgericht (ohne Getränke):

€ bis 45 Zł
€€ 45–90 Zł
€€€ über 90 Zł

Beim **Frühstück** lieben es viele Polen deftig. Neben Käse, Schinken oder Eiern gehören oft auch gekochte oder gegrillte Würste dazu. Frisches Obst zum Frühstück setzt sich erst nach und nach durch. Wenn Sie nicht in Ihrem Hotel frühstücken, haben Sie die Qual der Wahl: Liebhaber der Wiener Kaffeehauskultur werden rund um den Rynek Główny fündig, mögen Sie es lieber französisch, dann lassen Sie sich vom Duft frischer Croissants und Baguettes zu einem Besuch im Bistro Charlotte (Pl. Szczepański 2, werktags ab 7 Uhr) verführen. Für das schnelle Frühstück gibt es zahlreiche Coffeeshops in der ganzen Stadt.

Zwar isst die Mehrheit der Polen immer noch gerne Fleisch, und das nicht nur am Sonntag, aber es geht längst auch ohne. Mehrere Restaurants und Bars in Krakau haben sich auf vegetarische oder vegane Gerichte spezialisiert und auch in den meisten anderen Restaurants gibt es für Vegetarier mehr als nur eine lustlos zubereitete Gemüseplatte.

Suppen gehören zu einem traditionellen Gericht in Polen einfach dazu. Es gibt sie in vielen Varianten von leicht bis deftig. Beliebt ist der Żurek, eine saure Mehlsuppe mit Wurst, Kartoffeln und gekochten Eiern, die oft in einem ausgehöhlten Brotteig serviert wird. Klassiker sind auch die Rote-Bete-Suppe (Barszcz) oder die Pilzsuppe (Zupa Grzybowa).

Piroggen (Pierogi) sind die polnische Variante der Maultaschen. Es gibt sie süß oder deftig, mit oder ohne Fleisch. In Krakauer Pierogarnias können Sie aus mehreren Dutzend Varianten wählen. Probieren Sie mal die Pierogi ruskie mit einer Füllung aus Kartoffeln, Käse und Zwiebeln, z. B. in der Pierogarnia Krakowiacy (ul. Szewska 23, tgl. ab 12 Uhr). Zu Krakau gehören außerdem die Zapiekanki dazu, lange, mit Käse überbackene Baguette-Hälften. Nachtschwärmer stehen am pl. Nowy in Kazimierz Schlange dafür.

Die **Milchbar** (bar mleczny) ist ein Relikt aus sozialistischen Zeiten. In den Selbstbedienungs-Gaststätten konnten die Werktätigen für wenig Geld ein warmes Essen erhalten. Einige haben die politische Wende überlebt, ihr Angebot verbessert, bieten aber immer noch preiswerte und traditionelle polnische Gerichte. Eine moderne Variante ist die Milkbar Tomasza mit einer guten Auswahl von Suppen, Salaten und kleinen Gerichten für wenig Geld (ul. św. Tomasza 24).

Polen ist zwar ein Land der Biertrinker, **Wein** gehört inzwischen aber auch hier zum Essen dazu. Und so findet man vor allem in gehobenen Restaurants eine gute Auswahl von meist trockenen Weinen aus verschiedenen Anbaugebieten. Immer häufiger sind darunter auch Weine polnischer Herkunft zu finden, denn das Land entwickelt sich mehr und mehr zur Weinbau-Nation. Wenn Sie bei Mittel- und Osteuropa eher an süße und billige Weine denken, dann testen Sie sich mal bei Krako Slow Wines (S. 161) durch die eindrucksvolle Auswahl edler Tropfen, die aus Ländern wie Armenien, Polen, Rumänien oder Tschechien stammen.

In den meisten Restaurants stellt die Küche spätestes um 22 Uhr den Betrieb ein, doch es ist im Zentrum von Krakau kein Problem, auch danach noch eine warme Mahlzeit zu erhalten. Speisekarten gibt es in aller Regel in englischer Sprache, häufig auch auf Deutsch. Für ein Abendessen in einem gehobenen Restaurant sollten Sie besser vorab reservieren. Für Trinkgelder gibt es keine festen Regeln, aber 10 % sind üblich.

EINKAUFEN

Sicher, Krakau ist nicht Paris oder Mailand, aber Fashionistas oder Design-Liebhaber können hier genussvoll stöbern.

Mode von internationalen Luxus-Labels führt das exklusive Einkaufszentrum **Pasaż 13** direkt am Marktplatz. Die großen Einkaufszentren **Galeria Krakowska** am Hauptbahnhof und **Galeria Kazimierz** (ul. Podgórska 34) vereinen weit über 100 Geschäfte unter einem Dach. Dort sind neben internationalen Ketten wie H&M, Zara oder Mango auch polnische Modemarken wie Reserved, Eva Minge oder Tatuum vertreten. Produkte junger polnischer Modemacher oder Designer findet man in kleinen Läden in der Altstadt, in Kazimierz und Podgórze. Eine gute Auswahl bietet das **Forum Moda** im ehemaligen Hotel Cracovia (ul. Focha 1, tägl. 11–19, So bis 17 Uhr). Mit einem Kleid oder Wohn-Accessoires made in Kraków werden Sie noch lange an Ihren Urlaub zurückdenken und neugierige Blicke von Bekannten ernten.

Berge von Südfrüchten und Obst oder Gemüse aus der Region türmen sich jeden Tag an den Marktständen in Kleparz nördlich der Altstadt. Auch Käse und Wurst oder Haushaltsartikel sind dort erhältlich. Schon seit 600 Jahren wird auf dem **Rynek Kleparski** Handel getrieben. Auf dem Rynek Główny im Herzen der Altstadt werden hingegen nur noch zu besonderen Anlässen wie Ostern und Weihnachten die Marktstände aufgebaut.

Wenn Sie ein typisches Souvenir aus der Stadt oder dem Umland suchen, bummeln Sie mal durch die **Tuchhallen** oder rund um den Rynek Główny. Zu den beliebten Mitbringseln gehört der Waweldrache. Er ist als Stofftier in verschiedenen Varianten zu erhalten, ziert aber auch T-Shirts oder Tassen. Bewohner der Tatra-Region bieten Produkte aus Schafswolle, Schnitzarbeiten, Halsketten mit bunten Holzkugeln und ihren berühmten Räucherkäse Oscypek an. Auch Kunsthandwerkliches aus anderen Regionen Polens wie Bernsteinschmuck oder Bunzlauer Keramik ist in vielen Geschäften zu finden. Für hochwertige handwerkliche Produkte wie Kosmetika, Liköre Konfitüre oder Honig sind die Benediktinermönche bekannt. Läden gibt es im Kloster von Tyniec bei Krakau und in Kazimierz (ul. Krakowska 29, www.produktybenedyktynskie.com.pl).

Wenn Sie beim Bummel durch Krakau nicht fündig wurden, bleibt immer noch der Flughafen. Dort können Sie aus einer große Auswahl von polnischen Wodkas, Weinen oder Süßwaren noch ein geeignetes Last-Minute-Mitbringsel erwerben.

Öffnungszeiten

Die meisten Geschäfte öffnen in Polen zwischen 9 und 10 Uhr morgens und schließen zwischen 18 und 19 Uhr, sonnabends um 14 Uhr. Im Zentrum Krakaus haben viele Läden Mo–Sa zwischen 9 und 20 Uhr geöffnet, einige auch sonntags. Einige Lebensmittelläden im Zentrum bieten rund um die Uhr ihre Waren an. Die großen Einkaufszentren haben jeden Tag geöffnet. Allerdings hat die nationalkonservative Regierung eine Änderung der liberalen Ladenschlussregelungen auf den Weg gebracht, die den Sonntagsverkauf bis 2020 schrittweise abschafft.

AUSGEHEN

Krakauer Nächte sind lang. Ob in den Kellergewölben der Altstadt, in Kazimierz oder dem neuen Trendviertel Podgórze: Überall ist in den Kneipen, Bars und Clubs noch bis früh am Morgen etwas los. Wenn Sie sich nicht entscheiden können: Über die Fußgängerbrücke Bernatka gelangen Sie schnell von Kazimierz nach Podgórze. An Sommerabenden treffen sich Nachtschwärmer gerne am Ufer der Weichsel, z. B. im Forum Przestrzenie.

Jazz

Rund um den Hauptmarkt klingt abends Jazzmusik aus mehreren Kellergewölben. Zu den bekanntesten Clubs gehören **Harris Piano Jazz Bar** (S. 69), **The Piano Rouge** (S. 69) und **Piec' Art** (S. 109). Klezmerkonzerte finden regelmäßig in Lokalen an der ul. Szeroka in Kazimierz statt. Die bekanntesten sind das **Klezmer Hois** (S. 133), das Restaurant **Ariel** (S. 133) und das Restaurant **Dawno temu na Kazimierzu** (S. 133).

Oper und klassische Musik

Die jährlich rund 200 Aufführungen der **Opera Krakowska** (S. 68) sind fast immer ausverkauft. Tickets kosten ca. 5–35 €. Buchungen sind per Mail oder Telefon ab zwei Monaten vor der Aufführung möglich. Konzerte in der **Krakauer Philharmonie** (S. 109) finden in der Regel freitags und samstags statt. Auch hier sind die Karten mit etwa 6–12 € sehr günstig und oft früh vergriffen; gelegentlich sind noch Restkarten an der Abendkasse erhältlich. Musik von Fryderyk Chopin erklingt regelmäßig im **Chopin-Konzerthaus** in der ul. Sławkowska 14 (www.cracowconcerts.com, Tel. 060 4 09 35 70) sowie im Hotel **Pałac Bonerowski** direkt am Marktplatz (www.palacbonerowski.com).

Veranstaltungsinfos

In gehobeneren Hotels liegt oft das kostenlose englischsprachige Monatsmagazin »Kraków in your pocket« aus, das Tipps zum Ausgehen gibt und über Kulturveranstaltungen informiert (auch online www.inyourpocket.com/krakow). Kulturtipps gibt es in den Büros der Touristeninformation (S. 192) sowie online unter www.krakau.travel.

Veranstaltungskalender

Krakau ist eines der kulturellen Zentren im Nachbarland Polen. Spannende Ausstellungen polnischer und internationaler Künstler sind beispielsweise im **Nationalmuseum** (S. 99) mit seinen zahlreichen Dependancen oder im Museum für zeitgenössische Kunst MOCAK (S. 148) zu sehen. Internationale Künstler machen auf ihren Welttourneen Station in der Krakauer Tauron Arena oder im neuen Kongress- und Veranstaltungszentrum ICE (S. 155). Auf Musikliebhaber warten eine Reihe hochkarätiger Festivals. Es folgt eine Auswahl der wichtigsten regelmäßigen Veranstaltungen.

Opera Rara: Der Rekonstruktion historischer Opern widmet sich dieses Festival, das im Januar und Februar stattfindet (www.operarara.pl).

Cracow Fashion Week: Junge polnische Modemacher zeigen ihre Kreationen bei der im März stattfindenden Modewoche (www.cracowfashionweek.com).

Misteria Paschalia: Der Alten Musik ist das Festival gewidmet, das zur Osterzeit renommierte Künstler und Barock-Ensembles aus ganz Europa an der Weichsel versammelt (www.misteriapaschalia.pl).

Krakauer Festival der Filmmusik: Im Mai/Juni erklingen die Soundtracks bekannter Filme (www.fmf.fm).

Sommer-Jazzfestival: Ein Höhepunkt für Jazz-Liebhaber ist das von Mitte Juni bis Ende Juli in der Piwnica pod Baranami am Marktplatz veranstaltete Jazzfestival (www.cracjazz.com).

Jüdisches Kulturfestival: Eines der größten Festivals seiner Art in Europa – jedes Jahr im Juni/Juli lockt es Zehntausende Besucher auf die Plätze und in die Synagogen von Kazimierz. Höhepunkt ist das große Abschlusskonzert in der Szeroka-Straße (www.jewishfestival.pl).

Musik im alten Krakau: In der zweiten Augusthälfte erklingt Klassik auf den schönsten Plätzen und Innenhöfen der Altstadt (www.mwsk.eu).

Sacrum Profanum: Eines der bedeutendsten europäischen Festivals für zeitgenössische Kunst. Aufführungen finden im September nicht nur in großen Konzertsälen statt, sondern auch an ungewöhnlichen Orten, z. B. in einem Stahlwerk (www.sacrumprofanum.com).

Royal Cracow Piano Festival: Bekannte Pianisten aus aller Welt sind im September/Oktober zu Gast (www.cracowpianofestival.com).

Zaduszki-Jazzfestival: Rund um Allerseelen Anfang November. Schon seit mehr als 60 Jahren erinnert es immer auch an verstorbene Größen des Faches (www.krakowskiezaduszkijazzowe.dt.pl).

Weihnachtsmarkt: Ende November wird auf dem Rynek Główny die Adventszeit eingeläutet. Zu den Höhepunkten des Weihnachtsmarkts gehört die Präsentation der schönsten Weihnachtskrippen Anfang Dezember (www.kiermasze.com).

Silvester: Mit großen Veranstaltungen startet man in Krakau ins Neue Jahr. Die größte Open-Air-Party findet natürlich auf dem Marktplatz im Herzen der Altstadt statt. www.sylwester.krakow.pl.

SPRACHE

Allgemeines

Die polnische Sprache mag Ihnen durch die vielen Zischlaute zunächst ungewohnt vorkommen. Aber mit ein wenig Übung wird es Ihnen gelingen, wichtige Worte und Sätze auf Polnisch zu sagen und Ihre Gastgeber damit zu beeindrucken.

Die polnische Schriftsprache verwendet eine Reihe von Sonderzeichen:

ą	nasales o
ć	weiches tsch
ę	nasales e
ł	ähnlich wie englisches w
ń	weiches n (wie in Cognac)
ś	weicher sch-ähnlicher Laut
ó	wie u
ż	weiches, stimmhaftes sch
ź	stimmhaftes sch

Die Kombination **cz** wird wie tsch ausgesprochen, **rz** wie ein weiches sch und **sz** wie sch. Bei der Kombination **ck** werden die Buchstaben einzeln gesprochen.

Immer zu gebrauchen

ja/nein	**tak/nie**
bitte (sehr)	**proszę (bardzo)**
danke	**dziękuję**
Entschuldigung	**przepraszam**
Hallo/Tschüs	**cześć**
Auf Wiedersehen	**do widzenia**
Guten Tag	**dzień dobry**
Guten Abend	**dobry wieczór**
Gute Nacht	**dobranoc**
Hilfe	**pomoc**
Wie geht's?	**Jak się masz?**
Ich spreche kein Polnisch!	**Nie mówię po polsku!**
Ich verstehe nicht!	**Nie rozumiem!**
Sprichst du Deutsch?	**Czy mówisz po niemiecku?**
gut/einverstanden	**dobry** (Adjektiv)/ **dobrze** (Adverb)
schlecht	**zły** (Adjektiv)/ **źle** (Adverb)
Deutschland	**Niemcy**
Österreich	**Austria**
Schweiz	**Szwajcaria**
Polen	**Polska**
Wie spät ist es?	**Która jest godzina?**
morgens	**rano**
nachmittags	**po południu**
abends	**wieczorem**
jetzt	**teraz**
heute	**dzisiaj**
gestern	**wczoraj**
morgen	**jutro**
Tag	**dzień**
Montag	**poniedziałek**
Dienstag	**wtorek**
Mittwoch	**środa**
Donnerstag	**czwartek**
Freitag	**piątek**
Samstag	**sobota**
Sonntag	**niedziela**

Unterwegs

Wo ist …?	**Gdzie jest …?**
Straße	**ulica**
hier	**tu/tutaj**
dort	**tam**
links/nach links	**lewo/na lewo**
rechts/nach rechts	**prawo/na prawo**
geradeaus	**prosto**
nah	**blisko**
weit	**daleko**
Wie komme ich zum/ zur …?	**Jak dostać się…**
… Bahnhof	**… do dworca**
… Toilette	**… do toalety**
… Flughafen	**… na lotnisko**
… Museum	**… do muzeum**
Straßenbahn	**tramwaj**
Haltestelle	**przystanek**
Schiff	**statek**
Bus	**autobus**
Fahrkarte	**bilet**
Reservierung	**rezerwacja**
Abfahrt	**wyjście**
Ankunft	**przyjazd**
Fahrrad	**rower**
Auto	**samochód**
bewachter Parkplatz	**parking strzeżony**
Ich habe eine Panne.	**Mam awarię samochodu.**

Wo ist hier in der Nähe eine Werkstatt?	**Gdzie jest tu w pobliżu warsztat samochodowy?**
Museum	**muzeum**
Kirche	**kościół**
Post	**poczta**
Bank	**bank**
Touristeninformation	**informacja turystyczna**
Wechselstube	**kantor**

Übernachten

Hotel	**hotel**
Unterkunft	**noclegi**
Zimmer	**pokój**
Bad	**łazienki**
Dusche	**prysznic**
Zimmer frei	**wolne pokój**
Haben Sie ein Einzelzimmer/Doppelzimmer frei?	**Czy masz pokój jednoosobowy/ dwuosobowy za darmo?**
Ich habe ein Zimmer reserviert.	**Mam zarezerwowany pokój.**
Wie viel kostet das Zimmer pro Nacht?	**Ile kosztuje pokój za noc?**
Zimmernummer	**numer pokój**
Zimmerschlüssel	**klucz do pokoju**

Einkaufen

Wo gibt es... ?	**Gdzie znaleźć...?**
... Geschäft	**... sklep**
... Metzgerei	**... sklep rzeźniczy**
... Lebensmittelgeschäft	**... sklep spożywczy**
... Bäckerei	**... piekarnia**
Kann ich mit Kreditkarte zahlen?	**Czy mogę zapłacić kartą kredytową?**
Obst	**owoc**
Gemüse	**warzywo**

Im Restaurant

Speisekarte	**jadłospis/ menu**
Die Speisekarte, bitte	**Proszę dać mi menu**
Frühstück	**śniadanie**
Mittagessen	**obiad**
Abendessen	**kolacja**
Hauptgericht	**danie główne**
Vorspeise	**przystawka**
Suppe	**zupa**
Dessert	**deser**
Die Rechnung, bitte	**Proszę o rachunek**
Herr Ober/mein Herr	**proszę pana**
Frau Ober/meine Dame	**proszę pani**
Zum Wohl	**na zdrowie**
Guten Appetit	**smacznego**

Zahlen

0	**zero**
1	**jeden**
2	**dwa**
3	**trzy**
4	**cztery**
5	**pięć**
6	**sześć**
7	**siedem**
8	**osiem**
9	**dziewięć**
10	**dziesięć**
11	**jedenaście**
12	**dwanaście**
13	**trzynaście**
14	**czternaście**
15	**piętnaście**
16	**szesnaście**
17	**siedemnaście**
18	**osiemnaście**
19	**dziewiętnaście**
20	**dwadzieścia**
21	**dwadzieścia jeden**
30	**trzydzieście**
40	**czterdzieście**
50	**pięćdziesiąt**
60	**sceśćdziesiąt**
70	**siedemdziesiąt**
80	**osiemdziesiąt**
90	**dziewięćdziesiąt**
100	**sto**
101	**sto jeden**
1000	**tysiąc**

Speisekarte

barszcz czerwony	Rote-Bete-Suppe
befsztyk	Beefsteak
bigos	Sauerkrauteintopf
borowiki	Steinpilze
chłodnik	Rote-Bete-Kaltschale
chłeb	Brot
czekolada	Schokolade

dodatki	Beilagen
flaki	Kuttelsuppe
frytki	Pommes frites
herbata	Tee
kaczka pieczona	Entenbraten
karp	Karpfen
kawa	Kaffee
kiełbasa	Wurst
kluski	Klöße
kotlet schabowy	Schweineschnitzel
kurczak	Hähnchen
kurki	Pfifferlinge
lody	Eis
łosoś	Lachs
makowiec	Mohnkuchen
mleko	Milch
naleśniki	Eierkuchen
pierogi	Maultaschen
pieczeń wołowa	Rinderbraten
piwo	Bier

polędwica	Filet
pstrąg	Forelle
ryba	Fisch
ryż	Reis
sałatka	Salat
śledź	Hering
sok jabłkowy	Apfelsaft
sok pomarańczowe	Orangensaft
surówka	Rohkost, Salatbeilage
szampan	Sekt
szarlotka	Apfelstrudel
wino białe/	Weißwein/
wino czerwone	Rotwein
woda mineralne gazowana/ niegazowana	Mineralwasser mit/ ohne Kohlensäure
ziemniaki	Kartoffeln
zupa grzybowa	Pilzsuppe
zupa pomidorowa	Tomatensuppe
żurek	Saure Mehlsuppe

Cityatlas

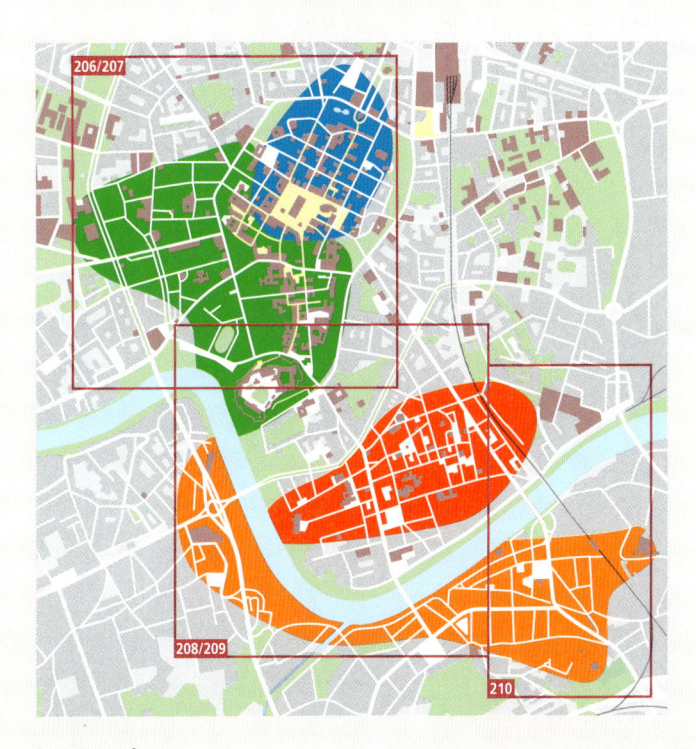

Legende

- —19— Trambahn mit Haltestelle
- ⚑ Jugendherberge
- ⚔ Konsulat
- ℹ Information
- Ⓜ Museum
- ❷ ★★ TOP 10
- ⓫ Nicht verpassen!
- ⓲ Nach Lust und Laune!
- 🎭 Theater, Oper
- ♟ Denkmal
- ✝ Kirche
- Kapelle; Kloster
- ✡ Synagoge
- ⊕ Krankenhaus
- ✺ Polizei
- 🚌 Busbahnhof

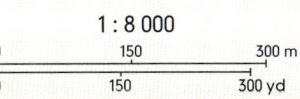

1 : 8 000

0 — 150 — 300 m
0 — 150 — 300 yd

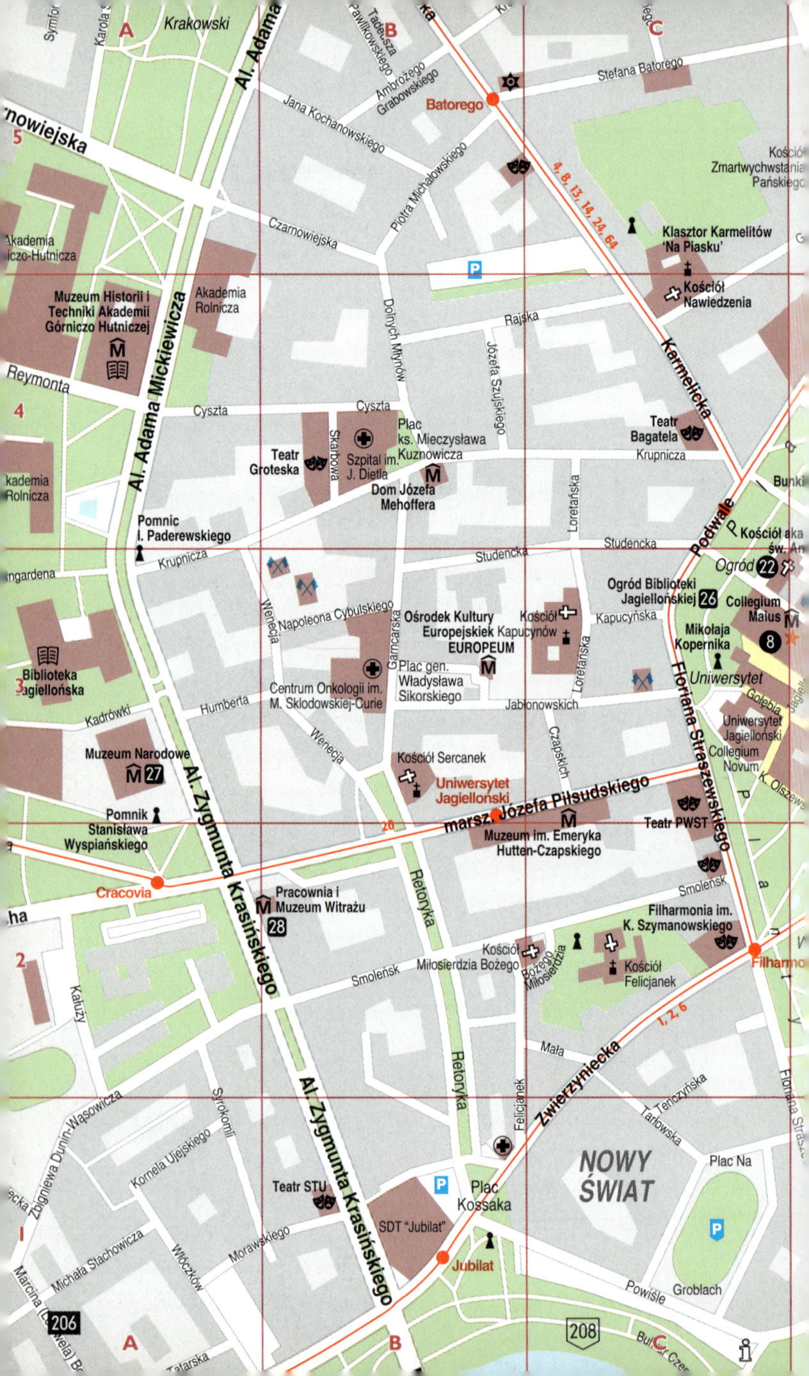

A
B
C
Krakowski
Al. Adama
Tadeusza Pawlikowskiego
Ambrożego Grabowskiego
Batorego
Stefana Batorego
Jana Kochanowskiego
Czarnowiejska
Piotra Michałowskiego
4, 8, 13, 14, 24, 64
Kościół Zmartwychwstania Pańskiego
Klasztor Karmelitów 'Na Piasku'
Kościół Nawiedzenia
Akademia Górniczo-Hutnicza
Muzeum Historii i Techniki Akademii Górniczo Hutniczej
Akademia Rolnicza
Al. Adama Mickiewicza
Dolnych Młynów
Rajska
Józefa Szujskiego
Karmelicka
Reymonta
Cyszta
Skarbowa
Szpital im. J. Dietla
Plac ks. Mieczysława Kuznowicza
Teatr Groteska
Dom Józefa Mehoffera
Teatr Bagatela
Krupnicza
Loretańska
Pomnik I. Paderewskiego
Studencka
Podwale
Kościół aka św. An
Ogród 22
Ogród Biblioteki Jagiellońskiej 26
Collegium Maius
Mikołaja Kopernika 8
Uniwersytet
Wenecja
Napoleona Cybulskiego
Garncarska
Ośrodek Kultury Europejskiek EUROPEUM
Kościół Kapucynów
Kapucyńska
Plac gen. Władysława Sikorskiego
Centrum Onkologii im. M. Sklodowskiej-Curie
Biblioteka Jagiellońska
Humberta
Kadrówki
Jabłonowskich
Czapskich
Gołębia
Uniwersytet Jagielloński Collegium Novum
Floriana Straszewskiego
Muzeum Narodowe 27
Kościół Sercanek
Uniwersytet Jagielloński
marsz. Józefa Piłsudskiego
Teatr PWST
K. Olszewskiego
Pomnik Stanisława Wyspiańskiego
20
Muzeum im. Emeryka Hutten-Czapskiego
Al. Zygmunta Krasińskiego
Cracovia
Pracownia i Muzeum Witrażu 28
Retoryka
Smoleńsk
Filharmonia im. K. Szymanowskiego
Kościół Miłosierdzia Bożego
Kościół Felicjanek
Filharmonia
Kałuży
1, 2, 6
Mała
Zwierzyniecka
Tenczyńska
Tarłowska
Zbigniewa Dunin-Wąsowicza
Syrokomli
Kornela Ujejskiego
Feliciajanek
NOWY ŚWIAT
Plac Na Groblach
Teatr STU
Plac Kossaka
SDT "Jubilat"
Jubilat
Michała Stachowicza
Włóczków
Morawskiego
Marcina (Lelewela) Borelowskiego
Powiśle
Tatarska
208
5
4
3
2
1

Map of Stare Miasto, Kraków

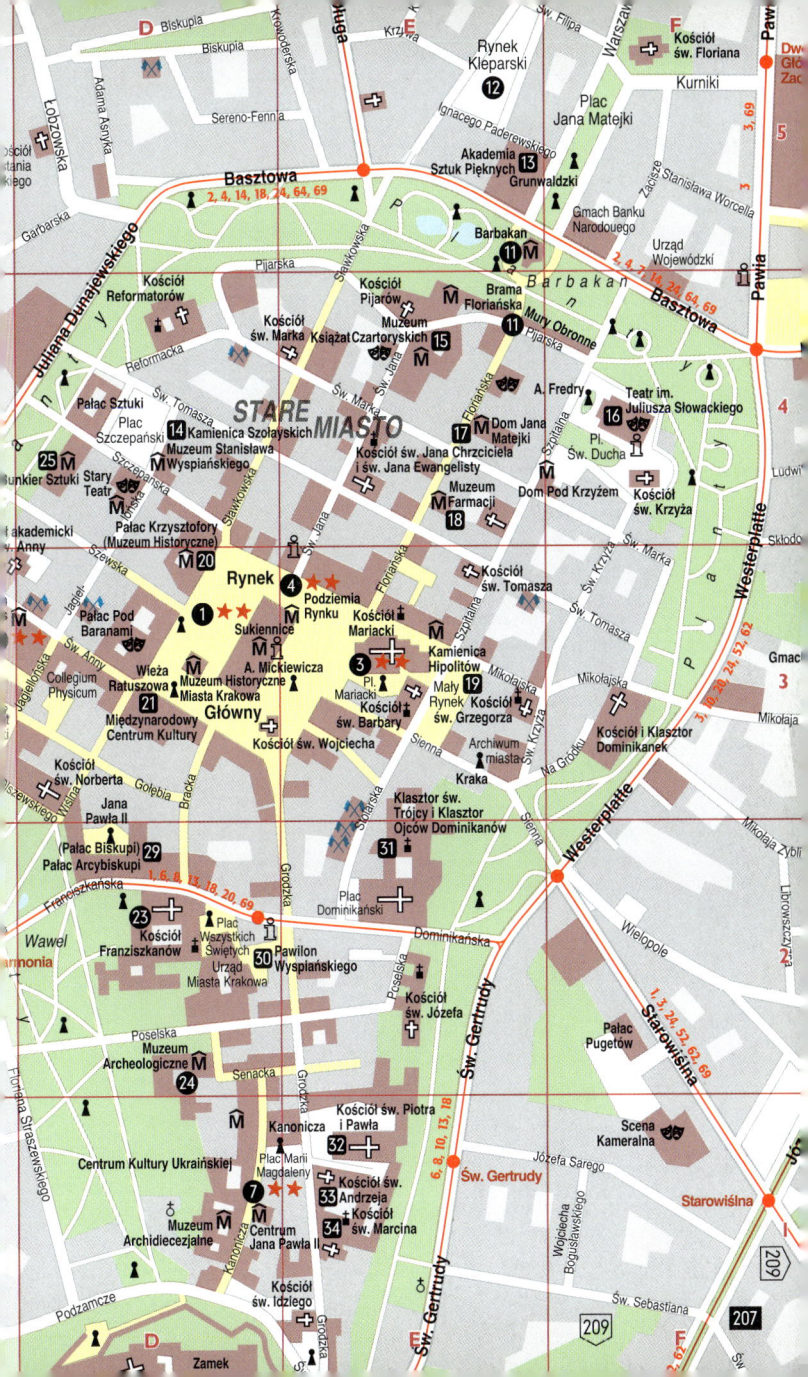

Streets and major roads
- Biskupia
- Krowoderska
- Św. Filipa
- Lodzowska
- Adama Asnyka
- Sereno-Fenna
- Krzywa
- Warszawska
- Pawia
- Garbarska
- Juliana Dunajewskiego
- Basztowa (2, 4, 14, 18, 24, 64, 69)
- Pijarska
- Ignacego Paderewskiego
- Grunwaldzki
- Zaciszna Stanisława Worcella
- Reformacka
- Św. Tomasza
- Św. Jana
- Szpitalna
- Westerplatte
- Św. Marka
- Św. Krzyża
- Św. Tomasza
- Mikołajska
- Sienna
- Na Groóku
- Mikołaja
- Mikołajska
- Szewska
- Jagiełł.
- Św. Anny
- Bracka
- Gołębia
- Wiślna
- Grodzka
- Stolarska
- Senna
- Wielopole
- Librowszcz.
- Franciszkańska
- Plac Dominikański
- Dominikańska
- Poselska
- Przesielska
- Senacka
- Św. Gertrudy
- Józefa Sarego
- Kanonicza
- Plac Marii Magdaleny
- Podzamcze
- Wojciecha Bogusławskiego
- Św. Sebastiana
- Starowiślna (1, 3, 24, 52, 62, 69)

Landmarks (numbered)
- 12 Rynek Kleparski
- 13 Akademia Sztuk Pięknych
- Plac Jana Matejki
- Gmach Banku Narodowego
- Urząd Wojewódzki
- 11 Barbakan
- 11 Brama Floriańska
- Mury Obronne
- Kościół św. Floriana
- Kurniki
- Kościół Reformatorów
- Kościół św. Marka
- Kościół Pijarów
- 15 Muzeum Książąt Czartoryskich
- A. Fredry
- 16 Teatr im. Juliusza Słowackiego
- Pl. Św. Ducha
- 17 Dom Jana Matejki
- Dom Pod Krzyżem
- Kościół św. Krzyża
- Pałac Sztuki
- Plac Szczepański
- 14 Kamienica Szołayskich / Muzeum Stanisława Wyspiańskiego
- 25 Bunkier Sztuki
- Stary Teatr
- Kościół św. Jana Chrzciciela i św. Jana Ewangelisty
- 18 Muzeum Farmacji
- akademicki św. Anny
- Pałac Krzysztofory (Muzeum Historyczne)
- Collegium Physicum
- 20 Rynek
- 4 Podziemia Rynku
- Kościół św. Tomasza
- 1 Sukiennice
- A. Mickiewicza
- Kościół Mariacki
- 3 Pl. Mariacki
- Kamienica Hipolitów
- 19 Mały Rynek
- 21 Wieża Ratuszowa / Muzeum Historyczne Miasta Krakowa / Główny
- Międzynarodowe Centrum Kultury
- Pałac Pod Baranami
- Kościół św. Barbary
- Kościół św. Grzegorza
- Kościół św. Wojciecha
- Archiwum miasta
- Kościół i Klasztor Dominikanek
- Kościół św. Norberta
- Jana Pawła II
- Klasztor św. Trójcy i Klasztor Ojców Dominikanów
- 29 Pałac Biskupi / Pałac Arcybiskupi (1, 6, 8, 13, 18, 20, 69)
- 23 Kościół Franciszkanów
- Plac Wszystkich Świętych
- 30 Pawilon Wyspiańskiego
- Urząd Miasta Krakowa
- Plac Dominikański
- Kościół św. Józefa
- Pałac Pugetów
- 24 Muzeum Archeologiczne
- Scena Kameralna
- Wawel / harmonia
- Centrum Kultury Ukraińskiej
- Kościół św. Piotra i Pawła
- 32 Kanonicza
- 7 Muzeum Archidiecezjalne
- 33 Kościół św. Andrzeja
- 34 Kościół św. Marcina
- Centrum Jana Pawła II
- Kościół św. Idziego
- Zamek
- Starowiślna
- Dw. Głó. Zac.

Area label
STARE MIASTO

Road numbers
- 209
- 207

NOWY ŚWIAT

206 Plac Kossaka
J 5bilat
Plac Na Groblach
Szewskiego
B Centrum Kultury Ukraińskiej
Plac Marii Magdaleny
C 32
207 6, 8, 10
Kościół św. Andrzeja 33
Kościół św. Marcina 34
Muzeum Archidiecezjalne
Centrum Jana Pawła II 7
Powiśle Groblach
Podzamcze
Kościół św. Idziego
św. Gertrudy
Wisła
Muzeum Katedralne
Katedra Wawelska
Zamek
Muzeum Geologiczne
św. Idziego
Bulwary Wiślane 35
Wawel Wzgórze Wawelskie 2
Wawel
Plac Bernardyński
Kościół Księży Misjona
Kościół św. Bernardyna
Klasztor i Kościół Bernardynów
Stradomska 6, 8, 10
Smocza Jama
Droga do Zamku
Bernardyńska
Bulwar Poleski
Zamkowa
Powroźnicza
Barska
Sandomierska
Bulwar Czerwieński
Smocza
Koletek
św. Agnieszki
Marii Konopnickiej
Paulińska
Piłsudski
Jasnogo
Muzeum Sztuki i Techniki Japońskiej Manggha 48
Stadion KS Nadwiślan
Sukiennicza
Kościół św. Agnieszki
Józefa Dietla
Orzeszkowej
Ks. Augusta Korbońskiego
Orzeszkowej
Paulińska
Zespół klasz. August
Kościół św. Katarzyny
Jana Kilińskiego
Most Grunwaldzki 12, 18, 22, 52, 62
św. Stanisława
Skałeczna
Rondo Grunwaldzkie
Centrum Kongresowe
Kościół i klasztor paulinów na Skałce 44
Monte Cassino 22, 52, 62
2
ICE Kraków Congress Centre 49
Bulwar Wołyński
Kościół św. Michała i Stanisława
Piekar
Jana Buhaka
Wygrana
Bulwary Wiślane 35
Barska
Wierzbowa
Na Ustroniu
Bulwar Wołyński
Bulwar
Wisła
I
Komarińskich
ardowskiego
208 Pomnik M. Konopnickiej
Barska
Marii Konopnickiej
A **B** Ludwinowska **C** Most

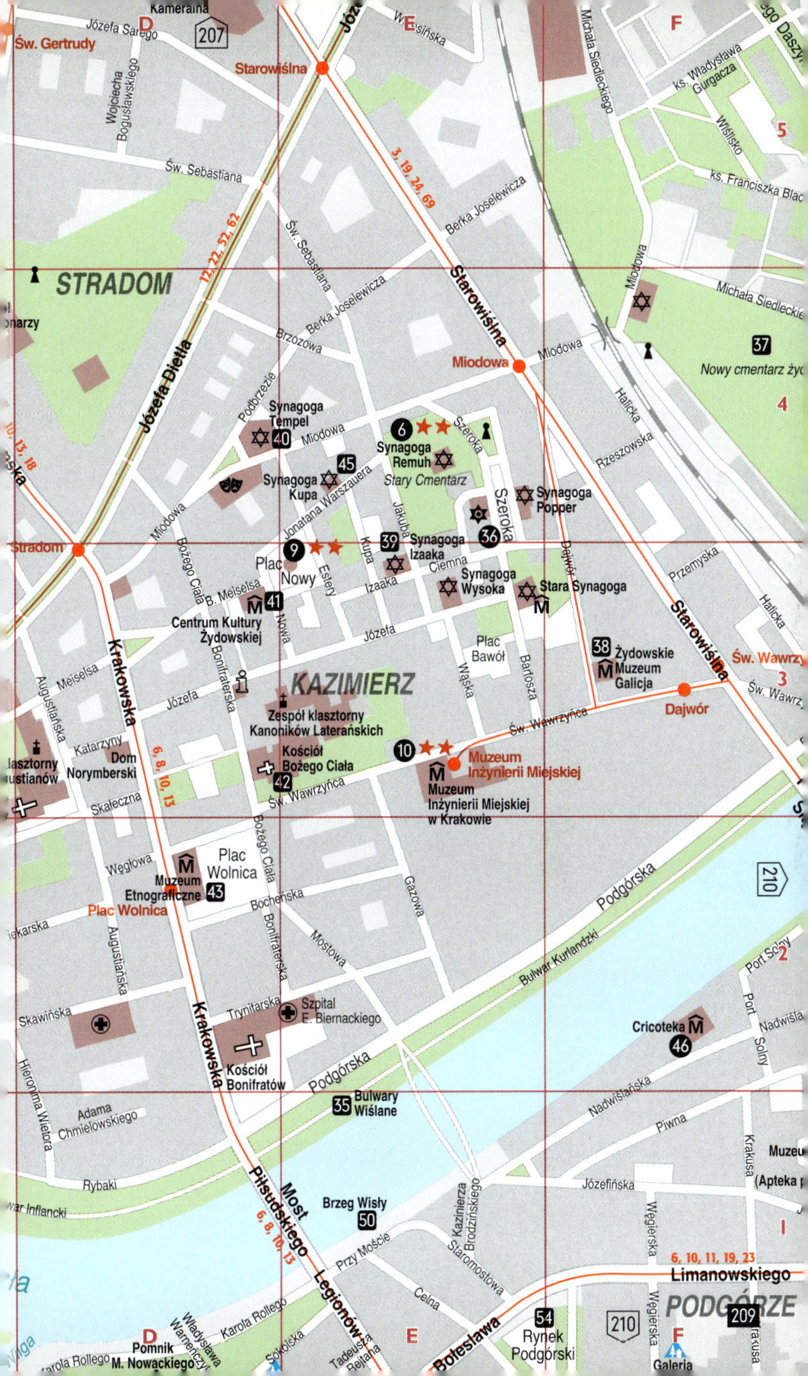

STRADOM
KAZIMIERZ
PODGÓRZE
Starowiślna
Miodowa
Stradom
Dajwór
Synagoga Tempel
Synagoga Remuh
Stary Cmentarz
Synagoga Kupa
Synagoga Popper
Synagoga Izaaka
Synagoga Wysoka
Stara Synagoga
Plac Nowy
Centrum Kultury Żydowskiej
Żydowskie Muzeum Galicja
Zespół klasztorny Kanoników Laterańskich
Kościół Bożego Ciała
Muzeum Inżynierii Miejskiej
Muzeum Inżynierii Miejskiej w Krakowie
Dom Norymberski
Plac Wolnica
Muzeum Etnograficzne
Plac Bawół
Szpital E. Biernackiego
Kościół Bonifratrów
Bulwary Wiślane
Cricoteka
Brzeg Wisły
Nowy cmentarz żyd
Rynek Podgórski
Most Piłsudskiego
Limanowskiego
Krakowska
Józefa Dietla
Szeroka
Pomnik M. Nowackiego
Galeria

A

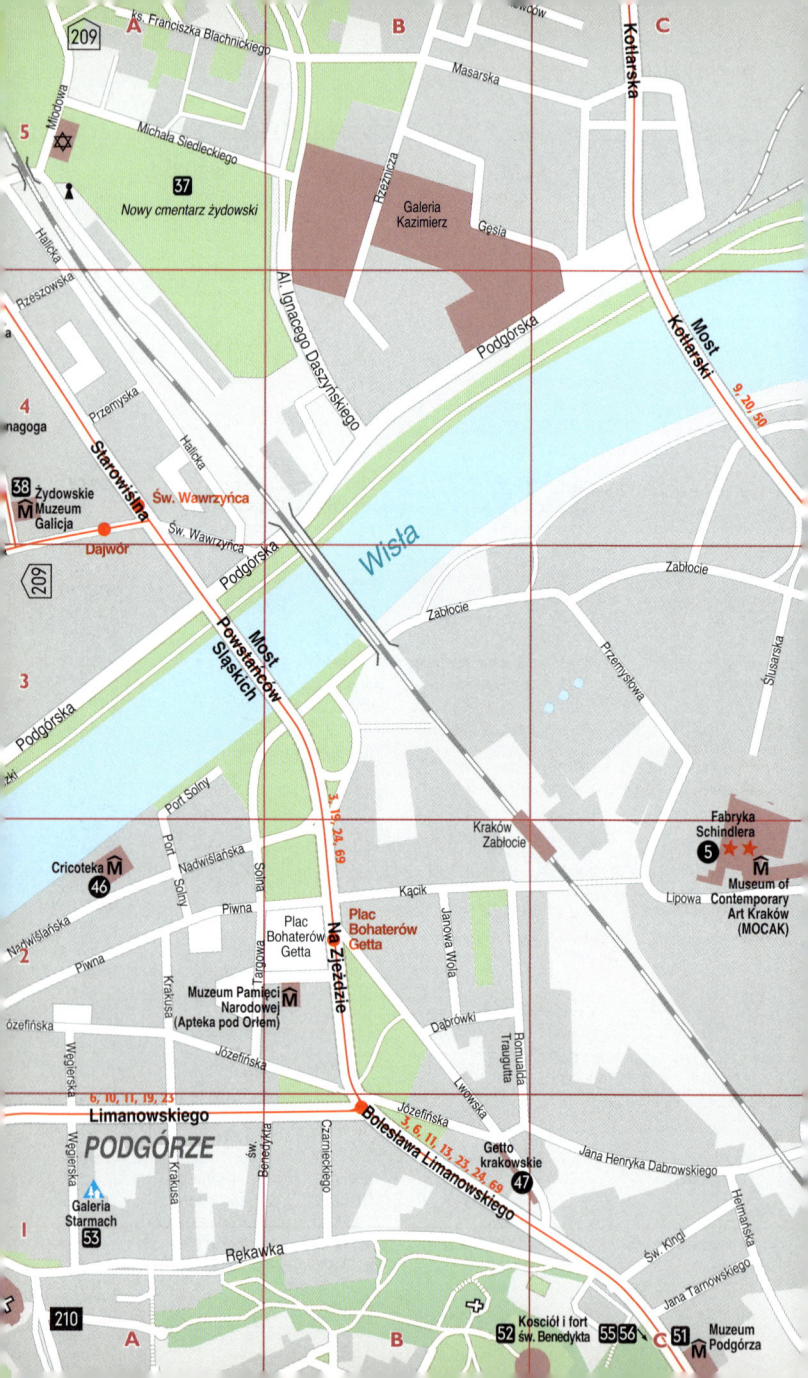

5 ks. Franciszka Blachnickiego
209
Michała Siedleckiego
37 Nowy cmentarz żydowski

Rzeszowska
4 Przemyska
nagoga
Starowiślna
38 Żydowskie Muzeum Galicja
Św. Wawrzyńca
Dajwór
209
Podgórska

3 Podgórska
Most Powstańców Śląskich

Port Solny
Nadwiślańska
46 Cricoteka
Piwna
2 Nadwiślańska
Piwna
Krakusa
Józefińska
Muzeum Pamięci Narodowej (Apteka pod Orłem)

6, 10, 11, 19, 23
Limanowskiego
PODGÓRZE
Węgierska
53 Galeria Starmach

1 Węgierska
Rękawka
210

B

Masarska
Rzeźnicza
Galeria Kazimierz
Gęsia

Hałcka
Św. Wawrzyńca

Zabłocie
Zabłocie

Kraków Zabłocie
Kącik
Zofia
Plac Bohaterów Getta
Plac Bohaterów Getta
Janowa Wola
Na Zjeździe
3, 19, 24, 69

Dąbrówki
Józefińska
Lwowska
Romualda Traugutta

3, 6, 11, 13, 23, 24, 69
Józefińska
Bolesława Limanowskiego
Getto krakowskie **47**
Jana Henryka Dąbrowskiego
Czarnieckiego
Rydlówki

Św. Kingi
Jana Tarnowskiego
Kościół i fort **52** św. Benedykta **55 56**

C

Kotlarska
Most Kotlarski
9, 20, 50

Wisła

Przemysłowa
Ślusarska

Fabryka Schindlera ★★ **5**
Lipowa
Museum of Contemporary Art Kraków (MOCAK)

Hetmańska

51 Muzeum Podgórza

Straßenregister

A
Adama Asnyka 207 D5
Adama Chmielowskiego 209 D1
Aleja Adama
  Mickiewicza 206 A3-5
Aleja Ignacego Daszyńskiego 210 B4/5
Aleja Zygmunta Krasińskiego 206 A3-B1
Ambrożego Grabowskiego 206 B5
Augustiańska 209 D2/3

B
Barska 208 A2-B1
Bartosza 209 E3
Basztowa 207 D5-F4
Beera Meiselsa 209 D/E3
Berka Joselewicza 209 E4-F5
Bernardyńska 208 B/C4
Biskupia 207 D/E5
Bożego Ciała Bonifraterska 209 D4-E3
Bożego Ciała 209 D2
Bołesława 209 E/F1
Bocheńska 209 D/E2
Bolesława
  Limanowskiego 210 B2-C1
Bonifraterska 209 D/E2
Bracka 207 D2/3
Brzozowa 209 D/E4
Bulwar Czerwieński 208 A5-C2
Bulwar Kurlandzki 209 E1-F2
Bulwar Wolyński 208 A4-B2

C
Celna 209 E1
Ciemna 209 E/F3
Cyszta 206 A/B4
Czapskich 206 C3
Czarnieckiego 210 B1
Czarnowiejska 206 A/B5

D
Dàbrówki 210 B2
Długa 207 E5
Dolnych Młynów 206 B4
Dominikańska 207 E/F2
Droga do Zamku 208 B/C4

E
Estery 209 E3/4

F
Floriańska 207 E3-F4
Floriana Straszewskiego 207 D1
Franciszkańska 207 D2

G
Gęsia 210 B5-C4
Garbarska 207 D5
Garncarska 206 B3/4
Gazowa 209 E2/3
Gołębia 207 D3
Grodzka 207 E1-3

H
Halicka 209 F4
Hieronima Wietora 209 D1/2
Humberta 206 A3

I
Ignacego Paderewskiego 207 E/F5
Izaaka 209 E3

J
Jabłonowskich 206 B/C3
Jagiellońska 207 D3/4
Jana Henryka
  Dabrowskiego 210 C1
Jana
  Kochanowskiego 206 A/B5
Janowa Wola 210 B2
Jonatana Warszauera 209 E4
Józefa Dietla 209 D3-E5
Józefa Piłsudskiego 206 A2-C3
Józefa Sarego 209 D/E5
Józefa Szujskiego 206 B4
Józefa 209 D-F3
Józefińska 210 A2-B1
Juliana
  Dunajewskiego 207 D4/5

K
Kàcik 210 B/C2
Kadrówki 206 A3
Kanonicza 207 D1/2
Kapucyńska 206 C3
Karmelicka 206 B5-C4
Karola Rollego 209 D/E1
Katarzyny 209 D3
Kazinierza
  Brodzińskiego 209 E1
Koletek 208 B3-C4
Kornela Ujejskiego 206 A1
Kotlarska 210 C4/5
Krakowska 209 D1-3
Krakusa 210 A1/2
Kremerowska 206 B/C5
Krótka 207 E5
Krowoderska 207 D/E5
Krupnicza 206 A3-C4

Krzywa
Krzywa 207 E5
Księdza Augustyna
  Kordeckiego 208 C3
Księdza Franciszka
  Blachnickiego 210 A5
Kupa 209 E3/4

L
Limanowskiego 210 A/B1
Lipowa 210 C2
Łobzowska 207 D5
Loretańska 206 C3/4
Ludwinowska 208 B/C1

M
Mały Rynek 207 E3
Marii Konopnickiej 208 A4-B1
Masarska 210 B5
Meiselsa 209 D3
Michała Siedleckiego 210 A5
Mikołajska 207 E/F3
Miodowa 209 D3-F5
Morawskiego 206 A/B1
Most Grunwaldzki 208 B3
Most Kotlarski 210 C4
Most Piłsudskiego 209 D/E1
Most Powstańców
  Śląskich 210 A/B3
Most Rełmański 208 C1
Mostowa 209 E2

N
Na Gródku 207 E/F3
Na Ustroniu 208 A1
Na Zjeździe 210 B2/3
Nadwiślańska 209 F1/2
Napoleona
  Cybulskiego 206 A/B3
Nowa 209 D/E3

O
Orzeszkowej 208 C3

P
Paulińska 208 C2/3
Piekarska 209 D2
Pijarska 207 D5-F4
Piotra Michałowskiego 206 B5
Piwna 209 F1/2
Plac Bawół 209 E3
Plac Bernardyński 208 C4
Plac Bohaterów Getta 210 B2
Plac Dominikański 207 E2
Plac gen. Władysława
  Sikorskiego 206 B3
Plac Jana Matejki 207 F5

STRASSENREGISTER 211

Plac Kossaka	206 B1	Semperitowców	210 B/C5	Szczepanska	207 D4
Plac ks. Mieczysława Kuznowicza	206 B4	Senacka	207 D/E2	Szeroka	209 E4
		Sereno-Fenn'a	207 D/E5	Szewska	207 D3/4
Plac Mariacki	207 E3	Sienna	207 F2-E3	Szpitalna	207 E3-F4
Plac Marii Magdaleny	207 D/E1	Skałeczna	208 C2		
Plac Na Groblach	208 A/B5	Skarbowa	206 A/B4	**T**	
Plac Nowy	209 D/E3	Skawińska	209 D2	Tadeusza Pawlikowskiego	206 B5
Plac Szczepański	207 D4	Sławkowska	207 D3-E5		
Plac Wolnica	209 D2	Ślusarska	210 C3	Tadeusza Rejtana	209 E1
Plac Wszystkich Świętych	207 D2	Smocza	208 B3/4	Targowa	210 A2
		Smoleńsk	206 A-C2	Tarłowska	206 C1/2
Podbrzezie	209 D/E4	Sokolska	209 D/E1	Tenczyńska	206 C1/2
Podgórska	209 E1-F2	Solna	210 A2/3	Trynitarska	209 D/E2
Podzamcze	207 D/E1	Staromostowa	209 E1		
Port Solny	210 A2/3	Starowiślna	207 F2	**W**	
Poselska	207 D/E2	Stefana Batorego	206 B/C5	Węgierska	209 F1
Powiśle	206 B/C1	Stolarska	207 E2/3	Węgłowa	209 D2
Przemysłowa	210 C3	Stradomska	208 C4	Władysława Warneńczyka	209 D1
Przemyska	210 A4	Studencka	206 B3-C4		
Przy Moście	209 E1	Sukiennicza	208 C3/4	Włóczków	206 A1
		Świętego Agnieszki	208 C4	Warszawska	207 F5
R		Świętego Anny	207 D3	Wàska	209 E3
Rajska	206 B/C4	Świętego Benedykta	210 A/B1	Wenecja	206 A/B3
Reformacka	207 D4	Świętego Filipa	207 E/F5	Westerplatte	207 F2-4
Retoryka	206 B1-3	Świętego Gertrudy	207 E1-F2	Wiślna	207 D3
Romualda Traugutta	210 B2	Świętego Idziego	207 E1	Wielopole	207 F2
Rondo Grunwaldzkie	208 A2/3	Świętego Jana	207 E3/4	Wierzbowa	208 A1/2
Rybaki	209 D1	Świętego Krzyża	207 E/F3	Wojciecha Bogusławskiego	209 D5
Rynek Główny	207 D/E3	Świętego Marka	207 E4-F3		
Rynek Kleparski	207 F5	Świętego Sebastiana	209 D5-E4	Wrzesińska	209 E5
Rynek Podgórski	209 F1			Wygrana	208 A2
Rzeżnicza	210 B4/5	Świętego Stanisława	208 B3-C2		
Rzeszowska	209 F4	Świętego Tomasza	207 D4-F3	**Z**	
		Świętego Wawrzyńca	209 E/F3	Zabłocie	210 B/C3
S		Świętego Wawrzyńca	210 A3/4	Zacisze	207 F4/5
Sandomierska	208 A3/4	Syrokomli	206 A1/2	Zatorska	208 C1
				Zwierzyniecka	206 A1-C2

Register

A
Adalbertkirche 48
Akademia Sztuk Pięknych w Krakowie 60
Akademie der bildenden Künste 60
Alter Jüdischer Friedhof 116, 118
Alte Synagoge 116, 127
Anreise 194
Apotheke 193
Apotheke zum Adler (Apteka pod Orłem) 154
Archäologisches Museum 97
Arsenal 57
Auschwitz-Birkenau (ehem. Konzentrationslager) 170
Ausflüge 166
Ausgehen 68, 109, 137, 163, 200

B
Barbakane 57
Bazylika św. Trójcy i Klasztor Ojców Dominikanów 102
Bernatka 144
Bischofspalast 77, 101
Bochnia (Salzbergwerk) 167
Botschaften 192
Brama Floriańska 44, 56
Brzeg Wiśly 144, 155
Bulwar Czerwieński 104
Bulwar Wiślane 104
Bunkier Sztuki 23, 99
Bus 195

C
Centrum Jana Pawła II 88
Centrum Kultury Żydowskiej 130
Chopin, Fryderyk 92
Chromy, Bronisław 80, 185
Collegium Maius 76, 90
Cricoteka 25, 144, 150
Czartoryski-Museum 61

D
Delacroix, Eugène 92
Deutsches nationalsozialistisches Konzentrationslager Płaszów 158
Długosz, Jan 88
Drachenhöhle 80
Dreifaltigkeits-Basilika und Dominikanerkloster 102

E
Einkaufen 67, 108, 135, 162, 200
Elektrizität 192
Ermäßigungen 192
Erzdiözesan-Museum 79
Essen und Trinken 64, 105, 133, 160, 198
Ethnografisches Museum 131

F
Fabryka Schindlera 142, 146
Feiertage 192
Flohmarkt 122
Florianstor 44, 56
Flughafen 194
Forum Przestrzenie 145, 156
Franziskanerkirche 77, 95
Fronleichnamskirche 117, 131

G
Galeria Starmach 157
Galerie der polnischen Kunst des 19. Jahrhunderts 48
Galerie Re 142
Garten der Universitätsbibliothek 99
Geld 192
Gesundheit 193
Getto krakowskie 152
Goethe, Johann Wolfgang von 46, 168
Grunwaldzki-Brücke 144

H
Hauptmarkt 42, 46
Heiligkreuzkapelle 86
Hejnał 26, 42, 51
Herkuleskeule 177
Historisches Museum 48, 63
Hotels 196

I
ICE Kraków Congress Centre 25, 144, 155
Internationales Kulturzentrum 63
Internet 193
Isaak-Synagoge 129

J
Jadwiga 90, 92
Jan-Matejko-Museum 62
Jan III. Sobieski (König) 93
Jazz 200
Johannes Paul II. 17, 59, 74, 88, 96, 174
Johannes-Paul-II.-Zentrum 88
Johannes von Kęty 92
Jüdische Geschichte 34, 128, 130
Jüdisches Kulturzentrum 130
Jüdisch-galizisches Museum 116, 129

K
Kalwaria Zebrzydowska 173
Kamienica Szołayskich 60
Kantor, Tadeusz 25, 144, 150
Kazimierz I. 80
Kazimierz III. 131
Kazimierz III. Wielki 83, 91
Kazimierz IV. 88
Kazimierz Wielki (König) 34
Keneally, Thomas 36
Kennedy, Nigel 22
Kirche Arka Pana 189
Kirche und Fort St. Benedikt 156
Kładka Bernatka 144
Kleiner Markt 62
Klezmer 22, 117, 200
Königsschloss 81
König Zygmunt II. August 82
Konsulate 192
Kopernikus, Nikolaus 19, 76, 92, 94
Kopiec Kościuszki 184
Kopiec Krakusa 157
Kościół akademicki św. Anny 76, 93
Kościół Bożego Ciała 117, 131

Kościół Franciszkanów 77, 95
Kościół i fort
 św. Benedykta 156
Kościół i klasztor
 paulinów na Skałce 132
Kościół Mariacki 26, 51
Kościół św. Andrzeja 103
Kościół św. Barbary 63
Kościół św. Floriana 59
Kościół św. Marcina 103
Kościół św. św. Piotra
 i Pawła 103
Kościuszko-Hügel 184
Kościuszko, Tadeusz 14, 86, 128
Krakauer Getto 152
Krakau-Tschenstochauer
 Jura 177
Krak-Hügel 157
KrakowCard 192
Kreditkarten 192
Krzemionki-Höhenzug 156
Kunst 20
Kupa-Synagoge 132

L
Łąki Nowohuckie 188
Lanckorona 174
Las Wolski 184
Luftfahrtmuseum 24
Łukasiewicz, Ignacy 62

M
Maczuga Herkulesa 177
Mały Rynek 62
Manggha-Museums 145, 155
Marienkirche 26, 51
Marktplatz von Kleparz 58
Marktplatz von Podgórze 157
Matejko, Jan 20, 48, 53, 62, 92
Mehoffer, Józef 20, 53
Melex-Busse 195
Mickiewicz, Adam 86
Międzynarodowy Centrum
 Kultury 63
Miłosz, Czesław 21, 132
Mirów 179
Mleczko, Andrzej 68
Mobilfunk 193
MOCAK 24, 142, 148

Moses Isserles 116, 118
Most Grunwaldzki 144
Mrożek, Sławomir 17
Museum der Erzdiözese
 79, 88
Museum der japanischen
 Kunst und Technik
 Manggha 145, 155
Museum der städtischen
 Ingenieurstechnik 124
Museum I remember 35
Museum of Contemporary
 Art Kraków 148
Museum Podgórza 156
Muzeum Archeologiczne 97
Muzeum Archidiecezjaln
 79, 88
Muzeum Biograficzne Jana
 Matejk 62
Muzeum Etnograficzne 131
Muzeum Farmacji 62
Muzeum Historyczne 48, 63
Muzeum Inżynierii miejskiej
 124
Muzeum Książat
 Czartoryskich 61
Muzeum Nardowe 99
Muzeum Podgórza 156
Muzeum Podziemia Rynku
 42, 54
Muzeum PRL-u 188
Muzeum Sztuki i Techniki
 Japońskiej Manggha 145, 155

N
Nationalmuseum 99
Neuer Jüdischer Friedhof
 129
Niemiecki nazistowski obóz
 koncentracyjny Płaszów
 158
Notrufe 193
Nowa Huta 186
Nowy cmentarz żydowski 129

O
Öffnungszeiten 200
Ogród Biblioteki
 Jagiellońskiej 99
Ogrodzieniec (Burgruine) 178

Ojców-Nationalpark 177
Ojcówski Park Narodowy 177
Olsztyn 179
Opactwo Benedyktynów w
 Tyńcu 175
Oświęcim 170

P
Pałac Biskupa Erazma
 Ciołka 89
Pałac Biskupi 101
Pauliner-Kirche und Kloster
 auf dem Felsen 132
Pawilon Wyspiańskiego 102
Penderecki, Krzysztof 17, 22
Pharmazeutisches Museum
 62
Pieskowa Skała (Schloss)
 177
Piłsudski, Józef 15, 86, 97
Plac Bohaterów Getta 152
Plac Nowy 11, 114, 121
Plac Wolnica 131
Planty 11, 56
Płaszów 147
Podgórze 139
Pod Motylem 89
Podzamcze 179
Polański, Roman 22
Polizei 194
Popiel, Tadeusz 96
Popper-Synagoge 127
Post 193
Prazownia i Muzeum
 Witrażu 100

R
Rathausturm 48
Reisedokumente 193
Reisezeit 193
Remuh-Synagoge 114, 118
Route der Adlerhorste 178
Rynek 45
Rynek Główny 42, 46
Rynek Kleparski 58
Rynek Podgórski 157

S
Salzbergwerke 167
Sasnal, Wilhelm 21
Schindler-Fabrik 142, 146

Schindler, Oskar 36
Sicherheit 194
Sigismund I. 85
Sigismund II. August 85
Sigismund-Glocke 84, 86
Sigismund-Kapelle 83, 85
Słowacki, Juliusz 86
Słowacki-Theater 61
Sperrnummern 192
Spielberg, Steven 22, 36
Sprache 202
Stadtmauer 57
St.-Andreas-Kirche 103
St.-Annen-Kirche 76, 93
Stara Synagoga 116, 127
Starmach, Teresa und Andrzej 157
Stary Cmentarz 116, 118
St. Barbarakirche 63
St.-Martins-Kirche 103
Stoß, Veit 52, 89
St.-Peter-und-Paul-Kirche 103
Straßenbahn 195
Streuli, Beat 149
Sukiennice 47
Synagoga Izaaka 129
Synagoga Kupa 132
Synagoga Remuh 114, 118
Synagoga Tempel 114, 130
Szlak Orlich Gniazd 178

Szołayski-Haus 60
Szymborska, Wisława 17, 21

T
Taxi 196
Teatr Ludowy 188
Teatr Słowackiego 61
Telefonieren 193
Tempel-Synagoge 114, 130
Touristeninformation 102
Tuchhallen 47
Tyniec 175

U
Übernachten 196
Ulica Józefa 116
Ulica Kanonicza 79, 87
Ulica Szeroka 114, 127
Universitätsmuseum 91
Unterirdischen Museum 42, 54

V
Veranstaltungskalender 201
Villa Decius 185
Volkstheater 188

W
Wadowice 173
Währung 192
Wajda, Andrzej 22, 92

Wawel-Drache 86
Wawelhügel 80
Wawelkathedrale 74
Weichsel 78, 80
Weichsel-Boulevard 104
Weichselufer 144, 155
Werkstatt und Museum für Buntglas 100
Wianki-Fest 104
Wieliczka (Salzbergwerke) 167
Willa Decjusza 185
Władysław Jagiełło (König) 83, 90
WLAN 193
Wojtyła, Karol siehe Johannes Paul II.
Wolnica-Platz 131
Wyspiański-Pavillon 102
Wyspiański, Stanisław 20, 53, 81, 102, 175
Wzgórze Wawelskie 80

Z
Zamek Królewski 81
Żeleński, Stanisław Gabriel 21
Zoll 194
Żydowskie Muzeum Galicja 116, 129
Zygmunt III. Wasa 81

BILDNACHWEIS

Adobe Stock: Robson90 75 o.

akg-images: Album/Prisma 14 und 21, Schütze/Rodemann 17

DuMont Bildarchiv/Peter Hirth: 5 u., 6 (Nr. 1, 2, 4, 5, 6, 8, 9) 10 o., 12/13, 31 r. u., 32, 38/39, 44/45, 46, 50, 55, 67, 68, 81, 82 u., 91, 110/111, 120, 121 u., 128, 130, 138/139, 149, 151 r., 161, 167, 170, 171, 173, 175, 176, 178, 190/191, 197

Getty Images: E+/martin-dm 43 u., Henryk T. Kaiser 51, 70/71, Lonely Planet Images/John Freeman 108, NurPhoto/Artur Widak 116/117 u., UIG/View Pictures/Inigo Bujedo Aguirre 163

huber-images: Aldo Pavan 49, Belenos 179

Klaus Köppel: 126

laif: Peter Hirth 5 o., Gerhard Westrich 9, Malte Jäger 30 und 31 r. o., Enver Hirsch 33, Peter Hirth 36, 43 o. und 44, Loop Images/Slawek Staszczuk 56, Malte Jäger 58, Christophe Boisvieux 60, Gerhard Westrich 65, Peter Hirth 78 und 78/79, Redux/VWPics/Lucas Vallecillos 79, Pool Cochard/Gaillarde 100, Malte Jäger 105, Preben S. Kristensen 106, Redux/VWPics/Lucas Vallecillos 116, Peter Hirth 116/117 o., Robert Harding Productions/robertharding 117, Malte Jäger 121 o., Gerhard Westrich 135, hemis.fr/Jean-Daniel Sudres 137, Redux/VWPics/Lucas Vallecillos 144, 146, Peter Hirth 164/165, Peter Hirth 177, 180/181

Lookphotos: Kay Maeritz 6 (Nr. 7), 87, age fotostock 88, 131

mauritius images: Urs Flüeler 6 (Nr. 3), Alamy/Janusz Gniadek 6 (Nr. 10), Alamy/Pegaz 10 u., Artur Cupak 15, Alamy/Matthew Taylor 16 o. r., age/Henryk T. Kaiser 18, Artur Cupak 19, Alamy/Pegaz 20, Alamy/Digital-Fotofusion/Gallery 22, Alamy/Pegaz 23, Alamy/VIEW Pictures Ltd. 24, Alamy/Paul Gapper 29. l., Alamy/Daniel Staniszewski 29 r., Alamy/Gregory Wrona 31 l., Alamy/Pegaz 34, Alamy/John Norman 37, Alamy/Bildarchiv Monheim GmbH 52, age/Henryk T. Kaiser 61, Alamy/David Gee 63, mauritius images/age fotostock/Henryk T. Kaiser 75 u., Alamy/Endless Travel 76, Alamy/Slawek Staszczuk 76/77, Alamy/Pegaz 86, Alamy/Photononstop 93, ImageBROKER/Peter Schickert 94, Alamy/AA World Travel Library 95, 97 u., mauritius images/Alamy/VCP Photo 97 o., Alamy/Nick Higham 99, Alamy/Pegaz 102, Alamy/AA World Travel Library 115 l., Alamy/Mike Goldwater 115 r., Jose Fuste Raga 119, Westend61/Bela Raba 123, Alamy/Janusz Gniadek 125, Alamy/Lucas Vallecillos 143 r., Alamy/Petr Svarc 144/145, Alamy/VIEW Pictures Ltd. 145, 151 l., Alamy/les polders 153, Alamy/Pegaz 155, Alamy/VIEW Pictures Ltd. 156, Alamy/AA World Travel Library 158, Alamy/SOPA Images Limited 159, John Warburton-Lee 168, 172, Alamy/Pegaz 184, Alamy/Peter Forsberg 188

picture-alliance: akg-images 16 o. l., dpa 16 u., NurPhoto/Beata Zawrzel 45, dpa/dpaweb 82 o., ZB 132, NurPhoto/Artur Widak 143 l.

(c) VG Bild-Kunst, Bonn 2018: Leopold Kesser - Installation Surrogate City Bike Station 144/145

Titelbild: U1 oben: Ventura Carmona/Getty Images
U1 unten: Luis Dafos/Getty Images
U8: istock

IMPRESSUM

© MAIRDUMONT GmbH & Co. KG
VERLAG KARL BAEDEKER

2. Aufl. 2019
Völlig überarbeitet und neu gestaltet

Text: Klaus Klöppel
Redaktion & Gestaltung: Gerhard Junker, Frank Müller, Michaela Salden (red.sign, Stuttgart)
Projektleitung: Dieter Luippold
Programmleitung: Birgit Borowski
Chefredaktion: Rainer Eisenschmid

Kartografie: © MAIRDUMONT GmbH & Co. KG, Ostfildern
3D-Illustrationen: jangled nerves, Stuttgart
Visuelle Konzeption: Neue Gestaltung, Berlin

Anzeigenvermarktung: MAIRDUMONT MEDIA
Tel. 0711 45 02-0, media@mairdumont.com
media.mairdumont.com

Der Name Baedeker ist als Warenzeichen geschützt. Alle Rechte im In- und Ausland sind vorbehalten. Jegliche – auch auszugsweise – Verwertung, Wiedergabe, Vervielfältigung, Übersetzung, Adaption, Mikroverfilmung, Einspeicherung oder Verarbeitung in EDV-Systemen ausnahmslos aller Teile des Werkes bedarf der ausdrücklichen Genehmigung durch den Verlag.

Printed in Poland

Trotz aller Sorgfalt von Autoren und Redaktion sind Fehler und Änderungen nach Drucklegung leider nicht auszuschließen. Dafür kann der Verlag keine Haftung übernehmen. Berichtigungen, Kritik und Verbesserungsvorschläge sind uns jederzeit willkommen, bitte informieren Sie uns unter:

Verlag Karl Baedeker / Redaktion
Postfach 3162
D-73751 Ostfildern
Tel. 0711 45 02-262
smart@baedeker.com
www.baedeker.com

Meine Notizen

Meine Notizen

Meine Notizen